Ethische KI in der Praxis. Die 7 Säulen und 33 Sprichwörter für KI-Werte-Leitlinien in Unternehmen

Martha Giannakoudi

Ethische KI in der Praxis. Die 7 Säulen und 33 Sprichwörter für KI-Werte-Leitlinien in Unternehmen

Springer Vieweg

Martha Giannakoudi
Management Board and HR
Synnous Consulting GmbH
Düsseldorf, Deutschland

ISBN 978-3-658-48561-0   ISBN 978-3-658-48562-7   (eBook)
https://doi.org/10.1007/978-3-658-48562-7

Die Deutsche Nationalbibliothek verzeichnet diese Publikation in der Deutschen Nationalbibliografie; detaillierte bibliografische Daten sind im Internet über https://portal.dnb.de abrufbar.

Planung/Lektorat: Petra Steinmueller
Springer Vieweg ist ein Imprint der eingetragenen Gesellschaft Springer Fachmedien Wiesbaden GmbH und ist ein Teil von Springer Nature.
Die Anschrift der Gesellschaft ist: Abraham-Lincoln-Str. 46, 65189 Wiesbaden, Germany

Wenn Sie dieses Produkt entsorgen, geben Sie das Papier bitte zum Recycling.

Vorwort

In einer Zeit des rasanten technologischen Wandels befinden wir uns an einem entscheidenden Wendepunkt der menschlichen Geschichte. Die Künstliche Intelligenz (KI) hat innerhalb kürzester Zeit nicht nur unsere technischen Möglichkeiten, sondern unser gesamtes Denken über die Zukunft der Arbeit, der Gesellschaft und der menschlichen Kreativität grundlegend verändert. Es ist mir eine besondere Freude, das vorliegende Werk von Martha Giannakoudi zu diesem wegweisenden Thema einzuleiten.

Das Buch „Ethische KI in der Praxis: 7 Säulen und 33 Sprichwörter für KI-Werte-Leitlinien in Unternehmen" kommt zu einem Zeitpunkt, an dem Organisationen weltweit vor der immensen Herausforderung stehen, KI nicht nur technologisch zu implementieren, sondern dies auf eine Weise zu tun, die ethisch vertretbar, nachhaltig und menschenzentriert ist. Die Autorin hat mit diesem Werk einen praxisnahen Leitfaden geschaffen, der die oft abstrakte Diskussion über KI-Ethik in konkrete, anwendbare Handlungsempfehlungen übersetzt.

Was dieses Buch besonders auszeichnet, ist der gelungene Brückenschlag zwischen theoretischen Grundlagen und praktischer Anwendung. Die „7 Säulen" bilden ein solides Fundament für ethische Entscheidungsfindung im KI-Kontext, während die „33 Sprichwörter" diese Prinzipien in einprägsamer, kulturell verankerter Form zugänglich machen. Dieser Ansatz erkennt an, dass wir als Menschen Orientierung brauchen – nicht nur in Form technischer Spezifikationen, sondern als kulturell verankerte Werte und Leitlinien, die uns durch komplexe Entscheidungsprozesse navigieren lassen.

Besonders wertvoll ist für mich auch die facettenreiche Perspektive, die dieses Buch durch die beigefügten Interviews bietet.

Gregor Berghausen von der IHK Düsseldorf präsentiert einen bemerkenswerten Ansatz, der vielen Unternehmen als Vorbild dienen kann: KI nicht als optionales Extra, sondern als verpflichtenden Bestandteil der Arbeitsabläufe zu etablieren. Seine Entscheidung, alle 180 Mitarbeitenden systematisch zu schulen, zeigt eine beeindruckende Weitsicht. Besonders innovativ ist das Format des „KI-Cafés", das niedrigschwelligen Austausch ermöglicht und die nachhaltige Verankerung von KI-Kompetenzen im Unternehmen fördert. Berghausens Erkenntnis, dass die besten KI-Ideen nicht vom Schreibtisch der Führungskräfte, sondern aus der Praxis kommen, unterstreicht die Notwendigkeit einer breiten Beteiligung aller Mitarbeitenden am Transformationsprozess.

Dr. Lorenz Gräf vom STARTPLATZ Gründerzentrum bietet eine wertvolle Einordnung. Seine Beobachtung, dass jede technologische Revolution – vom Internet bis zum Smartphone – ähnliche Ängste und Chancen hervorbringt, hilft, die aktuelle KI-Entwicklung in einen größeren Kontext einzuordnen. Besonders aufschlussreich ist seine Analyse der deutschen Technologieskepsis: Trotz führender Position in der KI-Forschung zeigt sich Deutschland oft zögerlich bei der praktischen Anwendung. Gräfs Offenheit bezüglich der Herausforderungen bei der KI-Implementation im eigenen Unternehmen zeigt, dass selbst in einem innovationsfreudigen Umfeld wie dem STARTPLATZ nicht alle Mitarbeitenden sofort für KI zu begeistern sind, und das spiegelt die Realität vieler Organisationen wider.

Dr. Dietmar Schlößer vom TÜV Nord leuchtet mit seiner Expertise das fundamentale Spannungsfeld zwischen Sicherheit, Zuverlässigkeit und Innovation im KI-Kontext aus. Seine pragmatische Herangehensweise, KI dort einzusetzen, wo sie konkrete Probleme löst, und nicht um ihrer selbst willen, ist ein wichtiger Grundsatz für alle Organisationen. Besonders einprägsam ist seine Maxime „Der Mensch bleibt am Steuer", die einen zentralen Aspekt ethischer KI-Nutzung verdeutlicht: Die Technologie soll den Menschen unterstützen, nicht ersetzen oder bevormunden.

Ingolf Teetz von milch & zucker bringt mit seiner langjährigen Erfahrung im Personalmarketing wertvolle Einblicke in die Anwendung von KI bei der Personalauswahl – einem besonders sensiblen Bereich. Seine differenzierte Betrachtung des Themas „Bias" zeigt, wie komplex die ethischen Herausforderungen sind: Selbst scheinbar neutrale Informationen wie Hobbys können indirekt diskriminierend wirken. Teetz' Beobachtung, dass das Berufsbild von Softwareentwicklern sich durch KI radikal verändert, verdeutlicht zudem, dass selbst hochqualifizierte Fachkräfte vom Wandel betroffen sind. Sein anschaulicher Vergleich zwischen Programmieren und Töpfern – dass KI nun die Möglichkeit bietet, statt einfacher „Aschenbecher" kunstvoll fein ziselierte „Vasen" zu gestalten – macht gleichsam den Qualitätssprung greifbar, den KI für kreative Prozesse bedeuten kann.

Pater Elias H. Füllenbach hat die Grundhaltung, dass Technologie nicht per se gut oder schlecht ist – vielmehr sei der verantwortungsvolle Umgang entscheidend. Seine Sorge gilt besonders jenen, die KI als „Abkürzung" nutzen, statt als Werkzeug zur Erweiterung des eigenen Denkens. Mitgefühl und echte Empathie entstehen in körperlicher Präsenz und innerer Resonanz, daher bleiben diese den Menschen vorbehalten, das kann KI nicht ersetzen. Er betont, dass sich eine zunehmende digitale Kluft zwischen kritischen und passiven KI-Nutzern abzeichnet und beobachtet, dass teilweise Menschen KI-generierte Inhalte konsumieren, ohne deren Funktionsweise zu verstehen oder Quellen zu hinterfragen. Als Theologe betont er: Der Mensch ist Abbild Gottes – KI hingegen simuliert lediglich Verhalten ohne echte ethische Entscheidungsfähigkeit.

Das Vatikan-Dokument „Antiqua et Nova" bietet einen ethischen Kompass für den Umgang mit KI. Zentral ist die Frage nach globaler Gerechtigkeit: Werden technologisch benachteiligte Menschen durch KI weiter abgehängt oder profitieren davon nur die ohnehin Privilegierten? Auch im Arbeitsleben steht die Frage im Raum, ob KI menschliche Arbeit ersetzt oder sinnvoll ergänzt.

Der rote Faden durch das gesamte Gespräch ist die unbedingte Wahrung der Menschenwürde. KI muss dem Menschen dienen, nicht umgekehrt.

Die weiteren Interviews mit Elisabeth Schloten, Kiki Radicke, Patrik Schlepütz, Annette Grabbe, Dr. Stephan Keller, Birgitta Kubsch-von Harten, Dr. Felix Krämer, Ulrike Pugh, Dr. Khaled Bagban, Daniela Danz, Christian Schmid und André Radloff ergänzen diese Perspektiven durch wertvolle Einblicke aus unterschiedlichen Branchen und Positionen.

Sie zeigen sowohl die Vielfalt der Anwendungsmöglichkeiten von KI als auch die branchenspezifischen Herausforderungen und Chancen. Besonders hervorzuheben sind die Beobachtungen zur Bedeutung von KI für den Arbeitsmarkt, die Potenziale für mehr Inklusion und Barrierefreiheit sowie die Rolle von KI in traditionellen Bereichen wie Museen oder im Handel. Diese Vielfalt der Stimmen macht deutlich: Die KI-Revolution ist kein monolithisches Phänomen, sondern wird in jedem Kontext anders erlebt und gestaltet. Gerade diese Vielschichtigkeit macht das Werk so wertvoll. Es bietet nicht nur theoretische Modelle, sondern lebendige Beispiele, wie Organisationen und Individuen mit den Herausforderungen und Chancen der KI umgehen.

Aus anwendungsbezogener Sicht ist besonders bemerkenswert, wie das Buch immer wieder auf den menschlichen Faktor zurückkommt. Es versteht KI nicht als deterministische Kraft, sondern als gestaltbares Werkzeug, dessen Entwicklung und Einsatz von menschlichen Entscheidungen und Werten geprägt wird. Die Autorin betont zu Recht, dass ethische KI-Leitlinien tief in den Werten eines Unternehmens verankert sein müssen und nicht nur artifiziell und rein technisch funktionieren können.

Für Führungskräfte und Entscheidungsträger bietet dieses Buch eine wertvolle Navigation in einer Zeit tiefgreifender Veränderungen. Es vermittelt nicht nur konkrete Handlungsempfehlungen, sondern regt auch zum Nachdenken über grundlegende Fragen an: Wie wollen wir als Gesellschaft mit KI umgehen? Welche Werte sollen unsere Technologieentwicklung leiten? Wie können wir sicherstellen, dass KI bestehende Ungleichheiten nicht verstärkt, sondern zu deren Abbau beiträgt?

Als anwendungsbezogener Wissenschaftler schätze ich den evidenzbasierten Ansatz dieses Werkes. Martha Giannakoudi stützt ihre Empfehlungen nicht auf spekulative Zukunftsvisionen, sondern auf konkrete Erfahrungen und Beobachtungen aus der Praxis. Gleichzeitig verliert sie nie den Blick für die größeren gesellschaftlichen Zusammenhänge, in die die KI-Entwicklung eingebettet ist.

In einer Zeit, in der die Diskussion über KI oft von extremen Positionen geprägt ist – von überschwänglicher Begeisterung bis hin zu dystopischen Zukunftsszenarien – bietet dieses Buch eine erfrischend differenzierte Perspektive. Es erkennt sowohl die enormen Potenziale als auch die Risiken der KI an und plädiert für einen Weg, der technologischen Fortschritt mit ethischer Reflexion integral verbindet.

Ich bin überzeugt, dass dieses Werk einen wertvollen Beitrag zur verantwortungsvollen Gestaltung unserer KI-Zukunft leisten wird. Es richtet sich nicht nur an Entscheidungsträger in Unternehmen, sondern an alle, die verstehen möchten, wie wir KI zum Wohle der Menschheit einsetzen können. Möge es dazu beitragen, dass wir die Chancen dieser bahnbrechenden Technologie nutzen, ohne ihre Risiken zu ignorieren.

Köln   Prof. Dr. Matthias Müller-Wiegand
24. März 2025

Interessenkonflikt Der/die Autor*in hat keine für den Inhalt dieses Manuskripts relevanten Interessenkonflikte.

Inhaltsverzeichnis

Abbildungsverzeichnis

1

Einleitung

1.1 Die Bedeutung von KI in der heutigen Welt für Unternehmen

In einer Welt, die zunehmend von Technologie geprägt ist, hat sich die Künstliche Intelligenz (KI) zu einem der einflussreichsten und transformativsten Werkzeuge unserer Zeit entwickelt. Von der Automatisierung alltäglicher Aufgaben bis hin zur Lösung komplexer globaler Herausforderungen – KI verspricht, unser Leben und unsere Arbeit grundlegend zu verändern. KI ist längst keine Zukunftsvision mehr, sondern bereits Realität in vielen Bereichen unseres Lebens.

Um die Audioversion dieses Kapitels zu hören, bitte klicken Sie auf den Link oder scannen Sie ihn mit der MoreMedia App: https://sn.pub/6z4pgk

© Der/die Autor(en), exklusiv lizenziert an Springer Fachmedien Wiesbaden GmbH, ein Teil von Springer Nature 2025
M. Giannakoudi, *Ethische KI in der Praxis. Die 7 Säulen und 33 Sprichwörter für KI-Werte-Leitlinien in Unternehmen*,
https://doi.org/10.1007/978-3-658-48562-7_1

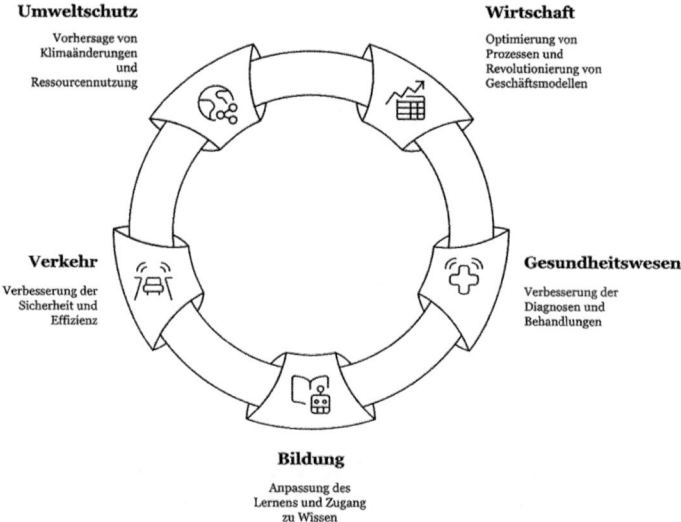

KI-Transformation in verschiedenen Sektoren

Umweltschutz
Vorhersage von
Klimaänderungen
und
Ressourcennutzung

Wirtschaft
Optimierung von
Prozessen und
Revolutionierung von
Geschäftsmodellen

Verkehr
Verbesserung der
Sicherheit und
Effizienz

Gesundheitswesen
Verbesserung der
Diagnosen und
Behandlungen

Bildung
Anpassung des
Lernens und Zugang
zu Wissen

Abb. 1.1 KI-Transformation in verschiedenen Sektoren. Erstellt mit napkin.ai von Martha Giannakoudi

In Abb. 1.1 wird gezeigt, wie die KI-Transformation in den Bereichen Wirtschaft, Gesundheitswesen, Bildung, Verkehr und Umweltschutz voranschreitet.

Die Durchdringung von KI in diesen und vielen anderen Bereichen bringt enorme Chancen mit sich – aber auch Herausforderungen und Risiken, die wir als Gesellschaft, aber vor allem als Unternehmen aufgreifen und adressieren müssen. In unserer täglichen Arbeit bei Synnous unterstützen wir Unternehmen bei der KI-Transformation. indem wir Führungskräfte und ihre Teams mit Beratung und Workshops begleiten.

1.2 Warum KI-Werte-Leitlinien unerlässlich sind

Mit dem Launch von ChatGPT durch OpenAI im November 2022 wurde die individuelle Nutzung von KI für ein Millionenpublikum zugänglich und populär gemacht. Mit der zunehmenden Verbreitung und Leistungsfähigkeit von KI-Systemen wächst auch die Verantwortung, diese Technologie ethisch, sicher, ressourcenschonend und zum Wohle aller einzusetzen. Wir empfehlen vorbehaltlos, technische und ethische Leitlinien im Umgang mit KI zu erarbeiten als ersten, wichtigen Schritt auf dem Weg in die KI-Ära der Arbeitswelt aus mehreren Gründen:

Ethische Entscheidungsfindung: KI-Systeme können dafür eingesetzt werden, Entscheidungen zu treffen, die weitreichende Auswirkungen auf Menschen haben können. Leitlinien stellen sicher, dass ethische Prinzipien dabei berücksichtigt werden.

Transparenz und Vertrauen: Klare Richtlinien fördern die Transparenz von KI-Systemen und stärken das Vertrauen sowohl im Unternehmen als auch bei allen Stakeholdern und letztlich in der Gesellschaft.

Sicherheit und Zuverlässigkeit: Leitlinien unterstützen die Entwicklung robuster und sicherer KI-Anwendungen, die zuverlässig arbeiten und weiterhin kontrollierbar bleiben.

Fairness und Inklusion: Durch Leitlinien (und fundiertes Fachwissen) kann sichergestellt werden, dass KI-Systeme möglichst fair und diskriminierungsarm arbeiten.

Rechtliche Compliance: In einer sich ständig weiterentwickelnden Regulierungslandschaft helfen Leitlinien, gesetzliche Anforderungen, wie die des EU AI Acts, zu erfüllen und zukünftige regulatorische Entwicklungen zu antizipieren.

Innovation und Wettbewerbsfähigkeit: Verantwortungsvolle KI-Entwicklung fördert nachhaltiges Wachstum und Innovationen, die auch von der breiten Gesellschaft akzeptiert und unterstützt werden. Abb. 1.2 fasst die Gründe für die Erarbeitung von technischen und ethischen Leitlinien zusammen.

In den folgenden Kapiteln sollen die Grundlagen der KI erkundet, die sieben Säulen der KI-Leitlinien vorgestellt und praktische Ansätze für ihre Implementierung mitgegeben werden. Betrachtet werden auch die vielfältigen Ansätze von Mensch-Maschine-Interaktion und deren zentrale Rolle für die Gestaltung von KI-Werte-Leitlinien.

Abb. 1.2 Rahmen für verantwortungsvolle KI-Nutzung. Erstellt mit napkin.ai von Martha Giannakoudi

Im zweiten Teil werden Interviews mit Unternehmensvertretern verschiedener Branchen und Größen vorgestellt. Denn dieses Buch soll als praktischer Leitfaden für Führungskräfte und Mitarbeitende dienen, die KI in ihrem Unternehmensumfeld verantwortungsvoll einsetzen und gestalten möchten. Sie sollen insbesondere den Mitarbeitern Sicherheit dabei geben, wenn sie KI-Tools in ihrer täglichen Arbeit einsetzen und nutzen.

Das ist auch der Anspruch, den wir mit unserer KI-Transformationsbegleitung, unseren Workshops und Trainings haben, nämlich gemeinsam eine Zukunft zu gestalten, in der KI ihr volles Potenzial in den Unternehmen entfaltet und dabei im Einklang mit den jeweiligen Unternehmenswerten und dem gesellschaftlichen Verständnis ethischer Standards steht.

2

Grundlagen der KI

2.1   Was ist Künstliche Intelligenz?

Künstliche Intelligenz (KI) ist ein Teilgebiet der Informatik, das sich mit der Entwicklung von Computersystemen befasst, die Aufgaben ausführen können, die normalerweise menschliche Intelligenz erfordern. Im Kern geht es darum, Maschinen zu erschaffen, die eigenständig lernen, Probleme lösen und sich an neue Situationen anpassen können. KI lässt sich in zwei Hauptkategorien unterteilen, wie auch in Abb. 2.1 dargestellt:

Schwache KI, auch bekannt als enge KI
Schwache KI („narrow AI") ist die Art von KI, die heute am häufigsten in Unternehmen eingesetzt wird und unter

---

Um die Audioversion dieses Kapitels zu hören, bitte klicken Sie auf den Link oder scannen Sie ihn mit der MoreMedia App: https://sn.pub/cnlix5

© Der/die Autor(en), exklusiv lizenziert an Springer Fachmedien   7
Wiesbaden GmbH, ein Teil von Springer Nature 2025
M. Giannakoudi, *Ethische KI in der Praxis. Die 7 Säulen
und 33 Sprichwörter für KI-Werte-Leitlinien in Unternehmen*,
https://doi.org/10.1007/978-3-658-48562-7_2

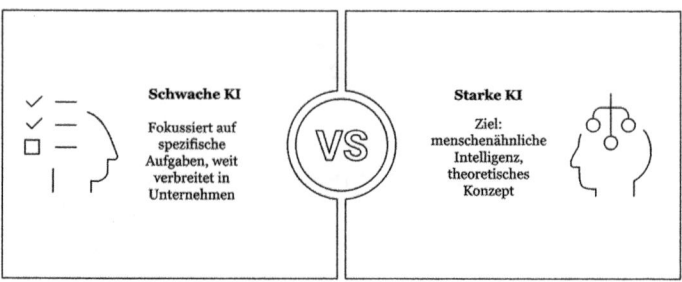

Abb. 2.1 Schwache KI versus starke KI. Erstellt mit napkin.ai von Martha Giannakoudi

dem Begriff des Maschinellen Lernens bekannt ist. Diese konzentriert sich auf spezifische Aufgaben wie z. B. Spracherkennung, Bildklassifizierung, Empfehlungssysteme.

Starke KI, auch bekannt als allgemeine KI

Starke KI („Artificial General Intelligence", AGI) zielt darauf ab, menschenähnliche Intelligenz über ein breites Spektrum von Aufgaben zu erreichen und intellektuelle Aufgaben zu „verstehen" und eigenständig auszuführen. Obwohl AGI bislang nur als theoretisches Konzept existiert, wird in Medien und Fachkreisen immer wieder über ihren möglichen Durchbruch spekuliert – begleitet von hochkontroversen Debatten über potenzielle Chancen und Risiken.

Für Führungskräfte und Mitarbeiter ist es wichtig zu verstehen, dass die meisten aktuellen KI-Anwendungen in die Kategorie der schwachen KI fallen. Diese Systeme sind zwar in ihren spezifischen Aufgabenbereichen oft sehr leistungsfähig, haben aber keine eigenständige Intelligenz oder gar ein Bewusstsein.

Einen bekannten Maßstab dafür, ob eine Maschine menschenähnliche Intelligenz erreicht hat, stellt der „Turing-Test" dar, entwickelt von dem Mathematiker Alan

Turing. Demnach hat ein System den Turing-Test bestanden, wenn ein menschlicher Prüfer nicht zuverlässig feststellen kann, ob er mit einer Maschine oder einem Menschen interagiert.

2.2 Zentrale Konzepte der Künstlichen Intelligenz

Um das Potenzial von Künstlicher Intelligenz in Unternehmen voll ausschöpfen zu können, ist es wichtig, die zentralen Konzepte zu verstehen, auf denen KI-Anwendungen basieren. Diese Konzepte sind die Bausteine, aus denen moderne KI-Lösungen entwickelt werden.

Maschinelles Lernen ist ein Kernbestandteil der KI, bei dem Systeme durch die Analyse von Daten selbstständig lernen und ihre Leistung kontinuierlich verbessern, ohne dass sie explizit für jede Aufgabe programmiert werden müssen.

Beispiel: Ein E-Mail-Spam-Filter, der durch die Analyse von Tausenden von Nachrichten lernt, unerwünschte Inhalte zu erkennen und automatisch auszusortieren. Dies reduziert die Notwendigkeit manueller Eingriffe und erhöht die Effizienz im Arbeitsalltag.

Deep Learning ist eine weiterentwickelte Form des Maschinellen Lernens, die auf künstlichen neuronalen Netzen basiert. Diese Netzwerke sind in der Lage, eigenständig komplexe Muster und Zusammenhänge in großen Datenmengen zu erkennen und zu verarbeiten.

Beispiel: Bilderkennungssysteme in autonomen Fahrzeugen, die durch Deep Learning lernen, Straßenschilder, Fußgänger und andere Verkehrsteilnehmer präzise zu erkennen und darauf in Echtzeit zu reagieren.

Natural Language Processing ermöglicht es Computern, menschliche Sprache zu verstehen, zu interpretieren und daraufhin direkt mit Menschen zu interagieren. Beispiel: Chatbots, die in Kundenservice-Abteilungen eingesetzt werden, Übersetzungstools, Sprachassistenten wie Siri oder Alexa oder ChatGPT4o.

Diese zentralen Konzepte bilden das Fundament moderner KI-Systeme und treiben die Innovation in vielen Branchen voran. Die Vermittlung und das Verständnis dieser Konzepte ist für Führungskräfte und Mitarbeiter wichtig, um fundierte Entscheidungen über den Einsatz von KI in ihren Unternehmen treffen zu können.

2.3 Anwendungsbereiche von KI in der modernen Geschäftswelt

KI findet in nahezu allen Branchen und Bereichen Anwendung. In Abb. 2.2 werden einige bekanntere Beispiele in einer tabellarischen Übersicht gezeigt.

Die Chancen liegen also klar auf der Hand und motivieren für einen breiteren Einsatz der neuen KI-Technologien, denn folgende Aspekte überzeugen:

Effizienzsteigerung: Optimierung von Prozessen durch Kombination von menschlicher und künstlicher Intelligenz.

Innovationsförderung: Erschließung neuer Möglichkeiten und neuer Märkte durch KI-unterstützte Kreativität.

Fehlerreduktion: Minimierung menschlicher Fehler in kritischen als auch in unkritischen Prozessen der Massenbearbeitung.

Personalisierung: Verbesserte individuelle Anpassung von Produkten und Dienstleistungen.

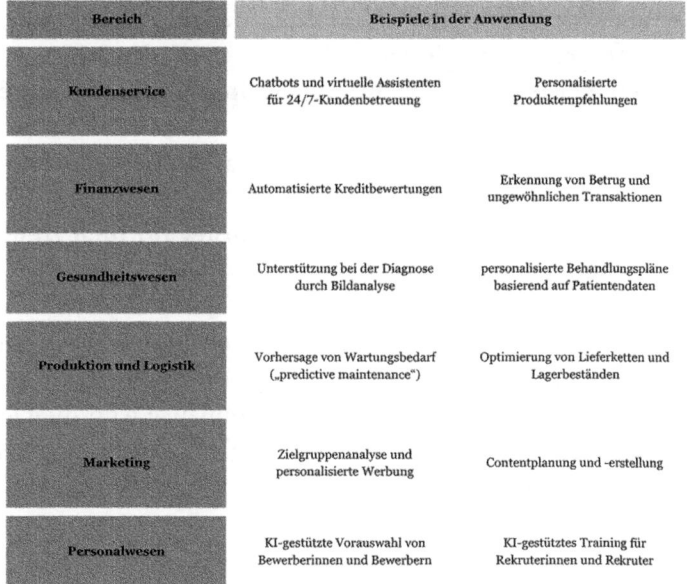

Bereich	Beispiele in der Anwendung	
Kundenservice	Chatbots und virtuelle Assistenten für 24/7-Kundenbetreuung	Personalisierte Produktempfehlungen
Finanzwesen	Automatisierte Kreditbewertungen	Erkennung von Betrug und ungewöhnlichen Transaktionen
Gesundheitswesen	Unterstützung bei der Diagnose durch Bildanalyse	personalisierte Behandlungspläne basierend auf Patientendaten
Produktion und Logistik	Vorhersage von Wartungsbedarf („predictive maintenance")	Optimierung von Lieferketten und Lagerbeständen
Marketing	Zielgruppenanalyse und personalisierte Werbung	Contentplanung und -erstellung
Personalwesen	KI-gestützte Vorauswahl von Bewerberinnen und Bewerbern	KI-gestütztes Training für Rekruterinnen und Rekruter

Abb. 2.2 Beispielhafte KI-Anwendungen in unterschiedlichen Branchen. Erstellt von Martha Giannakoudi

Wissensmanagement: Effektivere Nutzung von Wissen in Organisationen und individuelle Wissensaneignung und persönliche Weiterentwicklung.

Für Führungskräfte ist es entscheidend, die Potenziale von KI in ihren spezifischen Geschäftsbereichen zu erkennen. Mitarbeiter sollten verstehen, wie KI sie in ihren täglichen Aufgaben unterstützen, ergänzen und weiterentwickeln kann. Die Voraussetzung für die erfolgreiche Umsetzung aller KI-Vorhaben ist eine KI-freundliche Unternehmenskultur, die optimalerweise auf gelebten Unternehmenswerten basiert.

Daher sollte ein wichtiger Fokus auf die Befähigung von Führungs- und Fachkräften gerichtet werden, um

- als Vorbilder und Gestalter neuer Arbeitswelten erfolgreich zu agieren,
- KI-Werte-Leitlinien mitzugestalten und zu implementieren,
- ihre Mitarbeiter durch die KI-Transformation sicher zu führen und
- ihre persönliche AI-Learning-Journey optimal zu gestalten.

Dann sind die besten Voraussetzungen erfüllt, damit Unternehmen den größten Nutzen aus KI für sich ziehen und sich auf ihr Business konzentrieren können. Denn die Unternehmen schöpfen die meisten Möglichkeiten aus, deren Führungskräfte die KI-Transformation mit Worten und Taten unterstützen.

2.4 Die fünf großen Herausforderungen und die Grenzen der KI

Künstliche Intelligenz bietet enormes Potenzial, doch es gibt klare Grenzen und Herausforderungen, die ihren Einsatz einschränken, wie in Abb. 2.3 gezeigt wird. Das Verständnis darüber ist essenziell, um effektive und sichere Anwendungen zu gestalten. Daher sollte der Aufbau von fundiertem Wissen und KI-Kompetenzen im primären Fokus der Personalentwicklung stehen.

Datenabhängigkeit: KI-Systeme benötigen riesige Mengen qualitativ sehr hochwertiger Daten zum Lernen. Oftmals fehlt diese Datenbasis, und das Potenzial von KI kann daher nicht vollständig abgerufen werden.

Erklärbarkeit: Viele KI-Modelle funktionieren als „Blackbox", was ihre Entscheidungsfindung für Anwender

Navigieren der Herausforderungen von KI-Systemen

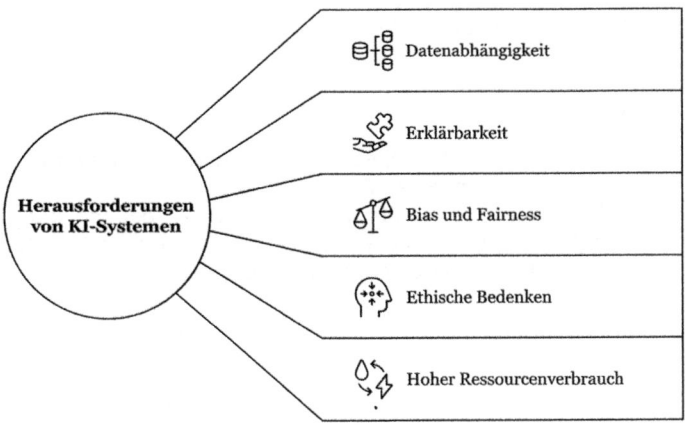

Abb. 2.3 Navigieren der Herausforderungen von KI-Systemen. Erstellt mit napkin.ai von Martha Giannakoudi

schwer nachvollziehbar macht. Diese mangelnde Transparenz kann zu Qualitätseinbußen führen und das Vertrauen in KI-Systeme verringern.

Bias und Fairness: KI-Systeme können unbeabsichtigte Voreingenommenheit aus den bereitgestellten Trainingsdaten übernehmen und sogar verstärken. Dies stellt ein erhebliches Risiko dar, das bis zur Stilllegung von KI-Systemen führen kann, da solche Entwicklungen schwer bis kaum zu korrigieren sind.

Ethische Bedenken: Der Einsatz von KI wirft Fragen zu Privatsphäre, Autonomie und Verantwortlichkeit auf. Viele Menschen hegen gegenwärtig mehr Sorgen als Hoffnungen in Bezug auf den Einzug von neuen KI-Technologien in unser Leben.

Hoher Ressourcenverbrauch: Der Betrieb und das Training von KI-Modellen erfordern immense Rechenleistungen, die nicht nur eine erhebliche Menge an Energie, sondern auch große Mengen an Wasser zur Kühlung der Rechenzentren benötigen. Das stellt eine Herausforderung für die Nachhaltigkeit dar.

Fazit

Ein tiefes Verständnis dieser Herausforderungen bildet die Grundlage für einen verantwortungsvollen Umgang mit KI. In den folgenden Kapiteln sollendarauf aufbauend konkrete Leitlinien für den ethischen und effektiven Einsatz von KI in Unternehmen entwickelt werden.

3

7 Säulen und 33 Sprichwörter für KI-Werte-Leitlinien

In einer Zeit, in der Künstliche Intelligenz zunehmend als Werkzeug in den Arbeitsalltag von Mitarbeitenden integriert wird und unternehmensweit Prozesse mitgestaltet, gewinnt die Entwicklung ethisch fundierter Leitlinien an Bedeutung. Solche Leitlinien sollten nicht losgelöst, sondern im Einklang mit den gelebten Werten und der Kultur des Unternehmens entstehen.

Die Unternehmenskultur prägt, wie neue Technologien wahrgenommen, eingesetzt und verantwortet werden. Gleichzeitig orientiert sich der intuitive Umgang mit KI häufig an vertrauten Verhaltensnormen – Mitarbeitende übertragen also bewusst oder unbewusst bestehende Werte auf neue Werkzeuge. Umso wichtiger ist es, KI-Werte-Leitlinien nicht nur formal zu artikulieren, sondern sie im

---

Um die Audioversion dieses Kapitels zu hören, bitte klicken Sie auf den Link oder scannen Sie ihn mit der MoreMedia App: https://sn.pub/27adrh

Kontext der gelebten Praxis und des Unternehmenszwecks („Purpose") zu verankern. Anbei vier zentrale Impulse für die Ausgestaltung von KI-Werte-Leitlinien:

- Entwickeln Sie eine inspirierende Vision für den ethischen Einsatz von KI in Ihrem Unternehmen – das ist eine vorrangige Managementaufgabe.
- Verbinden Sie die KI-Leitlinien mit Ihren tatsächlich gelebten Unternehmenswerten und Ihrem „Purpose".
- Betonen Sie die zentrale Bedeutung der Menschen in Ihrem Unternehmen und definieren Sie klare und differenzierte Mensch-Maschine-Interaktionsmodelle (siehe Kap. 4).
- Definieren Sie, wer im Unternehmen wofür verantwortlich ist – sei es bei der Auswahl, Schulung, Anwendung oder Überwachung von KI-Systemen. Ethik braucht eine klare Zuständigkeit.

Die Entwicklung und Implementierung von KI in Unternehmen erfordern mehr als nur technisches Fachwissen – sie brauchen auch ein tiefes Verständnis für ethische Grundsätze, gesellschaftliche Auswirkungen und unternehmerische Verantwortung. Um KI nachhaltig, sicher und wertebasiert in Unternehmensprozesse zu integrieren, braucht es klare Orientierung.

Die folgenden sieben Säulen, wie in Abb. 3.1 dargestellt, bieten einen strukturierten ethischen Rahmen für den Einsatz von KI:

Die sieben Säulen verbinden normative Prinzipien mit operativen Anforderungen und werden durch 33 Sprichwörter und Merksätze ergänzt, die als alltagsnahe Leitbilder und, einfacher formuliert, als „Handlungsgrundsätze" fungieren sollen. So entsteht ein praxisnaher Wertekompass, der sich in der Unternehmens- und Arbeitskultur verankern lässt.

Die 7 Säulen der KI-Werte-Leitlinien

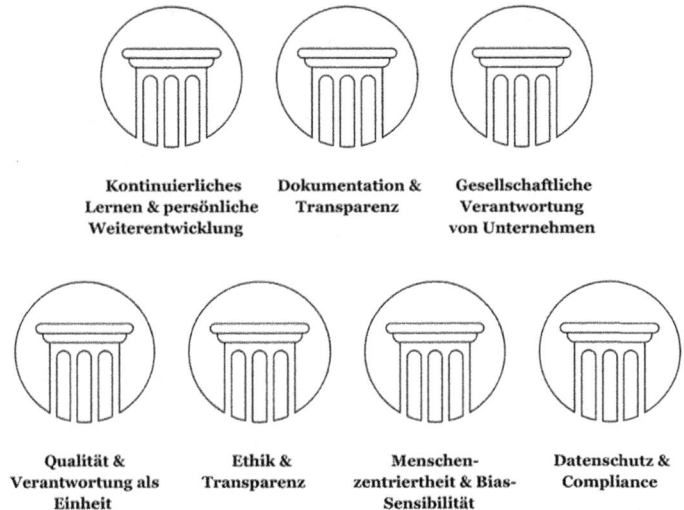

Kontinuierliches Lernen & persönliche Weiterentwicklung	Dokumentation & Transparenz	Gesellschaftliche Verantwortung von Unternehmen

Qualität & Verantwortung als Einheit	Ethik & Transparenz	Menschen- zentriertheit & Bias- Sensibilität	Datenschutz & Compliance

Abb. 3.1 Die 7 Säulen der KI-Werte-Leitlinien. Erstellt mit napkin.ai von Martha Giannakoudi

3.1 Qualität und Verantwortung als Einheit

Voraussetzung für echte Qualität ist die Bereitschaft, Verantwortung zu übernehmen – für das eigene Handeln, für einen hohen Anspruch und für das präsentierte Ergebnis. Wer KI entwickelt oder einsetzt, muss sich auch mit den Konsequenzen auseinandersetzen. Qualität zeigt sich nicht allein in der technischen Funktionsfähigkeit, sondern auch in der dahinterstehenden verantwortungsbewussten Haltung. Qualität ohne ethische Verantwortung bleibt unvollständig.

„**Gut Ding will Weile haben.**" Nutze KI nur, wenn Du Zeit hast, die Inhalte vor der Verwendung gründlich zu überprüfen. Dies minimiert Fehler und verhindert Verzerrungen. Überprüfe auch auf Plausibilität und achte darauf, keine voreiligen Schlüsse zu ziehen.

„**Wer A sagt, muss auch B sagen.**" Bleibe konsequent in der Überprüfung und Nachbearbeitung der KI-Ergebnisse. Verifiziere alle Informationen, um peinliche oder unangemessene Stolperfallen durch sogenannte „KI-Halluzinationen" zu vermeiden. Dazu erforderlich ist der Einsatz der sogenannten „metakognitiven Kompetenz", also des kritischen Hinterfragens der eigenen Prompts und der KI-generierten Ergebnisse.

„**Den roten Faden nicht verlieren.**" Nutze KI gezielt, nicht wahllos. Zu viele KI-generierte Inhalte können die Kohärenz beeinträchtigen. Eine strategische Vorgehensweise erhöht die Qualität der Arbeit. Deine Zielsetzung und Fragestellung sind und bleiben entscheidend für die Individualität der Ergebnisse. Beachte immer die vier Grundprinzipien des Prompt-Engineerings: Rolle auswählen, Aufgabe vergeben, Kontext bereitstellen und Arbeitsstil definieren.

„**Der Ton macht die Musik.**" Achte darauf, dass KI-generierte Inhalte zu den gelebten Werten und der Unternehmenskultur passen. KI-Outputs müssen an den spezifischen Kontext und die Kultur des Unternehmens angepasst werden.

„**Die Sprache ist der Schlüssel zur Welt.**" Beobachte genau die Wirkung der KI-Sprache. Nutze Deine eigenen Worte für eine authentische Kommunikation. Bewahre Deine persönliche Note und Authentizität auch bei der Nutzung von KI-generierten Inhalten. Sonst wirkt die Sprache künstlich oder gar steril.

„**Viele Wege führen nach Rom.**" Passe den KI-Einsatz an verschiedene Situationen und Anforderungen an. Solche Flexibilität ermöglicht optimale Ergebnisse in unterschiedlichen Kontexten. Auch Weglassen von KI ist eine Option.

3.2   Ethik und Transparenz

Es reicht nicht, dass etwas technisch machbar ist. Es muss auch ethisch vertretbar sein. Entscheidungen, die durch KI unterstützt oder automatisiert werden, erfordern eine klare moralische Haltung und ein Verständnis für ihre sozialen Auswirkungen. Deswegen fallen die Prinzipien von Gerechtigkeit und Fairness unter diese Säule: Entscheidungen müssen nachvollziehbar sein, und potenzielle „Bias"-Risiken sind immer mitzudenken – nicht als Ausnahme, sondern als systemischer Bestandteil.

Transparenz ist dabei kein Selbstzweck, sondern ein wesentliches Mittel zur Vertrauensbildung. Wer Ergebnisse nicht hinterfragt oder gar nachvollziehen kann, läuft Gefahr, sich selbst zu überschätzen. Demut vor der Kompetenz und Leistung anderer gehört ebenso dazu wie die Bereitschaft, eigene Grenzen anzuerkennen. Vertrauen in KI entsteht nicht durch Technologie allein. Vertrauen muss bewusst aufgebaut, gepflegt – und verdient werden.

„Schmücke Dich nicht mit fremden Federn." Mache kenntlich, wenn Inhalte durch KI erstellt wurden. Transparenz über den KI-Einsatz und ethisches Handeln sind wichtig, um Vertrauen bei allen Beteiligten aufzubauen.

„Schuster bleib bei Deinen Leisten." Nutze KI in Bereichen, wo Du Kenntnisse besitzt und die Ergebnisse auch beurteilen, richtig einordnen und in der Folge sinnvoll einsetzen kannst. Nutze KI dennoch intensiv, um Dich in neue und fremde Themen smart und nachhaltig einzuarbeiten.

„Ehrlich währt am längsten." Wenn KI-Systeme mit Menschen interagieren, machen wir das immer kenntlich. Niemand soll darüber im Unklaren gelassen werden. Auch dies zahlt auf das Vertrauenskonto aller Beteiligten ein.

„Vor der KI sind alle Menschen gleich." Achte auf einen fairen und diskriminierungsfreien Einsatz von KI-Systemen vor allem in Entscheidungsprozessen. Das Ziel ist, dass alle Nutzer fair behandelt werden.

„Viele verschiedene Blumen ergeben einen besonders schönen Strauß." Berücksichtige die Diversität der Nutzer und Betroffenen bei KI-Anwendungen und Trainingsdaten. Inklusive und diverse Daten als auch Perspektiven sind der Weg, um zu faireren und umfassenderen KI-Systemen zu gelangen.

3.3   Menschenzentriertheit und „Bias"-Sensibilität

Im Zentrum jeder KI-Anwendung sollte der Mensch stehen – nicht die Maschine. KI soll den Menschen unterstützen, entlasten und stärken. Menschenzentriertheit bedeutet auch, für einen fairen KI-Einsatz zu sorgen. Dies erfordert ein hohes Maß an Sensibilität für Verzerrung und Voreingenommenheit („Bias").

Denn KI-Systeme werden mit historischen Trainingsdaten gefüttert und spiegeln nicht nur die Welt wider – sie können bestehende Ungleichheiten um ein Vielfaches verstärken. Wer „Bias" nicht erkennt, läuft Gefahr, Diskriminierung zu automatisieren. Menschenzentrierte KI heißt: Wir nehmen die Vielfalt menschlicher Erfahrungen ernst – und schaffen Systeme, die fair und inklusiv eingesetzt werden.

„Der Mensch steht im Zentrum." Stelle sicher, dass KI-Systeme menschliche Bedürfnisse und Werte respektieren und fördern, denn KI sollte als Werkzeug zur Verbesserung menschlichen Lebens und Arbeitens dienen.

„Mensch und Maschine – Hand in Hand." Wir entscheiden gemeinschaftlich, welche Mensch-Maschine-Interaktionsrahmen wir einsetzen wie z. B. Human-in-the-Loop, Human-out-of-the-Loop oder Human-in-Command (siehe Kap. 4). Wir überprüfen diese Prozesse regelmäßig, um die richtige Balance zwischen menschlicher Kontrolle und KI-Automatisierung zu finden.

„Handlungen führen zu Konsequenzen." Die KI ist lediglich ein Werkzeug. Die letztendliche Verantwortung, Entscheidungsgewalt und Kontrolle müssen immer beim Menschen verbleiben. Eine KI kann keine Verantwortung übernehmen.

„Zum Wohle der Menschheit muss jeder das Seine tun." Sorge dafür, dass durch KI niemand Diskriminierung, Benachteiligung oder Schaden erfährt. Setze KI so ein, dass sie allen Nutzern dient und niemanden benachteiligt.

„Gefahr erkannt – Gefahr gebannt." Identifiziere und minimiere Vorurteile in KI-Systemen aktiv durch kontinuierliche Überprüfung und Anpassung, denn vorbeugen ist bekanntermaßen besser als heilen.

„Citius, altius, fortius – schneller, höher, weiter." Dieses Motto der modernen Olympischen Spiele sollte ein Ansporn sein, inklusive und hochwertige Daten zu nutzen und danach zu streben, dass KI in ethischen Fragen sogar bessere Entscheidungen als der Mensch fällen kann. Die KI kennt prinzipiell keine Vorurteile, denn sie ist von ihrer technischen Natur aus unvoreingenommen.

3.4 Datenschutz und Compliance

Datenschutz ist mehr als ein rechtliches Muss. Er ist Ausdruck von Respekt gegenüber den Menschen, deren Daten verarbeitet werden. Zugleich setzt er ethische Leitplanken für den technologischen Fortschritt. Wer KI einsetzt, übernimmt Verantwortung für sensible Informationen, die ihm anvertraut wurden.

Der Schutz personenbezogener Daten muss konsequent mitgedacht werden – von der Datenquelle über die Modellarchitektur bis hin zur konkreten Nutzung im Alltag. Transparenz, Zweckbindung und Datensparsamkeit sind dabei keine technischen Details, sondern zentrale Bausteine eines vertrauenswürdigen digitalen Handelns.

Nur unter diesen Voraussetzungen kann KI mit personenbezogenen Entscheidungen verknüpft werden – etwa in der Personalauswahl, bei Kreditentscheidungen oder in der medizinischen Diagnostik. Wer Datenschutz und Fairness ernst nimmt, entwickelt Systeme, die nicht nur funktionieren, sondern schützen – und dem menschlichen Wohlergehen dienen.

„**Vorsicht ist die Mutter der Porzellankiste.**" Gehe höchst sorgsam mit personenbezogenen Daten und rechtlichen Rahmenbedingungen um. Der Schutz persönlicher Daten und die Einhaltung von Gesetzen sind fundamental für vertrauenswürdige KI-Systeme. Es dürfen weder personenbezogene noch unternehmensinterne Daten in öffentlichen (Cloud-) KI-Tools eingegeben werden!

„**Was Du nicht willst, dass man Dir tut …**" Respektiere die Privatsphäre und das geistige Eigentum anderer bei der Nutzung von KI-Systemen. Der ethische Umgang mit Daten und geistigem Eigentum ist entscheidend für die verantwortungsvolle KI-Nutzung.

„**Ach wie gut, dass niemand weiß …**" Verwende keine persönlichen Daten in öffentlichen KI-Tools. Eigne Dir effektive Anonymisierungstechniken an. Der Schutz persönlicher Daten durch Anonymisierung ist eine wichtige Sicherheitsmaßnahme bei der KI-Nutzung und unterliegt strengen gesetzlichen Auflagen.

„**Better safe than sorry.**" Halte Dich an geltende Gesetze und interne Richtlinien bei der KI-Nutzung. Es geht um viel, es geht um das in uns gesetzte Vertrauen!

Compliance ist nicht nur rechtlich notwendig, sondern auch entscheidend für das Vertrauen in KI-Systeme und in Unternehmen.

3.5   Kontinuierliches Lernen und persönliche Weiterentwicklung

KI-Tools sind lernende Systeme – keine fertigen Softwareprodukte wie Excel oder Word. Wer mit KI arbeitet, muss bereit sein, Bestehendes regelmäßig zu hinterfragen, neue Erkenntnisse aufzunehmen und die eigenen Arbeitsweisen kontinuierlich weiterzuentwickeln.

Menschen benötigen Raum und Zeit, um mit der technologischen Dynamik Schritt zu halten. Weiterbildung, interdisziplinärer Austausch und eine offene Diskussionskultur sind die entscheidenden Erfolgsfaktoren. Darüber hinaus braucht es ein Mindset der Offenheit, Neugier, Experimentierfreude – und Mut. Eine agile Lern- und Organisationskultur schafft die besten Voraussetzungen, um den Umgang mit KI verantwortungsvoll und nachhaltig zu gestalten.

„Wer rastet, der rostet." Nutze KI als Unterstützung, bleibe aber kritisch und halte Deine Fähigkeiten aktuell. Kontinuierliche Weiterbildung ist essentiell, um mit der schnellen Entwicklung von KI und den Änderungen in der Arbeitswelt Schritt zu halten.

„Es ist noch kein Meister vom Himmel gefallen." Nimm Dir Zeit, um KI-Tools effektiv nutzen zu lernen. Training und Praxis sind notwendig, um das volle Potenzial von KI-Tools auszuschöpfen. Tipp: Setze dafür 5–10 % Deiner Arbeitszeit an.

„Das Wissen ist das einzige Gut, das sich vermehrt, wenn man es teilt." Tausche Dich aktiv mit Kollegen über Eure KI-Erfahrungen aus. Wissensaustausch fördert kollektives Lernen und verbessert den KI-Einsatz im gesamten Unternehmen. Entdeckt gemeinsam neue Wege und Möglichkeiten durch den Einsatz von KI.

„**Behalte den Kompass im Blick.**" Richte Deine Aufmerksamkeit konsequent auf Deine Ziele und Werte. Du trainierst die KI mit jeder Nutzung – die KI trainiert aber ebenso auch Dich. Die Versuchung ist immer groß, den Vorschlägen der KI den Vorzug zu geben. Sei Dir bewusst über die gegenseitige Beeinflussung von Menschen und KI, um stets die Kontrolle zu behalten.

3.6   Dokumentation und Transparenz

Transparenz braucht Substanz – und diese entsteht durch sorgfältige Dokumentation. Nur wer Prozesse, Entscheidungswege, Datenquellen und Modellannahmen nachvollziehbar festhält, schafft die Grundlage für Vertrauen, Kontrolle und Weiterentwicklung. So lassen sich „Blackbox"-Effekte vermeiden, und KI-gestützte Entscheidungen bleiben erklärbar und überprüfbar.

Gerade bei Systemen, die Entscheidungen automatisieren oder unterstützen, ist Nachvollziehbarkeit ein zentrales Qualitätsmerkmal. Dokumentation bedeutet dabei mehr als technische Kontrolle: Sie umfasst auch die Reflexion ethischer Überlegungen, von Zielsetzungen und potenzieller Risiken.

Gute Dokumentation schafft nicht nur interne Klarheit, sondern auch die Möglichkeit zur Rechenschaft – gegenüber Kunden, Partnern, Mitarbeitenden oder Aufsichtsbehörden. Sie ist damit ein zentraler Bestandteil verantwortungsvoller KI-Governance.

„**Spiele mit offenen Karten.**" Sei transparent hinsichtlich des Einsatzes und der Funktionsweise von KI-Systemen. Transparenz fördert Vertrauen und ermöglicht informierte Entscheidungen über KI-Nutzung.

„**Nachvollziehbarkeit schafft Akzeptanz.**" Stelle sicher, dass KI-gestützte Entscheidungen erklärbar sind. Die Erklärbarkeit von KI-Entscheidungen ist entscheidend für Vertrauen.

„**Der Mensch gibt das Steuer nicht aus der Hand.**" Bei automatisierten Entscheidungen muss immer eine menschliche Intervention möglich sein. Die Möglichkeit menschlicher Eingriffe ist ein wichtiger Sicherheitsmechanismus bei KI-Systemen.

„**Wer schreibt, der bleibt.**" Dokumentiere neue Prozesse, Datensätze und Tools für die Nachvollziehbarkeit. Eine gründliche Dokumentation ermöglicht Überprüfung, Verbesserung und Lernen aus KI-Implementierungen.

„**Qualität fußt auf Qualität.**" Achte auf hohe Datenqualität und -diversität für gute und sichere KI-Ergebnisse. Die Qualität der Eingabedaten ist entscheidend für die Qualität und Zuverlässigkeit der KI-Ergebnisse. Was man hineingibt, kommt bekanntlich auch heraus.

3.7 Gesellschaftliche Verantwortung von Unternehmen

Der Einsatz von KI endet nicht an den Grenzen des Unternehmens. Jedes KI-System wirkt in einen gesellschaftlichen Kontext hinein – und beeinflusst dabei direkt oder indirekt Menschen, Märkte und Machtverhältnisse. Daraus erwächst eine besondere Verantwortung gegenüber der Gesellschaft als Ganzes.

Corporate Social Responsibility (CSR) bedeutet im Zeitalter der Künstlichen Intelligenz, soziale, ökologische und ethische Fragen bewusst in technologische Entscheidungen einzubeziehen – und fundiertes Fachwissen sicherzustellen. Es geht um Haltung, Gemeinwohlorientierung und Zukunftsfähigkeit – zentrale Bestandteile einer wertebasierten Unternehmenskultur.

KI-Systeme spiegeln immer auch die Interessen, Werte und Weltanschauungen ihrer Entwicklerinnen und Entwickler wider. Sie sind weder objektiv noch ideologiefrei. Deshalb sollten Unternehmen diese Aspekte aktiv in ihre Auswahlprozesse einbeziehen – sowohl bei der Entscheidung für konkrete KI-Tools und Dienstleister als auch bei der Definition von Einsatzgebieten und Use Cases.

„Je größer die Macht, desto größer die Verantwortlichkeit." Bedenke die nachgelagerten Auswirkungen von KI-Anwendungen auch auf die Gesellschaft.

„Einigkeit macht stärker." Fördere den Dialog zwischen Stakeholdern, um positive KI-Effekte zu maximieren. Zusammenarbeit und offener Dialog sind entscheidend, um das volle Potenzial von KI zum Wohle aller zu nutzen.

„Aber wehe, wehe, wehe, wenn ich auf das Ende sehe!!" Berücksichtige langfristige ökologische und soziale Auswirkungen von KI-Systemen, denn diese sind entscheidend für nachhaltigen Erfolg und gesellschaftliche Akzeptanz.

Fazit

Die sieben Säulen und 33 Sprichwörter für die Gestaltung von KI-Werte-Leitlinien bieten einen strukturierten Rahmen, um Künstliche Intelligenz nicht nur technisch, sondern auch verantwortungsvoll und wertebasiert in ein Unternehmen zu integrieren. Sie machen deutlich: KI ist kein neutraler Code, sondern ein soziales und kulturelles Gestaltungselement – mit tiefgreifenden Auswirkungen auf Arbeitsprozesse, Entscheidungslogiken und gesellschaftliche Verhältnisse.

Verantwortungsvolle KI verlangt mehr als funktionierende Algorithmen. Sie braucht eine klare Haltung zu Fragen der Qualität, Fairness, Transparenz und Verantwortung – sowie den Mut, Lernprozesse offen zu gestalten. Die sieben Säulen helfen dabei, ethische Prinzipien in die Praxis zu übersetzen: als Reflexionshilfe, als Gesprächsgrundlage und als verbindliche Orientierung.

Wer diese Säulen in die eigene Unternehmenskultur integriert, schafft nicht nur Vertrauen – sondern gestaltet aktiv die digitale Zukunft mit. Eine Zukunft, in der Technologie dem Menschen dient – und nicht umgekehrt.

4

Vom Prinzip zur Praxis – Umsetzung wirksamer KI-Werte-Leitlinien

4.1 Zielsetzung und Nutzen von KI-Werte-Leitlinien

Orientierung für eine wertebasierte KI-Nutzung
Technologische Entwicklungen schreiten rasant voran. Doch ohne klare ethische Orientierung besteht die Gefahr, dass Unternehmen die Kontrolle über ihre KI-Systeme und deren Wirkung verlieren.

Die Entwicklung von KI-Werte-Leitlinien ist weit mehr als eine technische oder rechtliche Aufgabe – sie ist ein strategischer Schritt zur Verankerung ethischer Verantwortung im Unternehmen. Sie helfen dabei, Vertrauen aufzubauen und gesellschaftliche wie unternehmerische Anforderungen in Einklang zu bringen.

Um die Audioversion dieses Kapitels zu hören, bitte klicken Sie auf den Link oder scannen Sie ihn mit der MoreMedia App: https://sn.pub/7sq5zt

© Der/die Autor(en), exklusiv lizenziert an Springer Fachmedien Wiesbaden GmbH, ein Teil von Springer Nature 2025
M. Giannakoudi, *Ethische KI in der Praxis. Die 7 Säulen und 33 Sprichwörter für KI-Werte-Leitlinien in Unternehmen*, https://doi.org/10.1007/978-3-658-48562-7_4

Dieses Kapitel benennt die zentralen Ziele, die bei der Entwicklung solcher Leitlinien berücksichtigt werden sollten. Empfohlen wird, die eigenen Unternehmenswerte mit den sieben Säulen zu verknüpfen und Führungskräfte und Mitarbeitende aktiv einzubinden. So kann ein Rahmen gebaut werden, der Orientierung bei der Verbindung technologischer Innovation mit gesellschaftlicher Verantwortung bietet.

Die zentralen Ziele werden in Abb. 4.1 gezeigt:

Vertrauensbildung
Vertrauen entsteht dort, wo Menschen verstehen, was Technologien tun – und was nicht. Transparenz,

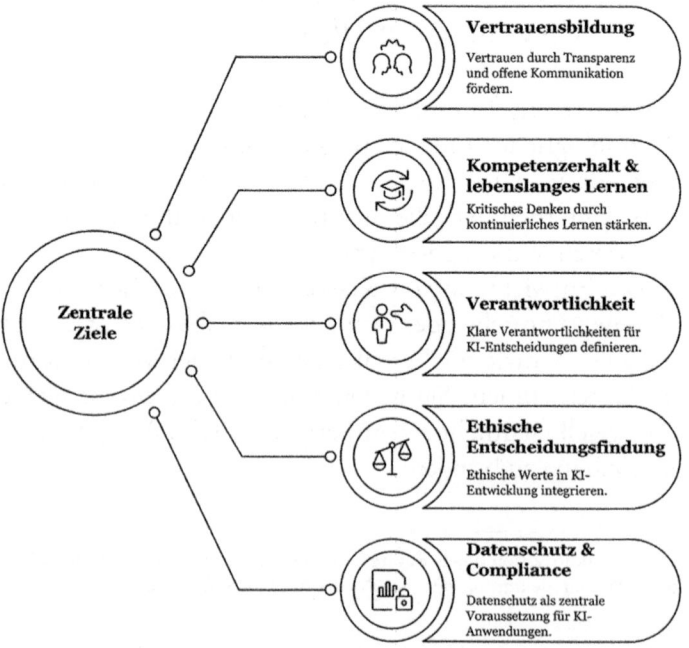

Abb. 4.1 Zentrale Ziele bei der Erstellung von KI-Werte-Leitlinien. Erstellt mit napkin.ai von Martha Giannakoudi

Nachvollziehbarkeit und die offene Kommunikation über die Funktionsweise, Grenzen und Risiken von KI sind entscheidend. Wer Unsicherheiten ernst nimmt und aktiv adressiert, legt den Grundstein für langfristige Akzeptanz und die Bewahrung einer gesunden Skepsis. Essentiell wichtig bleibt dafür die Förderung von Wissen und tiefem Verständnis der neuen Technologien.

Kompetenzerhalt & lebenslanges Lernen

KI darf nicht dazu führen, dass menschliche Fähigkeiten verkümmern. Eine Überabhängigkeit von KI-Tools gefährdet kritisches Denken und praktische Kompetenzen. Setzen Sie deshalb gezielt auf den Ausbau von KI-Kompetenzen bei Ihren Mitarbeitenden – durch praxisnahe Trainings, Lernplattformen und kontinuierliche Weiterbildung. Lebenslanges Lernen bleibt weiterhin der Schlüssel!

Verantwortlichkeit

Auch wenn KI-Systeme Entscheidungen vorbereiten oder automatisieren – Verantwortung bleibt immer menschlich. Definieren Sie klar, wer für welche Prozesse und Entscheidungen zuständig ist. Insbesondere Führungskräfte müssen in der Lage sein, diese Rolle fachlich und ethisch kompetent auszufüllen.

Ethische Entscheidungsfindung

Moralische und gesellschaftliche Werte dürfen im digitalen Wandel nicht unter die Räder geraten. Integrieren Sie ethische Perspektiven systematisch in die Entwicklung und Anwendung von KI – beispielsweise durch Ethik-Checks, Leitplanken oder multidisziplinäre Review-Prozesse.

Datenschutz & Compliance

Datenschutz ist kein Nebenschauplatz, sondern zentrale Voraussetzung für jede KI-Anwendung. Sichern Sie die

Rechte aller Betroffenen – und machen Sie KI-Schulungen ebenso verbindlich wie Datenschutztrainings. Nur informierte Mitarbeitende können verantwortungsvoll handeln.

4.2 Erfolgsfaktoren für die Umsetzung von KI-Werte-Leitlinien

Mitarbeiter- und Führungskräfteeinbindung
Ethische Leitlinien entfalten ihre Wirkung nur dann, wenn sie von denen mitgetragen werden, die täglich mit KI-Systemen arbeiten. Binden Sie Ihre Mitarbeitenden frühzeitig in die Gestaltung ein – und machen Sie Führungskräfte zu glaubwürdigen Botschaftern eines verantwortungsvollen KI-Einsatzes. Sorgen Sie dafür, dass Ethik immer ein Bestandteil von KI-Schulungen ist.

Verknüpfung mit Werten und Prinzipien
Verankern Sie die Ziele Ihrer Leitlinien in den vorhandenen Unternehmenswerten und den sieben Säulen. So entsteht kein Parallelrahmen, sondern ein tragfähiges Fundament für KI-Werte-Leitlinien, die nicht nur technisch fundiert, sondern auch ethisch und sozial verantwortungsvoll sind.

Ganzheitliche Integration ins Unternehmen
Der glaubwürdige Umgang mit KI ist eine Teamaufgabe: Wenn Management, HR, IT, Compliance und Marketing gemeinsam agieren, kann das Thema breit verankert und strategisch positioniert werden.

Trainings, Workshops und Employer-Branding-Maßnahmen unterstützen dabei, das Thema im Alltag sichtbar und wirksam zu machen – nach innen wie nach

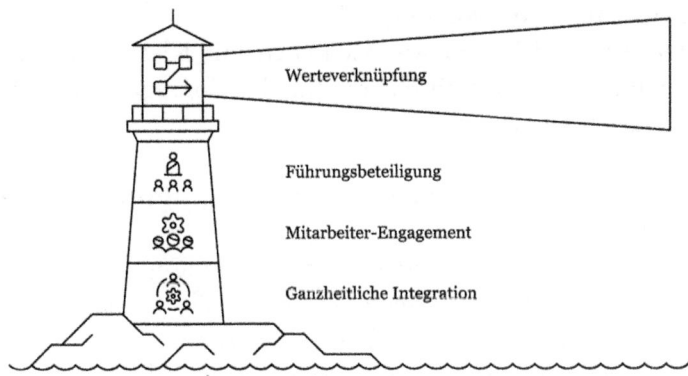

Werteverknüpfung

Führungsbeteiligung

Mitarbeiter-Engagement

Ganzheitliche Integration

Abb. 4.2 Der Leuchtturm der Erfolgsfaktoren für KI-Werte-Leitlinien. Erstellt mit napkin.ai von Martha Giannakoudi

außen. Damit wird ein Fundament für die langfristige Wettbewerbsfähigkeit Ihres Unternehmens gelegt. In Abb. 4.2 wird metaphorisch im Motiv des Leuchtturms die Signalwirkung der Unternehmenswerte verbildlicht.

4.3 Mensch-Maschine-Interaktion als ethische Schnittstelle

Wie Menschen mit KI-Systemen interagieren, ist kein rein technisches Detail – es ist ein Schlüsselfaktor für Vertrauen, Verantwortung und Akzeptanz. In Unternehmen entscheidet die Wahl des passenden Mensch-Maschine-Interaktionsmodells darüber, wie effektiv, sicher und ethisch vertretbar KI in Prozesse integriert wird.

Dieses Unterkapitel gibt einen Überblick über die wichtigsten Mensch-Maschine-Modelle, erklärt deren Einsatzlogik und zeigt, warum ihre gezielte Kombination weit mehr ist als eine Tool-Frage: Sie bettet ethische Aspekte mit ein und ist eine wichtige Führungsentscheidung!

Ethische Verantwortung
Die Art und Weise, wie Menschen mit KI-Systemen interagieren, hat unmittelbare ethische Konsequenzen. Die zentralen Fragen lauten:

- Wer trägt die Verantwortung für KI-gestützte Entscheidungen?
- Wie transparent sind die Entscheidungswege von KI-Systemen für betroffene Personen? Wie vermeiden wir „Bias" und strukturelle Diskriminierung?
- Welche Kontroll- und Korrekturmöglichkeiten haben Menschen im Umgang mit autonomen Systemen?
- Wie gewährleisten wir, dass menschliche Werte, moralische Prinzipien und gesellschaftliche Normen in automatisierte Prozesse eingebettet sind?

Diese Aspekte bilden das Fundament unserer KI-Werte-Leitlinien und sind entscheidend für eine menschenzentrierte Nutzung Künstlicher Intelligenz im Unternehmenskontext.

Effizienz und Innovation
KI ersetzt nicht den Menschen — sie erweitert seine Möglichkeiten. Wenn Unternehmen die Interaktion richtig gestalten, entstehen neue Formen der Zusammenarbeit: schneller, intelligenter, kreativer.

Das Verständnis geeigneter Interaktionsmodelle ist der Schlüssel, um dieses Potenzial zu heben und Innovationsprozesse neu zu denken.

Risikomanagement
Je autonomer KI-Systeme agieren, desto größer wird das Risiko von Fehlentscheidungen, Intransparenz oder unbeabsichtigten Folgen.

Ein durchdachtes Interaktionsmodell zwischen Menschen und Maschine ist daher keine Kür, sondern Pflicht. Es schafft die nötige Kontrolle, um Risiken frühzeitig zu erkennen, zu begrenzen und Verantwortung klar zu regeln.

Arbeitsplatzgestaltung der Zukunft
KI verändert nicht nur Prozesse, sondern ganze Berufsbilder. Die Frage ist nicht, **ob**, sondern **wie** wir diese Transformation gestalten. Ein fundiertes Verständnis der Mensch-Maschine-Interaktion ermöglicht es Unternehmen, Arbeitsplätze so weiterzuentwickeln, dass sie technologische Effizienz mit menschlichem Potenzial verbinden – zum Vorteil für Mitarbeitende und die Organisation.

Kontinuierliches Lernen
Die Interaktion zwischen Menschen und KI ist keine Einbahnstraße – sie ist ein wechselseitiger Lernprozess. Durch intelligente Interaktionsmodelle entstehen Feedbackschleifen, in denen Systeme besser werden und Menschen neue Kompetenzen entwickeln. So wird das Voneinander-Lernen zum integralen Bestandteil der Zusammenarbeit.

Vertrauensbildung
Ohne Vertrauen keine Akzeptanz – und ohne Akzeptanz keine erfolgreiche KI-Nutzung. Die Art, wie Menschen mit intelligenten Systemen interagieren, entscheidet maßgeblich darüber, ob Vertrauen entstehen kann. Klare Zuständigkeiten, transparente Prozesse und nachvollziehbare Entscheidungen sind dabei essenziell.

Compliance und rechtliche Aspekte
In vielen Anwendungsfeldern schreiben Gesetze und Regulierungen menschliche Kontrolle über KI-Systeme vor – etwa in der Medizin, im Finanzsektor oder bei sicherheitskritischen Anwendungen. Wer die passenden

Interaktionsmodelle kennt und umsetzt, kann nicht nur Haftungsrisiken minimieren, sondern auch regulatorische Anforderungen wie den EU AI Act zuverlässig erfüllen – und so Vertrauen bei Stakeholdern, Kunden und Aufsichtsbehörden stärken.

Flexibilität und Anpassungsfähigkeit
Nicht jede Aufgabe verlangt maximale Automatisierung – der Schlüssel liegt im situativ richtigen Maß an menschlicher Beteiligung. Ein gutes Verständnis unterschiedlicher Interaktionsmodelle gibt Unternehmen die Flexibilität, je nach Kontext zwischen Automatisierung, menschlicher Kontrolle und Zusammenarbeit zu variieren. Dabei können Modelle auch **bewusst alternierend eingesetzt** werden – etwa im Rahmen von Retrospektiven, Pilotphasen oder je nach Risikolage –, um kontinuierlich zu lernen und sich dynamisch anzupassen.

4.4 Zehn Modelle der Mensch-Maschine-Interaktion im Überblick

Viele Führungskräfte kennen die Vielfalt möglicher Interaktionsmodelle zwischen Menschen und KI bislang kaum. Mit dem entsprechenden Wissen können sie jedoch breiter, diverser und deutlich fundierter entscheiden, wie KI in Arbeitsprozesse eingebunden wird, wie viel Kontrolle wo notwendig ist – und wie man die Potenziale der Zusammenarbeit voll ausschöpft. Gerade regelmäßige Retrospektiven und kontextbezogene Entscheidungen ermöglichen es Unternehmen, zwischen verschiedenen Modellen zu wechseln, statt sich auf ein starres Paradigma festzulegen.

Um die Modelle besser einordnen zu können, wurde in Abb. 4.3 und 4.4 eine Übersicht erstellt, die nach Relevanz, strategischer Sinnhaftigkeit und praktischer

Modell	Erklärung
Human-in-the-Loop (Relevanz: hoch)	Der Mensch ist aktiv in den Entscheidungsprozess eingebunden und überprüft jede Entscheidung des Systems. **Beispiel:** In der medizinischen Diagnostik unterstützt KI bei der Analyse von Röntgenbildern, aber der Mensch trifft die finale Diagnose.
Human-in-the-Loop & Continuous Learning (Relevanz: hoch)	Der Mensch trägt aktiv zur kontinuierlichen Verbesserung des Systems bei. **Beispiel:** Bei der Entwicklung von Sprachassistenten geben Tester kontinuierlich Feedback zur Systemoptimierung.
Human-Autonomy Teaming (Relevanz: hoch)	Mensch und Maschine arbeiten als Team, wobei beide ihre Stärken einbringen. **Beispiel:** In der Produktentwicklung nutzen Designer KI-Tools zur gemeinsamen Ideenfindung.
Human-Autonomy Trust (Relevanz: hoch)	Fokus liegt auf dem Vertrauen zwischen Menschen und System – entscheidend für erfolgreiche Zusammenarbeit. **Beispiel:** Bei KI-gestützter Finanzberatung müssen Kunden dem System vertrauen, um dessen Empfehlungen zu folgen.
Human-on-the-Loop (Relevanz: hoch)	Der Mensch überwacht das System und erhält aktiv Entscheidungshilfen. **Beispiel:** In der Luftfahrt überwachen Piloten automatische Flugsysteme und intervenieren nur in kritischen Situationen.

Abb. 4.3 Zehn Modelle der Mensch-Maschine-Interaktion, Nr. 1-5. Erstellt von Martha Giannakoudi

Modell	Erklärung
Human-on-the-Loop with Decision Support (Relevanz: mittel)	Der Mensch überwacht das System und erhält aktiv Entscheidungshilfen. **Beispiel:** In Notfallzentralen unterstützt KI die Disponenten bei der Einsatzpriorisierung.
Human-in-Command (Relevanz: hoch)	Der Mensch hat die vollständige Kontrolle und kann Entscheidungen des Systems übersteuern. **Beispiel:** In militärischen Kontexten behalten menschliche Kommandanten die Entscheidungsgewalt über KI-Vorschläge.
Human-in-Control (Relevanz: mittel)	Der Mensch behält jederzeit die Möglichkeit zur manuellen Steuerung oder Deaktivierung. **Beispiel:** In autonomen Fahrzeugen kann der Fahrer jederzeit eingreifen.
Human Supervisory Control (Relevanz: mittel)	Ein Mensch überwacht mehrere Systeme gleichzeitig und greift bei Bedarf ein. **Beispiel:** In Industrieanlagen kontrolliert ein Operator mehrere automatisierte Produktionslinien.
Human-Out-of-the-Loop (Relevanz: niedrig)	Der Mensch ist vollständig aus dem Entscheidungsprozess ausgeschlossen – das System arbeitet autonom. **Beispiel:** Vollautomatische Handelssysteme an Börsen agieren ohne menschlichen Eingriff.

Abb. 4.4 Zehn Modelle der Mensch-Maschine-Interaktion, Nr. 6–10. Erstellt von Martha Giannakoudi

Anschlussfähigkeit geordnet ist. Sie beginnt mit lernorientierten und kollaborativen Ansätzen, führt über Kontroll- und Überwachungsmodelle hin zu den eher autonomen und risikobehafteten Referenzmodellen.

Erfolgsfaktor Mensch-Maschine-Interaktion

Die Wahl des passenden Interaktionsmodells sollte niemals statisch oder einmalig getroffen werden. Vielmehr erfordert der verantwortungsvolle Einsatz von KI eine dynamische, kontextabhängige Strategie, die sich flexibel an unterschiedliche Aufgaben, Risiken und Entwicklungsstände anpasst. Unternehmen profitieren besonders dann, wenn sie gezielt mit mehreren Modellen arbeiten – beispielsweise im Rahmen von Retrospektiven, Pilotphasen oder Feedbackschleifen.

Die Relevanz eines Interaktionsmodells ergibt sich aus der konkreten Anwendungssituation: Sie hängt ab von der Komplexität der Aufgabe, dem Risikoniveau, den Anforderungen an Transparenz, der Verfügbarkeit qualitativ hochwertiger Daten sowie von ethischen und moralischen Implikationen.

Dabei gilt es, bewusst jene Aufgaben dem Menschen vorzubehalten, die seine einzigartigen Fähigkeiten erfordern: Kreativität, Empathie, Erfahrung und differenziertes Urteilsvermögen. Nur wenn menschliche Stärken sinnvoll mit KI-Funktionen kombiniert werden, entsteht echter Mehrwert.

Die erfolgreiche Integration von KI in Unternehmensprozesse hängt maßgeblich davon ab, wie die Interaktion zwischen Menschen und Maschine gestaltet wird. Wer sich aktiv mit den verschiedenen Modellen auseinandersetzt, ihre Chancen und Grenzen reflektiert und auf Best Practices zurückgreift, kann das volle Potenzial der Mensch-KI-Zusammenarbeit ausschöpfen.

Eine relevante Erkenntnis dabei ist, dass es kein „One-Size-Fits-All" gibt. Vielmehr gilt die Maxime, je nach Kontext und Risiko flexibel zwischen Modellen zu wechseln und die Stärken beider Seiten – Mensch und KI – in Einklang zu bringen.

Es bedarf daher Sorgfalt, strategischer Klarheit und organisatorischer Offenheit, um einerseits Risiken zu minimieren, andererseits Verantwortung und Kontrolle zu sichern – und letztlich die Akzeptanz der Mitarbeitenden sowie das Vertrauen aller Stakeholder zu gewinnen.

4.5   Fahrplan zur Umsetzung der KI-Werte-Leitlinien

Ein praxisorientierter Fahrplan für Unternehmen

Die Implementierung ethischer KI-Leitlinien erfordert einen strukturierten, nachhaltigen und unternehmensspezifischen Ansatz. Der folgende sechsstufige Handlungsplan, den wir im Rahmen unserer Beratungstätigkeit entwickelt haben, unterstützt Sie dabei, ethische Prinzipien konsequent in Ihre Unternehmenskultur, Prozesse und Technologien zu integrieren.

Schritt 1: Bestandsaufnahme & Werteanalyse

- Bilden Sie einen interdisziplinären KI-Arbeitskreis mit Vertreterinnen und Vertretern aus Management, IT, Personal, Datenschutz, Compliance, Kommunikation sowie – sofern vorhanden – der Personalvertretung.
- Erfassen Sie sämtliche im Unternehmen eingesetzten oder geplanten KI-Anwendungen – von internen Lösungen bis zu frei zugänglichen Tools.
- Benennen Sie Ihre zentralen Unternehmenswerte und ordnen Sie diese den sieben ethischen Säulen aus Kap. 3 zu.
- Erarbeiten Sie auf dieser Grundlage eigene KI-Werte-Leitlinien, entweder im Rahmen des Arbeitskreises oder durch die Einbindung der gesamten Belegschaft über partizipative Formate.

Tipp: Nutzen Sie dafür auch den Werte-Architekten von Synnous im GPTStore: https://chatgpt.com/g/g-wb66csTo7-ki-werte-architekt

Schritt 2: Sensibilisierung & Schulung

- Führen Sie zielgerichtete Schulungsformate durch, um Mitarbeitende und Führungskräfte mit den Inhalten und der Relevanz Ihrer KI-Leitlinien vertraut zu machen.
- Definieren Sie klare Zuständigkeiten und Verantwortlichkeiten für die nachhaltige Umsetzung, Steuerung und Weiterentwicklung Ihrer Leitlinien.
- Nutzen Sie die 33 Sprichwörter spielerisch, um die Leitlinien in der Unternehmenskultur und im Arbeitsalltag niedrigschwellig zu verankern und deren Anwendung zu erleichtern. Lassen Sie Ihrer Kreativität als Organisation freien Lauf!

Schritt 3: Prozesse & Strukturen anpassen

- Überarbeiten Sie Ihre bestehenden Prozesse zur Entwicklung, Auswahl und Implementierung von KI-Systemen unter Berücksichtigung ethischer und rechtlicher Anforderungen.
- Etablieren Sie interne Steuerungsmechanismen wie Ethik-Checklisten, Use-Case-Bewertungen oder zentrale Entscheidungsgremien für sensible KI-Anwendungen.

- Integrieren Sie Feedback-Schleifen für die gesamte Belegschaft, um Erfahrungen und Verbesserungspotenziale systematisch in Ihre KI-Prozesse einfließen zu lassen.

Schritt 4: Kontinuierliche Überprüfung und Verbesserung

- Führen Sie regelmäßige Audits und Überprüfungen Ihrer KI-Systeme und Anwendungen durch, sowohl hinsichtlich ihrer technischen Leistungsfähigkeit als auch im Hinblick auf ethische Risiken und regulatorische Vorgaben.
- Organisieren Sie interne Diskussionsformate, etwa „Digital Ethics Days", um Perspektiven aus der Belegschaft, von Kunden sowie externen Stakeholdern zu integrieren.
- Passen Sie Ihre Prozesse kontinuierlich an neue regulatorische Anforderungen (wie den EU AI Act) und technische Entwicklungen an.

Schritt 5: Kommunikation & Kollaboration

- Kommunizieren Sie Ihr Engagement für ethisch verantwortliche KI-Nutzung klar, transparent und zielgruppengerecht – nach innen wie nach außen.
- Stellen Sie Ihre Leitlinien und Maßnahmen sichtbar bereit, etwa über interne Plattformen, Nachhaltigkeitsberichte oder externe Kommunikationskanäle.
- Beteiligen Sie sich aktiv an Brancheninitiativen, Fachforen und Netzwerkveranstaltungen, um sich auszutauschen und gemeinsam Standards weiterzuentwickeln.

Schritt 6: Erfolgsmessung & Optimierung

- Entwickeln Sie geeignete Indikatoren und Kennzahlen, um die Wirksamkeit Ihrer Leitlinien messbar zu machen – z. B. durch Schulungszahlen, Audit-Ergebnisse oder dokumentierte ethische Prüfprozesse.
- Befragen Sie Ihre Mitarbeitenden regelmäßig zur Wahrnehmung, Akzeptanz und Umsetzung der KI-Leitlinien.
- Überwachen Sie Vorfälle im Zusammenhang mit KI-Ethik und -Compliance und prüfen Sie die Einrichtung eines Ethikrates oder KI-Boards mit interner und externer Expertise.

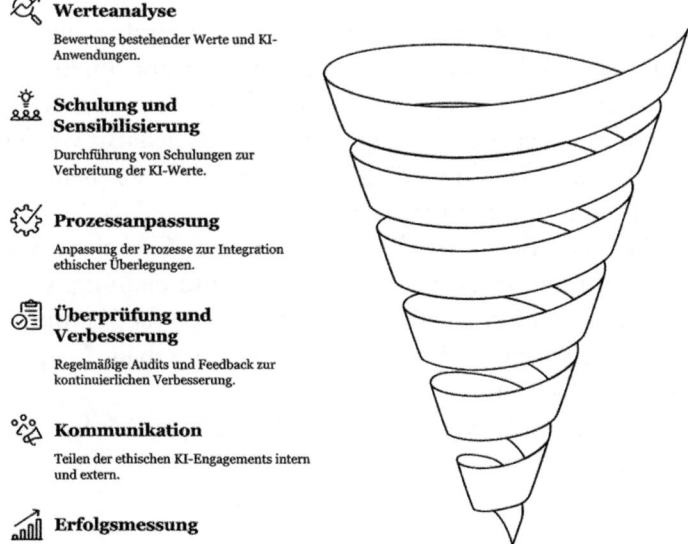

Fahrplan für Unternehmen

Werteanalyse
Bewertung bestehender Werte und KI-Anwendungen.

Schulung und Sensibilisierung
Durchführung von Schulungen zur Verbreitung der KI-Werte.

Prozessanpassung
Anpassung der Prozesse zur Integration ethischer Überlegungen.

Überprüfung und Verbesserung
Regelmäßige Audits und Feedback zur kontinuierlichen Verbesserung.

Kommunikation
Teilen der ethischen KI-Engagements intern und extern.

Erfolgsmessung
Entwicklung von Indikatoren zur Bewertung der Effektivität.

Abb. 4.5 Fahrplan zur praktischen Implementierung von KI-Werte-Leitlinien. Erstellt mit napkin.ai von Martha Giannakoudi

4.6   Ethik als Kompass im KI-Zeitalter

Die Umsetzung ethischer KI-Leitlinien ist kein einmaliges Projekt, sondern ein kontinuierlicher Lern- und Entwicklungsprozess für Ihre gesamte Organisation. Mit Geduld, Offenheit und einem starken Fokus auf den „human factor" werden Sie eine gute Zusammenarbeit in den Teams erreichen und Erfolg haben. Die Führungskräfte müssen zukünftig nicht nur Mitarbeitende, sondern auch KI in der Form von KI-Agenten oder Robotern in ihre Führungsaufgabe integrieren. Alle KI-Tools sind „lernende Systeme", die sich weiterentwickeln und stetig verändern. Diese neue Realität verlangt Reflexion, Veränderungsbereitschaft und Handlungsfähigkeit trotz mannigfaltiger Unwägbarkeiten.

Mit einem strukturierten Vorgehen, einem starken Wertekompass und dem Engagement der Mitarbeitenden entsteht die Basis für eine vertrauenswürdige und zukunftsfähige KI-Nutzung. Geben Sie sich und Ihrem Unternehmen die nötige Zeit: Leitlinien müssen entwickelt, erprobt, angepasst und immer wieder neu gedacht werden. So stärken Sie Ihre Glaubwürdigkeit, Ihre Resilienz und dadurch Ihre Innovationskraft.

Nehmen Sie daher die folgenden drei Weisheiten noch mit auf Ihre Reise – mit Humor, Mut und Haltung. Denn wer heute ethisch handelt, gestaltet morgen die Zukunft.

„Rom wurde auch nicht an einem Tag erbaut." – „Der Weg ist das Ziel."

Und: „Probieren geht über Studieren!", also einfach machen!

5

Ein Exkurs zum EU AI Act und was dieser für Unternehmen bedeutet

„Wer den Hafen nicht kennt, in den er segeln will, für den ist kein Wind der richtige." Dieses viel zitierte Wort des römischen Philosophen Seneca erinnert daran, dass auch technologische Innovationen eine Ausrichtung und Orientierung benötigen und nicht nur günstige „Winde", um in einem Hafen anzukommen. Aus diesem Grunde setzt der EU AI Act klare Koordinaten im Umgang mit Künstlicher Intelligenz.

Bemerkenswert ist hierbei, dass ein Rechtsrahmen geschaffen wurde, der KI nicht nur regulieren, sondern auch gestalten will mit dem Ziel, Innovationen zu ermöglichen, aber unter Bedingungen, welche Grundrechte, Sicherheit und gesellschaftliche Werte schützen. Davon betroffen sind alle Unternehmen, die KI entwickeln, nutzen oder vertreiben – ob Start-up, Mittelständler oder Big Tech.

Um die Audioversion dieses Kapitels zu hören, bitte klicken Sie auf den Link oder scannen Sie ihn mit der MoreMedia App: https://sn.pub/7v7w1u

5.1   Der Weg zur Regel: Ethik wird Gesetz

2018 gab die EU den ersten Entwurf für ethische Leitlinien zur Konsultation frei. Über 500 Stellungnahmen aus Wissenschaft, Wirtschaft und Zivilgesellschaft konnten so in den finalen „Ethikleitlinien für vertrauenswürdige KI" im April 2019 berücksichtigt werden. Schon damals wurde klar: Europa will keine KI um jeden Preis, sondern eine menschenzentrierte, nachvollziehbare und gerechte Technologieentwicklung. https://digital-strategy.ec.europa.eu/en/library/ethics-guidelines-trustworthy-ai

Diese Werte sind nun Gesetz geworden. Der EU AI Act ist der Versuch, technologische Gestaltungsmacht mit Verantwortung zu verbinden – nicht nur auf dem Papier, sondern in der Praxis. Der Text ist öffentlich zugänglich und ein Meilenstein europäischer Digitalpolitik. https://artificialintelligenceact.eu/de/das-gesetz/

Die Zeit drängt. Bereits seit Februar 2025 gelten erste verbindliche Anforderungen: Unternehmen müssen ihre Teams schulen, Verhaltenskodizes erstellen und Dokumentationspflichten erfüllen. Übergangsfristen geben ein wenig Luft – aber keinen Dispens. Für Unternehmen bedeutet dies nicht nur einen tiefgreifenden Kulturwandel, sondern auch eine besondere Einladung, Verantwortung neu zu denken.

Nachfolgend haben wir die wichtigsten Punkte zusammengefasst, die Führungskräfte und Mitarbeiter kennen sollten.

5.2 Risikobasierter Ansatz im Fokus des EU AI Acts

Im Zentrum des AI Acts steht ein pragmatisches Prinzip: Nicht jede KI ist gleich riskant – und nicht jede braucht die gleiche Kontrolle. Deshalb unterscheidet der AI Act vier Risikostufen, die für Unternehmen entscheidend sind bei der Kategorisierung ihrer KI-Anwendungen:

Unannehmbares Risiko Verbotene KI-Anwendungen, die eine erhebliche Gefahr für die Sicherheit und die Grundrechte der Menschen darstellen, wie Social Scoring oder biometrische Fernüberwachung.

Hohes Risiko Streng regulierte KI-Systeme, die in sensiblen Bereichen eingesetzt werden, wie Bildung, Justiz, Infrastruktur, und strengen Auflagen unterliegen.

Begrenztes Risiko KI-Systeme, die Transparenzpflichten erfüllen müssen, um Missbrauch und Fehlinterpretationen der Nutzer zu vermeiden.

Minimales Risiko KI-Anwendungen, für die keine spezifischen regulatorischen Anforderungen gelten.

Verbotene KI-Anwendungen für die EU
Bestimmte KI-Anwendungen sind aufgrund ihres potenziellen Schadens für die Gesellschaft vollständig verboten und werden in Abb. 5.1 als Übersicht gezeigt.

Soziale Bewertungssysteme Systeme, die Menschen aufgrund ihres Verhaltens bewerten und einschränken.

Verbotene KI-Anwendungen

Soziale Bewertungssysteme
Systeme, die Menschen aufgrund ihres Verhaltens bewerten und einschränken.

Technologien, die unbewusste Manipulationen vornehmen, um Entscheidungen und Verhalten zu beeinflussen.
Manipulative KI-Systeme

Biometrische Fernüberwachung
Fernidentifikation in Echtzeit in öffentlichen Räumen ist mit wenigen Ausnahmen untersagt.

Abb. 5.1 Verbotene KI-Anwendungen nach dem EU AI Act. Erstellt mit napkin.ai von Martha Giannakoudi

Manipulative KI-Systeme Technologien, die unbewusste Manipulationen vornehmen, um Entscheidungen und Verhalten zu beeinflussen.

Biometrische Fernüberwachung Fernidentifikation in Echtzeit in öffentlichen Räumen ist mit wenigen Ausnahmen untersagt.

5.3 Strenge Regelungen zu Hochrisiko-KI-Systemen

Für KI-Systeme, die in kritischen Bereichen eingesetzt werden, gelten besonders strenge Regulierungen.

Kritische Infrastrukturen: *Schutz von lebenswichtigen Diensten und Anlagen.*

Bildung und Berufsausbildung: *Sicherstellung der Fairness und Transparenz in Lernumgebungen.*

Beschäftigung und Personalmanagement: *Vermeidung von Diskriminierung und Sicherstellung fairer Praktiken.* Zugang zu wesentlichen Dienstleistungen: *Schutz vor unzulässiger Benachteiligung bei wichtigen Diensten.* Strafverfolgung: *Gewährleistung der Rechtssicherheit und des Schutzes der Bürgerrechte.* Migrations- und Grenzkontrollen: *Sicherstellung der ethischen Anwendung von KI in sensiblen Bereichen.*

Die Pflichten für Anbieter von KI-Anwendungen sind umfangreich und würden den Rahmen dieses Exkurses sprengen. Im Fokus der Pflichten stehen Aspekte, die zur *Sicherheit, Zuverlässigkeit, Transparenz und Erklärbarkeit* von KI-Systemen beitragen sollen. Und vor allem: KI darf nicht autonom über Schicksale entscheiden – die menschliche Aufsicht über die KI bleibt eine zentrale Forderung.

Die Einführung des EU AI Acts erfolgt gestaffelt mit Übergangsfristen von 6–36 Monaten, zügiges Handeln ist dennoch erforderlich. Im Folgenden eine Übersicht, was Unternehmen jetzt tun müssen.

1. Mitarbeitende schulen: Seit Februar 2025 verpflichtend – für Softwareentwicklung ebenso wie für HR, Datenschutz oder externe Partner.
2. Verhaltenskodizes entwickeln: Innerhalb von 9 Monaten nach Inkrafttreten. Sie enthalten ethische Prinzipien, Verantwortlichkeiten und Feedbackprozesse.
3. Dokumentieren & überwachen: Technische Unterlagen, „Bias"-Prüfungen, Eingriffsmöglichkeiten – Compliance muss nachvollziehbar sein.
4. Konformitätsbewertungen durchführen: Hochrisiko-Systeme dürfen nur in Verkehr gebracht werden, wenn sie geprüft sind – intern oder durch externe Stellen.

Für EU-Unternehmen kann der EU AI Act eine Chance darstellen, denn wer innovativ und compliant ist, schafft bei allen Stakeholdern Vertrauen und Akzeptanz.

5.4 Globale Einbettung am Beispiel der USA

Der EU AI Act hat eine globale Relevanz und wird im Ausland genauestens studiert. Genauso reagiert auch die EU auf Veränderungen im Ausland. Als exemplarisches Beispiel werden zwei Executive Orders der US-Präsidenten Joe Biden und Donald Trump in Abb. 5.2 vorgestellt und miteinander verglichen. Hier ein sehr grober Überblick zu den Unterschieden der beiden Executive Orders:

Die EU steht vor der Herausforderung, ihre Prinzipien für eine sichere und ethische KI-Entwicklung aufrechtzuerhalten, während sie gleichzeitig die Wettbewerbsfähigkeit europäischer Unternehmen im globalen KI-Markt sicherstellen muss. Daher beobachtet die EU genau, wie sich die Deregulierung in den USA auf die globale KI-Entwicklung und den Wettbewerb auswirkt, um gegebenenfalls ihre eigene Strategie anzupassen. Dabei spielt die technologische Vorherrschaft der USA eine erhebliche Rolle, denn zwischen den europäischen Regulierungsambitionen und den technologisch-wirtschaftlichen Realitäten auf der anderen Seite des Atlantiks klafft ein deutliches Ungleichgewicht, das die Handlungsfreiheit Europas zumindest herausfordert.

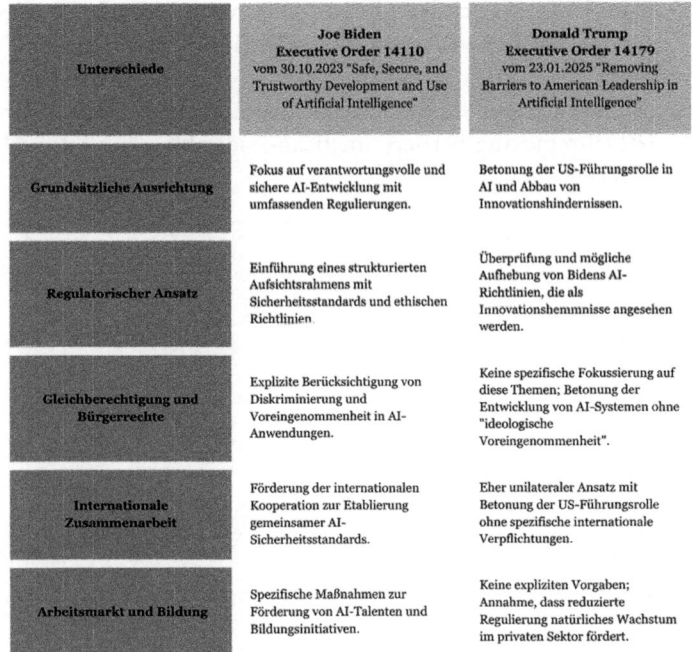

Unterschiede	Joe Biden Executive Order 14110 vom 30.10.2023 "Safe, Secure, and Trustworthy Development and Use of Artificial Intelligence"	Donald Trump Executive Order 14179 vom 23.01.2025 "Removing Barriers to American Leadership in Artificial Intelligence"
Grundsätzliche Ausrichtung	Fokus auf verantwortungsvolle und sichere AI-Entwicklung mit umfassenden Regulierungen.	Betonung der US-Führungsrolle in AI und Abbau von Innovationshindernissen.
Regulatorischer Ansatz	Einführung eines strukturierten Aufsichtsrahmens mit Sicherheitsstandards und ethischen Richtlinien	Überprüfung und mögliche Aufhebung von Bidens AI-Richtlinien, die als Innovationshemmnisse angesehen werden.
Gleichberechtigung und Bürgerrechte	Explizite Berücksichtigung von Diskriminierung und Voreingenommenheit in AI-Anwendungen.	Keine spezifische Fokussierung auf diese Themen; Betonung der Entwicklung von AI-Systemen ohne "ideologische Voreingenommenheit".
Internationale Zusammenarbeit	Förderung der internationalen Kooperation zur Etablierung gemeinsamer AI-Sicherheitsstandards.	Eher unilateraler Ansatz mit Betonung der US-Führungsrolle ohne spezifische internationale Verpflichtungen.
Arbeitsmarkt und Bildung	Spezifische Maßnahmen zur Förderung von AI-Talenten und Bildungsinitiativen.	Keine expliziten Vorgaben; Annahme, dass reduzierte Regulierung natürliches Wachstum im privaten Sektor fördert.

Abb. 5.2 Executive Orders der Präsidenten J. Biden und D. Trump im Vergleich. Erstellt von Martha Giannakoudi

Literatur

Joe Biden Executive Order 14110 vom 30.10.2023 „Safe, Secure, and Trustworthy Development and Use of Artificial Intelligence"
https://www.presidency.ucsb.edu/documents/executive-order-14110-safe-secure-and-trustworthy-development-and-use-artificial

Donald Trump Executive Order 14179 vom 23.01.2025 „Removing Barriers to American Leadership in Artificial Intelligence"
https://www.presidency.ucsb.edu/documents/executive-order-14179-removing-barriers-american-leadership-artificial-intelligence

6

Interviews aus der Praxis

6.1 Early Adopters

Im Gespräch mit Dr. Lorenz Gräf, 20.12.2024

Position: Gründer und Geschäftsführer mehrerer Unternehmen.
Firma: STARTPLATZ Gründerzentrum
Mitarbeitende: 30
Studium: Soziologie

Dr. Lorenz Gräf kenne und schätze ich nun seit fast einem Jahrzehnt als wichtigen Mentor für Start-ups und Visionär für Innovationen. Als promovierter Soziologe und Gründer des STARTPLATZ – einer der größten deutschen

---

Um die Audioversion dieses Kapitels zu hören, bitte klicken Sie auf den Link oder scannen Sie ihn mit der MoreMedia App: https://sn.pub/3oxt9t

© Der/die Autor(en), exklusiv lizenziert an Springer Fachmedien Wiesbaden GmbH, ein Teil von Springer Nature 2025
M. Giannakoudi, *Ethische KI in der Praxis. Die 7 Säulen und 33 Sprichwörter für KI-Werte-Leitlinien in Unternehmen*, https://doi.org/10.1007/978-3-658-48562-7_6

Acceleratoren – hat er unzählige Events, Konferenzen und Weiterbildungen initiiert. Seine Begeisterung für generative KI war er ein Türöffner für viele, mich eingeschlossen. Dieses Interview ist nicht nur ein Blick in die Zukunft von KI, sondern auch eine Reise durch die Geschichte technologischer Umbrüche. Ermutigend für viele Unternehmer, das Bekenntnis, wie schwierig es in der Praxis ist, neue Technologien wie generative KI in den eigenen Betrieb zu implementieren und alle mitzunehmen.

Lieber Lorenz, das Interview mit Dir zählt zu meinen Highlights, denn ohne Deine sehr nachdrückliche Einladung, an dem ChatGPT3 Hackathon im Kölner STARTPLATZ am Samstag, dem 21.1.23, teilzunehmen, hätten ich und weitere 50 völlig erstaunte Menschen nicht so früh die Möglichkeiten der generativen KI erkennen können. Für mich war an dem Tag klar, das ist ein Gamechanger und es hat mein Leben und meine Arbeit verändert. Großen Dank an dieser Stelle. Aber sag mal, wer hat Dir den entscheidenden Impuls gegeben?
Eigentlich tauchte KI ja schon sehr oft in unserem STARTPLATZ Accelerator auf. Aber das sah immer sehr aufwendig aus, und Machine-Learning-Training für Projekte war enorm teuer.

Dann kam ein weiterer wichtiger Moment: Ich bin seit 2008 auf Twitter aktiv und habe Sam Altman verfolgt, der aus dem Y Combinator kommt – dem bekanntesten Startup-Inkubator weltweit. Ende November 2022 verteidigte er sich dort gegen Vorwürfe, dass er mit seiner Arbeit der Menschheit schade. Das erregte meine Aufmerksamkeit.

Dann hat mir auch schon früher Hamid (Hamidreza Hosseini, Gründer von ECODYNAMICS) immer wieder KI-Infos, z. B. ThisPersonDoesNotExist.com, gezeigt und mit mir zusammen Anfang 2023 die ersten ChatGPT-Veranstaltungen durchgeführt – und schon für die Planung generative KI eingesetzt (lacht).

Es war im Dezember 2022, als ich das Potenzial von generativer KI entdeckt habe – konkret von ChatGPT. Ich erinnere mich genau an den Moment. Anfangs war ich noch skeptisch, aber je mehr ich ausprobierte, desto mehr wurde mir klar, dass diese Technologie ein echter Gamechanger ist. Ich habe direkt Freunden und Kollegen davon erzählt und vorgeschlagen, Hackathons zu organisieren, um die Möglichkeiten auszuloten. Das war der Startschuss für meine intensive Beschäftigung mit KI.

Der erste Hackathon selbst war so schnell geplant und echte Improvisationskunst. Das Team vom STARTPLATZ war gar nicht involviert, ich organisierte am Morgen noch Croissants und andere Dinge selbst. Es war eine explosive Entwicklung, die alle überrascht hat – selbst das START-PLATZ-Team.

Stimmt, ich erinnere mich an diese besondere Pionierstimmung. Hamid hat auch mich für ChatGPT begeistert und mich ermutigt, viel auszuprobieren – dafür bin ich ebenfalls sehr dankbar. Mir ist aufgefallen, dass Du oft Parallelen zu früheren technologischen Revolutionen ziehst. Kannst Du das bitte näher erläutern?

Ich habe in meinem Leben mindestens vier große technologische Umbrüche miterlebt: Die Einführung von PCs, das Internet und das World Wide Web, Web 2.0 und die Interaktivität des Netzes (mit Amazon als Pionier mit der Fokussierung auf Kunden und Bewertungen) und schließlich Smartphones. Ich war Assistent an der WiSo-Fakultät in Köln und wir haben selber LAN-Leitungen verlegt, und wir waren das allererste Seminar, das eine Computerausstattung hatte.

Jede dieser Innovationen hat Geschäftsmodelle radikal verändert. Diese Entwicklungen haben stets neue Geschäftsmöglichkeiten eröffnet. Start-ups erkennen solche Chancen oft als Erste und experimentieren damit. Das war mir bei KI sofort klar – sie wird Märkte und Unternehmen grundlegend verändern. Aber was bei KI anders ist, ist die Geschwindigkeit. Während das Internet etwa zehn Jahre brauchte, um wirklich relevant zu werden, sehen wir bei KI schon innerhalb weniger Monate massive Auswirkungen. Das macht sie so besonders – und so herausfordernd.

Wie hast Du versucht, KI in Dein Unternehmen, den STARTPLATZ, zu integrieren?

Das war und ist nicht einfach. Der STARTPLATZ ist ein innovativer Ort, an dem Menschen mit einem offenen Mindset zusammenkommen. Trotzdem ist es schwer, eine „AI-First"-Mentalität zu etablieren. Viele Mitarbeitende wissen schlicht nicht, wie sie KI für ihre Aufgaben nutzen können. Hackathons und unsere AI Summer School haben geholfen, den Einstieg zu erleichtern. Eine Woche AI School ist das allerbeste Format, die Leute kommen mit so viel Spirit da heraus, weil es nicht zu viel Theorie, sondern mehr Anwendung hat – aber welche Firma kann sich das flächendeckend für alle leisten? Und für einen durchgehenden Einsatz braucht es mehr. Ich denke, wir müssten systematischer vorgehen – vielleicht sogar mit einer internen „KI-Universität".

Was sind die größten Hürden, die Du dabei siehst?

Der größte Stolperstein ist, dass viele Menschen Schwierigkeiten haben, klare Aufgabenstellungen oder sogenannte Prompts zu formulieren. KI ist unglaublich leistungsfähig, aber sie braucht klare Anweisungen. Wenn diese fehlen, sind die Ergebnisse enttäuschend, und die Leute geben schnell auf. Deshalb ist die Fähigkeit, die richtigen Fragen zu stellen bzw. Prompts zu formulieren und den richtigen Kontext zu geben, entscheidend. Ohne diese Basics kommen wir nicht weiter.

Du sprichst oft von ethischen Fragen im Zusammenhang mit KI. Welche Gefahren siehst Du?

Eine große Gefahr besteht darin, dass Menschen sich blind auf KI verlassen. Zum Beispiel, wenn sie die KI als Sparringspartner nutzen, ohne ihre Ergebnisse kritisch zu hinterfragen. Das kann dazu führen, dass sie sich von der Realität entfernen. Außerdem besteht die Gefahr der Manipulation – ähnlich wie bei Social Media. KI könnte Nutzer in ihrer Meinung bestätigen und sie in eine Blase drängen. Wir müssen lernen, mit KI kritisch umzugehen und ihre Grenzen zu erkennen.

Ich erinnere mich, wie enttäuscht ich war als ich ChatGPT fragte, wer den Rheinland Pitch macht und er einfach gelogen hat und schrieb, dass die IHK in Köln diesen erfunden hätte. Das war mein allererstes Learning: Gib der KI den Kontext und lass sie auf dieser Basis weiterarbeiten. Das ist meine goldene Regel.

Du warst am Lehrstuhl von Professor Erwin Scheuch und hast dort zum Thema Netzwerkanalysen mitgeforscht. Kannst Du uns bitte mehr darüber erzählen?

Das ist schwer zusammenzufassen, denn die Forschung war extrem umfangreich. Ein zentraler Aspekt war die Technologiefolgenabschätzung. Eine der großen Fragen damals lautete: „Warum stehen die Deutschen neuen Technologien so ablehnend gegenüber?" Das galt für fast jede technologische Neuerung wie z. B. die **Kernenergie:** Deutschland hatte einige der besten Kernkraftwerke der Welt, war aber dennoch skeptisch gegenüber der Technologie. Oder das **Internet:** Es gab eine langanhaltende Skepsis gegenüber dem Internet und Online-Dienstleistungen. Und auch jetzt beim Thema **Künstliche Intelligenz:** Es gibt in Deutschland führende KI-Forschung, aber die öffentliche Debatte ist oft von Skepsis geprägt.

Also, unser Ziel war es, herauszufinden, wie sich soziale Netzwerke durch neue Kommunikationsmittel verändern. Netzwerke sind das Fundament gesellschaftlicher Strukturen. In der Soziologie geht es nicht um Einzelpersonen oder Zweierbeziehungen, sondern um größere soziale Systeme. Und genau diese Systeme verändern sich mit jeder technologischen Innovation. Leider wurde die Systemtheorie als Forschungsansatz zunehmend vernachlässigt.

Das ist spannend! Vor allem, wenn man bedenkt, dass wir ohne diese Forschung heute kaum vorbereitet sind, um die gesellschaftlichen Veränderungen durch KI zu verstehen.
Ja, und genau das ist das Problem. Die sozialen Folgen neuer Technologien werden oft nicht systematisch erforscht.

Lass uns wieder die praktische Anwendung von KI betrachten. In welchen Bereichen ist sie denn besonders nützlich?
Da gibt es viel, denn KI kann uns helfen, Routineaufgaben zu automatisieren, unsere Kommunikation zu verbessern und schneller auf neue Ideen zu kommen. Besonders hilfreich ist sie für Menschen mit kommunikativen Herausforderungen (z. B. Legasthenie), um E-Mails klarer zu formulieren. Gleichzeitig darf KI niemals menschliche Interaktion ersetzen, sondern sollte sie unterstützen. Ich hoffe sehr, dass wir durch KI die Bedeutung von Mensch-zu-Mensch-Kommunikation neu schätzen lernen.

Wie kann man am besten das Thema KI an die Menschen vermitteln?
Nun, Menschen, die das Potenzial von KI nicht so richtig erkennen, wird man auch nicht dazu bringen, sich damit zu beschäftigen.

Ich glaube, dass es tatsächlich wieder einen Selektionseffekt hat im Sinne von „ich finde das gut, ich kann mir das vorstellen" oder aber „ich kann meinen Job gut, wozu brauche ich das und ich muss schon viel ablehnen und mehr passt nicht in meine 40 h." Das wird schwierig, diese Menschen mitzunehmen.

Die anderen sind jene, die über ein „offenes Mindset" – eine innovative Geisteshaltung verfügen und prinzipiell ein Interesse an Innovationen haben. Diese versuche ich proaktiv ins Team zu holen und einfach einen Raum zu bieten, damit sie sich voll auf das Lernen und Nutzen der KI konzentrieren können. Meine Erfahrung ist: Die besten Leute finden dich, wenn du offen für das Thema bist.

Was glaubst Du, warum ist es so schwer, Menschen für KI zu begeistern?
Es liegt an Routinen und Arbeitsabläufen. Bei uns im STARTPLATZ haben wir den Vorteil, dass die meisten Leute ein „Open Mindset" mitbringen, also offen für Innovationen sind. Aber das allein reicht nicht.

Das Einzige, was ich gefunden habe, was wirklich hilft, sind diese Hackathons. Erfahren, was möglich ist und selbst ausprobieren – jedoch ohne gleichzeitig enttäuscht zu werden, weil man ChatGPT wie Google benutzt. Wenige haben die Chance, dass sie jemanden „vorprompten" sehen, wie es z. B. Hamid (Hamidreza Hosseini) sehr gut macht.

Wenn man falsch promptet, dann kommt man nicht weit genug und hat auch gar nicht die Idee, dass es hilfreich sein könnte. Eine KI ist strohdumm, was sie machen soll, und super gescheit in dem, was sie machen kann. Aber sie kann von allein nicht wissen, was sie tun soll.

Trotz Eurer Bemühungen ist es Deiner Meinung nach also noch nicht gelungen, den STARTPLATZ wirklich AI-First aufzustellen?

Nein, nicht vollständig. Der STARTPLATZ hat zwei verschiedene Dimensionen: Zum einen als Organisation, die KI fördern und vorantreiben will, und zum anderen als Unternehmen mit einem Team, das sich ständig verändert. Wir haben viele Praktikanten und Werkstudenten, die regelmäßig neu dazukommen. Das bedeutet, dass wir immer wieder von vorne anfangen müssen, um sie in das Thema KI einzuführen. Diese Herausforderung macht es schwer, eine nachhaltige KI-Kultur zu etablieren.

Eigentlich müssten wir eine interne KI-Universität einführen – eine systematische Schulung für alle neuen Mitarbeitenden. Aber wir stehen unter enormem Produktionsdruck und arbeiten mit einem kleinen Team an sehr vielen Projekten.

Welche Erfahrungen habt Ihr mit den Schulungen über die Zeit gesammelt?

Zu Beginn hatten wir ein KI-Bootcamp, in das wir neue Mitarbeitende geschickt haben. Manchmal sogar für eine ganze Woche in die AI Summer School. Das war ideal: Nach einer Woche intensiver Schulung konnten die Teilnehmenden nicht nur mit KI umgehen, sondern waren auch hochmotiviert und begeistert. Leider ist das sehr aufwendig und kaum leistbar.

Ein zweitägiges Bootcamp hat sich als weniger effektiv erwiesen, weil in so kurzer Zeit zu viel Theorie vermittelt wird. Weder die Teilnehmenden noch die Dozenten trauen sich, sich nur auf Prompting zu konzentrieren, weil sie befürchten, dass das allein nicht genug Wissen vermittelt. Dabei wäre genau das der Schlüssel. Ich denke, wir müssen unser Konzept überdenken: Zwei Tage nur Prompting-Basics. Denn viele scheitern genau daran.

Selbst erfahrene Nutzerinnen und Nutzer machen oft grundlegende Fehler in ihren Prompts, die zu schlechten Ergebnissen führen.

Du hast den Begriff „Digital Divide" eben genannt. Was meinst Du damit?

Immer, wenn man von Digitalisierung spricht, geht man davon aus, dass jemand mit einem Einser-Abitur auch schneller Digitalisierung begreifen würde und dadurch die Kluft zwischen den Menschen, die bestimmte digitale Kompetenzen haben, und denjenigen, die sie nicht haben, immer größer wird.

Das ist aber nicht eingetreten. Die Kluft bleibt die Gleiche. Und entscheidend ist, dass die Menschen, die weniger Kompetenzen dafür, aber ausreichenden Biss haben, sich auch hocharbeiten können. Du kannst der KI ja auch sagen, dass du ein Vorhaben hast, aber nicht weißt, wie du sie briefen sollst. „Stell mir mal deine Fragen, damit ich dich gut briefen kann". Mit diesem Wissen werden auch diese Menschen zu Weltmeistern im Briefen. Das braucht Biss und Willen!

Es gibt keinen festen Determinismus im Digital Divide oder z. B. in der Medienkompetenz – das hat sich nicht bewahrheitet. Ich glaube nicht an diesen Zweiklassengesellschaft-Topos, der schon beim Aufkommen des PC entstanden ist. Diejenigen, die sich mit neuen Technologien beschäftigen wollen, tun das – und diejenigen, die es nicht tun, werden nicht automatisch abgehängt.

Letztlich kommt es darauf an, ob jemand den **Willen zur Weiterentwicklung** hat. Wer das hat, kann sich KI-Kompetenzen aneignen, egal von welchem Ausgangspunkt.

Was würdest Du Dir von KI-Nutzern, insbesondere Deinen Mitarbeitenden, wünschen?

Mein wichtigster Rat: Nehmt Euch Zeit, die Grundlagen des Promptens zu lernen. Gebt der KI klare Briefings und präzise Anweisungen – das macht den Unterschied. Und natürlich: Nutzt KI verantwortungsvoll. Keine Prompts zu sensiblen oder ethisch fragwürdigen Themen. Bei uns im STARTPLATZ haben wir darauf geachtet, dass solche Grundsätze selbstverständlich sind. Es ist wichtig, ein Bewusstsein für Datenschutz und ethische Fragen zu schaffen.

Allerdings haben die meisten Menschen ein falsches Bild über den Datenschutz, denn dieser schützt persönliche Daten. Wenn aber die Gesetze eines Landes das nicht vorsehen, dann kann z. B. in einem Land wie China auch die europäische DSGVO zum Einsatz kommen. Persönlicher Schutz vor Übergriffen geht also nur über parlamentarische Mehrheiten und gute Gesetze. Zum Thema Privatsphäre und Datenschutzgesetz habe ich meine Promotion geschrieben. Bei uns wird nicht zu Personen geprompfet, wir verarbeiten auch keine CVs oder personenbezogenen Daten.

Welche Verhaltensgrundsätze gibt es, die Du Dir von jedem KI-User wünschen würdest?

Nee, ich hätte keine Verhaltensgrundsätze, ich hätte Prompting-Grundsätze: Prompte richtig, gib Kontext, mach ein gutes Briefing. Keiner meiner Mitarbeiter promptet eine Bombe, dafür haben wir sie auch vorher ausgewählt, und es sind lauter charakterstarke Menschen um mich herum.

Wie wird sich die Arbeit durch KI bei Euch im START-PLATZ verändern?

Wir sind eine Menschenarbeitsstelle, wir sind im unmittelbaren Kontakt zu allen. Jedoch sind Tools wie Perplexity sehr hilfreich – auch für Menschen, die die deutsche Sprache nicht gut beherrschen. Daher denke ich, dass wir in allen Arbeitsbereichen den Einsatz von KI pushen sollten.

Übrigens sehe ich noch den Vorteil, dass die KI sich als individueller Kommunikations- und Sparringspartner hervorragend eignet. Ich sehe das ja bei mir, ich kann ja auch nicht auf jede Person passen, und für manche bin ich auch schwierig. Eine KI ist nicht nachtragend – die passt sich mir an.

Aber ist da nicht auch eine große Gefahr? Jeder kann einen eigenen Sparringspartner haben, der aber nicht wirklich ein Sparringspartner ist, weil er Dir doch angepasst ist und man dadurch anderen „echten" Sparringspartnern, wie Dir, aus dem Weg geht. Reduziert das nicht soziale Kompetenz?
Coole Idee, das muss auch erst gesehen werden. Das kann man ja auch munitionieren. Aber das wäre ja Kaffeesatzleserei. Da muss man erst ausprobieren. Das ist wie mit dem Feuer. Als sich diese Kompetenz durchgesetzt hat, war auch der erste Waldbrand nicht weit.

Wir haben in der Vergangenheit schon oft gesehen, dass neue Technologien nicht immer die erwarteten negativen Auswirkungen haben. Ein Beispiel ist der Taschenrechner: Als er eingeführt wurde, gab es die Befürchtung, dass die Menschen das Kopfrechnen verlernen würden. Tatsächlich sind heute viele schlechter im Kopfrechnen als frühere Generationen, aber gleichzeitig hat sich der Zugang zu mathematischem Wissen enorm verbessert.

Ähnlich verhält es sich mit KI. Wir wissen noch nicht, wie sich der regelmäßige Einsatz von KI auf unsere kognitiven Fähigkeiten und unsere Kommunikation auswirkt. Ich hoffe, dass die menschliche Kommunikation dadurch sogar an Wert gewinnt, weil echte Interaktion immer eine andere Qualität hat als eine KI-generierte Unterhaltung. Ich erwarte jedoch eher eine Zunahme von Person-zu-Person-Kommunikation. Weil eine Avatar-/KI-Kommunikation eine künstliche bleibt und ich würde ja hoffen, dass eine menschliche Kommunikation höher geschätzt wird.

Wie siehst Du die Gefahr der Manipulation durch eine KI, die ja sehr selbstbewusst auftritt, sich dabei konfliktarm verhält und mich in einer weltfremden Bubble hält?
Das habe ich noch nicht gesehen. Die Manipulation sehe ich sehr viel stärker in Persuasive Social Media, das kann tatsächlich Bubbles verstärken. Und ich glaube nicht, dass Menschen KI als Ratgeber nutzen – die Telefonseelsorge über KI ist noch nicht da, und ich kenne keine solche Fälle.

Das erinnert mich an die Diskussion darüber, dass unsere heutige Gesellschaft und besonders die Jugend durch Social Media und die digitale Kommunikation sozial verarmt.
Auch hier gibt es unterschiedliche Perspektiven. Man könnte sich zum Beispiel anschauen, wie sich soziale Fähigkeiten in der Gaming-Szene entwickeln.

Viele Gamer verbringen sehr viel Zeit in digitalen Welten, aber das bedeutet nicht automatisch soziale Isolation. Multiplayer-Spiele, Rollenspiele und Plattformen wie Discord zeigen, dass Gaming oft eine hochgradig soziale Aktivität ist. Gamer interagieren, tauschen sich aus und arbeiten gemeinsam an Zielen – nur eben auf digitalen Plattformen.

Wenn man analysieren will, wie KI unsere Kommunikation verändert, könnte man dort ansetzen. Wie haben sich soziale Interaktionen in digitalen Spielwelten entwickelt? Welche Parallelen lassen sich zur Nutzung von KI ziehen?

Wie siehst Du die Zukunft von KI und ihren Einfluss auf Unternehmen?
KI wird alle Branchen grundlegend verändern, genauso wie das Internet oder Smartphones es getan haben. Es wird neue Geschäftsmöglichkeiten geben, aber auch neue Herausforderungen. Unternehmen müssen KI als Chance begreifen und ihre Mitarbeitenden dabei unterstützen, die Technologie richtig zu nutzen. Nur so können sie wettbewerbsfähig bleiben. Ich glaube fest daran, dass wir mit der richtigen Balance aus Innovation und Ethik diese Transformation erfolgreich gestalten können.

Vielen Dank, Lorenz, für diese spannenden Einblicke und Deine inspirierenden Gedanken.
Sehr gerne. KI ist eine faszinierende Reise – ich freue mich, wenn ich dazu beitragen kann, sie für andere zugänglicher zu machen.

Meine Take-Aways

- **Technologischer Wandel wiederholt sich – mit ähnlichen Ängsten und Chancen**
  Jede bahnbrechende Technologie – sei es das Internet, Smartphones oder jetzt KI – löst zunächst Skepsis und Ängste aus. Doch langfristig setzen sich nützliche Anwendungen durch, und Gesellschaften lernen, Risiken zu regulieren. Auch KI wird sich in einem sozialen Lernprozess weiterentwickeln.
- **KI ist ein mächtiges Werkzeug und Prompting das „kleine Einmaleins" der generativen KI**
  KI funktioniert nur so gut, wie die Anweisungen sind, die sie bekommt. Kompetentes **Prompting** mit klarem

Kontext ist entscheidend, um verlässliche Ergebnisse zu erhalten. Wer der KI nicht die richtigen Informationen und Anweisungen gibt, bekommt oft unbrauchbare Antworten.

- **Die Kluft zwischen KI-Nutzern und Nicht-Nutzern bildet sich nicht aufgrund von Intelligenz sondern aufgrund des Mindsets**
  Die oft diskutierte „digitale Kluft" entsteht nicht zwangsläufig zwischen technologisch Versierten und anderen, sondern zwischen denen, die bereit sind, sich mit neuen Technologien auseinanderzusetzen, und denen, die sich verweigern. **Biss und Lernbereitschaft** sind entscheidender als technisches Vorwissen.

- **Datenschutz ist oft missverstanden und wird politisch genutzt**
  Viele Menschen haben eine falsche Vorstellung davon, was Datenschutz wirklich bedeutet. Es geht nicht nur um die Sicherheit von Daten, sondern vor allem um den Schutz von **Persönlichkeitsrechten**. Politische Systeme können Datenschutzgesetze aber auch für staatliche Kontrolle nutzen, wie das Beispiel China zeigt.

- **Unternehmen sollten klare Regeln für den KI-Einsatz definieren – besonders bei sensiblen Daten**
  Grundsätzlich sollten keine personenbezogenen oder unternehmenskritische Daten in KI-Tools eingegeben werden.

- **Wirtschaftlicher Wandel beginnt mit Start-ups – ein starkes Argument für ihre Förderung**
  Technologische Transformationen bringen immer neue Geschäftschancen mit sich. Die ersten, die diese Chancen ergreifen und innovative Geschäftsmodelle und Technologien testen, sind meist Start-ups. Deshalb ist die Förderung von Start-ups entscheidend, um wirtschaftlichen Fortschritt und Innovationskraft in einem Land zu sichern.

- **Deutschland: Technologieführer und zugleich skeptisch gegenüber Innovationen**
  Es bleibt weiterhin zu klären, warum Deutschland neuen Technologien oft ablehnend gegenübersteht – obwohl es in vielen Bereichen technologieführend ist, wie etwa in der Kernkraft oder der KI-Forschung.

- **KI braucht Herzblut und offene Türen – nicht alle lassen sich mitnehmen**
  Selbst in offenen Unternehmen wie dem **STARTPLATZ** ist es schwer, Menschen für KI zu begeistern, wenn sie das Thema nicht von sich aus annehmen. Entscheidend ist, **diejenigen zu fördern, die KI im Herzen tragen und ihr Potenzial erkannt haben** – sie treiben den Wandel voran.

- **Ethische Grundsätze gelten weiterhin – auch mit KI**
  Der Einsatz von KI erfordert keine neuen Werte, sondern deren konsequente Anwendung in neuen Prozessen und Technologien.

- **Zeit ist entscheidend – Veränderung braucht ihre Zeit**
  Veränderung braucht Zeit, wie das sehr anschauliche Beispiel vom ersten Hackathon im **STARTPLATZ** zeigt. Denn der war so schnell aufgesetzt, dass selbst Lorenz Gräfs eigene Mannschaft nicht mithalten konnte – und er die Croissants für 50 Gäste selbst abholen musste.

6.2   Early Adopters

Im Gespräch mit Elisabeth Schloten, 19.12.2024

Position: Gründer und Geschäftsführer mehrerer Unternehmen.
Firma: STARTPLATZ Gründerzentrum
Mitarbeitende: 30
Studium: Soziologie

Elisabeth Schloten und ihr Team nähern sich generativer KI mit einem Urinstinkt der Menschen: Neugier. Als Dienstleister in der IoT- und Digitalisierungsberatung (Internet of Things) mit vielen Entwicklerinnen und Entwicklern im Team zählen sie zu den Early Adopters. Elisabeth kann daher über Fehler, Frustrationen und Risiken aus der Praxis berichten. Als Führungskraft gibt sie praktische Hinweise, wie agiles Lernen im Team gefördert werden kann und welche Rolle eine positiv gelebte Fehlerkultur spielt. Neben technischen Herausforderungen setzt sich Elisabeth intensiv mit der gesellschaftlichen Dimension von KI auseinander und insbesondere mit dem Thema „Bias". Aus einer weiblichen Perspektive betrachtet, haben wir uns mit dem Thema Bias beschäftigt. Elisabeth sieht Bildung als Schlüssel zur Vermeidung einer Zweiklassengesellschaft.

Elisabeth, Du bist eine der tatkräftigsten Gründerinnen im deutschen Start-up-Ökosystem und Du hast KI ja auch schon in Deiner Beratung aufgegriffen. Gab es einen bestimmten Moment, an dem dir klar wurde, wie bedeutend dieses Thema ist?

Seit der Gründung unseres Unternehmens im Jahr 2017 arbeiten wir intensiv mit Daten. Unsere Anfänge lagen im Bereich IoT-Projekte, bei denen wir mit Sensoren Daten erhoben und diese mithilfe mathematischer und statistischer Methoden ausgewertet haben. Diese Ansätze reichen für viele Anwendungsfälle aus. Aber sobald es um sehr große Datenmengen, komplexe Zusammenhänge oder Vorhersagen geht, zeigt sich, dass Techniken wie Maschinelles Lernen – ein Teilbereich der KI – wesentlich effektiver und schneller zu Ergebnissen führen können. Besonders im Bereich Maschinen- und Industriedaten arbeiten wir schon lange mit diesen Methoden. Wir setzen auch neuronale Netze ein, vor allem für Forecasting-Anwendungen und für die Automatisierungen von Prozessen.

Das klingt interessant. Welche Vorteile bringt Euch die generative KI konkret?
Ein großer Durchbruch liegt in der Fähigkeit, sogenannte Datenschätze zu heben, die früher unzugänglich waren. Ein Beispiel: In Instandhaltungsberichten gibt es häufig Kommentarfelder, in denen Menschen unstrukturierte Notizen hinterlassen. Früher konnte das nur durch mühsame Arbeit, oft von Studierenden in mühseligen Nachtschichten, analysiert werden. Heute können wir diese Daten einem GPT-Modell zuführen und gezielt Fragen stellen, wie etwa: „Welche Fehler traten im letzten Jahr am häufigsten an den Stanzmaschinen auf?" Das Modell liefert, darauf basierend, präzise Antworten. Diesen GPT-Bot haben wir „Maintenance Mentor" genannt.

Das kann ich mir gut vorstellen – ich selber nutze Freifelder sehr gerne, da schreibe ich mir sozusagen alles von der Seele. Schließlich passt unser Leben nicht in Dropdown Menüs. Ich kann mir vorstellen, dass diese Kommentarfelder oft so etwas wie kleine Goldminen sind, oder?
Absolut. Menschen neigen dazu, sich in Notizfeldern freier und natürlicher auszudrücken. Das macht sie so wertvoll – und gleichzeitig so schwer auszuwerten, wenn man nicht die passenden Tools hat.

Du hast erwähnt, dass Ihr bereits früh mit Machine Learning und Data Science gearbeitet habt. Für viele von uns „Normalsterblichen" wurde generative KI vor etwa zwei Jahren mit der Einführung von ChatGPT „geboren". Wie war das damals bei Euch? Wie habt Ihr den Moment erlebt, als ChatGPT veröffentlicht wurde?
Das war wirklich aufregend! Im Team hat sich die Neuigkeit mit rasender Geschwindigkeit verbreitet, und die allgemeine Reaktion war: „Hey, wie cool!" Es war wie ein

neues Spielzeug, mit dem wir sofort herumexperimentieren mussten. Jeder von uns hat versucht, dieses Tool auch an die Grenzen zu bringen und auszuloten, was funktioniert – und was nicht. Es war faszinierend, herauszufinden, wann es nützlich ist, wann es Unsinn produziert oder sogar anfängt, Dinge zu erfinden. Ein faszinierendes, neues Spielzeug!

Kannst Du Beispiele nennen, was Ihr dabei entdeckt habt?

Sicher. Ein Bereich, in dem ChatGPT sehr hilfreich ist, sind einfache Programmieraufgaben – besonders für Neueinsteiger wie Praktikanten oder Werkstudenten. Sie können damit kleine Probleme lösen und dabei sehr viel lernen. Allerdings kommt es vor, dass fehlerhafter Code produziert wird. Es ist wichtig, das Ergebnis kritisch zu hinterfragen. Man kann der KI den Code zurückfüttern mit der Aufforderung: Finde den Fehler." Und plötzlich findet es ihn! Dann verbessert es sich selbst. Das finde ich paradox – aber es funktioniert.

Stimmt, das geht mir auch oft so. Ich sage ihm, dass er eine Aufgabe nicht korrekt erfüllt hat, z. B. ein Transkript, und er gibt mir recht und macht es dann richtig. Das bringt mich um den Verstand (beide lachen).

Ja, also es ist ein mächtiges Tool, aber man darf ihm nie blind vertrauen. Was mir an generativer KI besonders auffällt, ist, dass sie gelegentlich unbegründet Geschichten erfindet. Ich habe ChatGPT gefragt, ob es eine bestimmte Aufgabe mit Excel ausführen kann, und es schrieb zurück: „Klar, kann ich das". Dann habe ich die Daten gegeben, es kam aber nichts. Ich habe nachgefragt: „Wo ist mein Excel-Sheet?" und da bekam ich die Antwort: „Ich kann das nicht." Also, es ist ein Tool. Punkt. Ende. Aus. Es ist kein Mensch. Wer es nutzen will, muss lernen, damit umzugehen.

Das kann amüsant, aber auch frustrierend sein, besonders wenn man versucht, etwas Konkretes herauszufinden. Warum hat es bei Euch im Team so gut funktioniert, dass alle so schnell gemeinsam damit experimentiert haben? Das erlebe ich in anderen Unternehmen oft anders.
Ich denke, das liegt an unserer Unternehmenskultur. Wir haben einen starken technischen Hintergrund, und unser Team besteht aus ausschließlich neugierigen und experimentierfreudigen Menschen. Fast alle sind eher Veränderungstreiber, denn unser Job ist ja, Prozesse zu verändern. Außerdem haben wir eine ausgeprägte Fehlerkultur: Wer etwas ausprobiert, darf auch scheitern. Wir feiern es sogar, wenn jemand vor der ganzen Mannschaft berichtet, was nicht funktioniert hat. Da wird applaudiert, weil die anderen das eben nicht ausprobieren müssen, und das erspart Zeit und Frust.

Stimmt, die Fehler der anderen sind schließlich die günstigsten, aus denen man lernen kann.
Und für Unternehmen sind die Fehler am besten, die nur einmal gemacht werden. Nicht Fehler machen, geht schließlich nicht.

Das klingt nach einer inspirierenden Arbeitsweise. Wie kommuniziert Ihr im Team solche Erfahrungen?
Wir haben wöchentliche Team-Meetings, bei denen jeder u. a. ein Highlight und ein wichtiges Learning der Woche teilt. Eine Zeit lang ging es in diesen Learnings oft darum, was ChatGPT alles kann – oder eben nicht kann. Das hat viel Wissen ins Team gebracht. Zusätzlich gibt es natürlich

die klassischen informellen Gespräche an der Kaffeemaschine.

Das klingt nach einem sehr kollaborativen Ansatz. Welche GPTs oder Anwendungen gibt es, die Ihr besonders häufig verwendet?

Zu unseren meistgenutzten GPTs gehört der „Maintenance Mentor", den ich schon erwähnt habe bei der Auswertung von Kommentarfeldern, sowie ein Content-Bot, den wir für die Erstellung von Social-Media-Posts und anderen Inhalten verwenden. Außerdem nutzen wir ein GPT, das beim Programmieren unterstützt – besonders für Python. Solche geteilten Accounts fördern den Austausch und die Zusammenarbeit, weil man sehen kann, woran die anderen arbeiten.

Euer Team hat eine hohe Technikaffinität. Trotzdem sehe ich in anderen Entwicklerteams oft, dass sie generative KI nicht so aktiv einsetzen. Woran könnte das Deiner Meinung nach liegen?

Das hat verschiedene Gründe. Einerseits kann die Fehleranfälligkeit von KI frustrierend sein, insbesondere wenn man nicht sofort erkennt, wo der Fehler liegt. Das bedeutet, man muss Zeit investieren, um die Ergebnisse zu hinterfragen und zu validieren – eine gewisse metakognitive Belastung, wenn man so will. Andererseits gibt es Menschen, die in ihrer Arbeit so erfahren sind, dass KI ihnen keinen direkten Mehrwert bietet. Zum Beispiel können sehr gute Programmierer oft viel mehr erreichen, als eine generative KI es könnte.

Metakognitive Belastung ist ein relevanter Begriff in der Bedienung von KI. Microsoft hat in einer Studie mit Arbeitnehmern, die intensiv mit KI und dem Copilot-Tool bereits arbeiten, festgestellt, dass Poweruser

diese metakognitive Belastung zwar wahrnehmen, aber trotzdem zufrieden sind, weil KI ihre Arbeit erleichtert. **Wie stehst Du dazu?**
Das passt zu unseren Erfahrungen. Die Arbeit mit KI erfordert eine andere Denkweise. Man muss lernen, die Ergebnisse kritisch zu hinterfragen und die KI gezielt zu steuern. Das ist eine neue Art von Herausforderung, aber für viele auch eine Bereicherung.

Wie hat die generative KI konkret Eure Arbeitsweise verändert?
Tatsächlich hat sie unsere grundlegenden Abläufe kaum verändert. Wir setzen KI gezielt als Tool ein, um bestimmte Aufgaben zu automatisieren, wie Content-Erstellung oder kleine Programmierarbeiten. Für uns ist es ein Werkzeug, das bestehende Prozesse unterstützt, aber keine revolutionären Veränderungen gebracht hat.

Habt Ihr Prozesse mithilfe von KI automatisiert?
Nur begrenzt. Automatisierung funktioniert gut, wenn Prozesse gut dokumentiert und standardisiert sind. Bei uns sind viele Abläufe jedoch individuell und komplex, daher ist eine vollständige Automatisierung selten möglich.

Wie schätzt Du die Bedeutung menschlicher Arbeit in Eurem Unternehmen ein?
Sie ist absolut zentral. Unsere Hauptkosten sind Personalkosten, und die Arbeit unserer Mitarbeitenden ist der größte Wertschöpfungsfaktor. Die Unternehmen, mit denen wir arbeiten, kommen übrigens selten mit dem Ziel zu uns, Personal einzusparen. Viel häufiger geht es darum, Automatisierung einzusetzen, weil ihnen Fachkräfte gravierend fehlen, um den Arbeitsaufwand zu bewältigen.

Das klingt nach einer pragmatischen Herangehensweise. Wie kommuniziert Ihr mit Euren Kunden über den Einsatz von KI?

Eine klare Kommunikation ist essenziell. Intern und extern haben wir strikte Regeln, beispielsweise, dass keine Kundendaten oder sensiblen Informationen in öffentliche Modelle eingespeist werden dürfen. Das haben wir auch sehr viele Monate immer wieder betont, damit alle das verinnerlichen. Kunden haben natürlich oft große Angst, dass ihre sensiblen Daten missbraucht werden können. Daher erklären wir ihnen die Möglichkeiten von Private Hosting und anderen Lösungen, die sicherstellen, dass ihre Daten geschützt bleiben.

Das klingt nach einer sehr verantwortungsbewussten Vorgehensweise. Gibt es bestimmte Lösungen, die Ihr für Eure Kunden bevorzugt, wenn es um die sichere Nutzung von KI geht?

Wir empfehlen häufig Modelle, die auf einer privaten Umgebung gehostet werden können, sodass die Daten nicht ins Internet gelangen und auch nicht für Trainingszwecke verwendet werden. Dabei hängt die Wahl der Lösung natürlich von den individuellen Anforderungen des Kunden ab.

Wie reagieren die Verantwortlichen in den Unternehmen auf diese Empfehlungen?

Das ist sehr unterschiedlich. Oft gibt es von der Geschäftsführung – selbst in konservativen Branchen – einen großen Druck, KI einzusetzen. Unser Job ist es dann, den Unternehmen zu erklären, wie sie KI sinnvoll und sicher implementieren können. Besonders im größeren Mittelstand erleben wir zunehmend, dass eigene Stellen für die Entwicklung und Integration von KI geschaffen werden. Mit solchen Teams arbeiten wir besonders gerne zusammen.

Lass uns über Ethik und Werte in der KI sprechen. Welche Diskussionen habt Ihr dazu innerhalb Eures Teams geführt?

In unserem täglichen Geschäft spielt das Thema Ethik eine untergeordnete Rolle, weil wir hauptsächlich mit Maschinendaten arbeiten, die keinen Personenbezug haben. Eine Schwingung ist eine Schwingung – unabhängig von Kontext oder Herkunft. Dennoch liegt mir persönlich das Thema „Bias" in KI-Modellen sehr am Herzen. Generative Modelle neigen dazu, vergangene Muster zu perpetuieren, was problematisch sein kann, wenn es um die Auswahl von Personen oder die Vorhersage von Erfolgschancen geht – was zum Beispiel für Frauen blöd ist.

Das ist ein wichtiger Punkt. Glaubst Du, dass generative KI dadurch die gesellschaftlichen Ungleichheiten verstärken kann?

Absolut. Wenn wir ausschließlich auf Vergangenheitsdaten aufbauen, perpetuieren wir bestehende Vorurteile und Ungleichheiten. Das ist besonders kritisch in Bereichen wie Rekrutierung, Gesundheitsvorhersagen oder anderen personalbezogenen Anwendungen. Hier müssen wir extrem vorsichtig sein und technische wie auch ethische Lösungen finden. Das empfinde ich als ein riesiges Minenfeld.

Gibt es etwas, das Du aktiv tust, um diese Problematik anzugehen?

Eine kleine Sache, die ich selbst mache, ist, KI-Modelle bewusst mit weiblichen Begriffen zu prompten, etwa „Du bist eine Expertin für Arbeitsrecht" oder „Du bist eine Programmiererin". Es mag nur ein kleiner Schritt sein, aber ich finde es wichtig, solche Modelle aktiv zu beeinflussen, damit sie inklusivere Ergebnisse liefern.

Das ist eine sympathische Idee. Das hatte ich auch erlebt, als ich die KI bat, ein Bild einer Führungskraft, die sich im Dialog mit einer KI befindet, zu erstellen. Alle Versuche zeigten Männer in Anzügen zwischen 40–55 Jahren. Da musste ich auch spezifisch nach Frauen fragen. Mittlerweile bin ich auf Miss Journey aufmerksam geworden – eine empfehlenswerte Initiative, um weibliche Daten für KI-Trainingszwecke zu produzieren. Wir reden jetzt ja schon über notwendiges Wissen und Skills rund um KI. Wie schätzt Du die KI-Kompetenz in Deinem Unternehmen ein?

Bei uns gibt es aktuell keine strukturierte Schulung für KI-Kompetenzen. Wir erwarten von allen Mitarbeitenden, dass sie grundlegende Fähigkeiten im Umgang mit generativer KI wie Prompting eigenständig entwickeln – und das funktioniert bisher gut. Im Bereich Data Science ist das Wissen stärker formalisiert: Hier erwarten wir, dass die Mitarbeitenden GPTs erstellen, Machine-Learning-Modelle bauen und Daten visualisieren können.

Gibt es favorisierte Quellen, die Dein Team nutzt, um sich weiterzubilden?

Bislang haben wir keine standardisierten Quellen. Jeder findet die für ihn passenden Ressourcen selbst, sei es durch Online-Tutorials, Bücher oder den Austausch im Team.

Welche Berufe oder Aufgabenbereiche könnten Deiner Meinung nach durch KI obsolet werden?

Ich denke, repetitive Aufgaben wie manuelle Datenrecherche oder einfache Softwareentwicklung könnten in den nächsten Jahren an Bedeutung verlieren. KI kann solche Tätigkeiten zunehmend übernehmen. Dafür werden andere Rollen wichtiger, etwa die Kontrolle und Überprüfung von KI-Ergebnissen oder Aufgaben, die zwischenmenschliche

Kommunikation erfordern. Wissensarbeit, wie wir sie heute kennen, wird sich sehr stark verändern!

Was ich grade echt fürchterlich finde, ist, dass immer mehr KI-generierter Content auf den sozialen Medien erscheint, und das finde ich echt langweilig.

Allerdings sind diese Inhalte sogar sehr erfolgreich.
Ja, das ist ja das Schlimme. Wenn die Algorithmen bedient werden, läuft das irrsinnig gut. Aber es trägt wenig zur Qualität der Diskussion bei – es fehlt auch die persönliche Erfahrung und das echte Erleben.

Wie siehst Du die Zukunft von KI und ihren Einfluss auf unsere Gesellschaft?
Das ist eine große Frage! Ich sehe sowohl eine dystopische als auch eine optimistische Perspektive. Positiv betrachtet, wird KI uns helfen, viele Probleme zu lösen – sei es in der Medizin, der Materialforschung oder bei umweltfreundlicher Ressourcennutzung. Aber ich befürchte auch, dass KI bestehende Ungleichheiten verstärken könnte. Wir könnten eine Zweiklassengesellschaft erleben: Auf der einen Seite diejenigen, die KI verstehen und nutzen, und auf der anderen Seite diejenigen, die nur konsumieren, ohne die Mechanismen dahinter zu durchschauen.

Diese Sorge kann ich nachvollziehen. Wie können wir dem entgegenwirken?
Bildung ist der Schlüssel. Wir müssen Menschen befähigen, mit KI umzugehen, Ergebnisse kritisch zu hinterfragen und zu bewerten. Das gilt besonders für Kinder und Jugendliche. Ich sehe an meinen eigenen Kindern, wie wichtig Medienkompetenz ist, um beispielsweise Fake News zu erkennen. Viele Jugendliche konsumieren einfach alles unkritisch und verbreiten ungeprüft Fake News weiter.

Diese Fähigkeit, Informationen einzuordnen und kritisch zu hinterfragen, fehlt oft und das ist erschreckend.

KI kann diesen Mangel an kritischem Denken nicht ausgleichen.
Genau. KI stellt nur auf Basis statistischer Wahrscheinlichkeiten den nächsten sinnvollen Satz zusammen – sie „versteht" nichts im menschlichen Sinne.

Und wenn man Social-Media-Algorithmen mit KI kombiniert, entsteht eine gefährliche, toxische Dynamik.
Absolut. Aber gleichzeitig kann KI auch bahnbrechende Lösungen bringen. Ich glaube, dass KI in der Medizin, der Biologie und der Wissenschaft insgesamt enorm positive Entwicklungen ermöglichen wird.

Was wir noch kaum betrachtet haben: In Zukunft werden KI-Anwendungen vielleicht gar nicht mehr primär für Menschen entwickelt, sondern für andere KI-Agenten.
Ja, das ist ein spannender Gedanke. KI-Agenten werden zunehmend miteinander interagieren. Dann geht es nicht mehr darum, dass ein Mensch mit einer KI kommuniziert, sondern dass mein KI-Agent mit Deinem KI-Agenten spricht.

Dann müssten wir unsere Prompts nicht mehr für Menschen optimieren, sondern für andere Maschinen.
Ja, genau! Das wird eine ganz neue Dimension der Automatisierung eröffnen.

Das klingt nach einer großen Herausforderung. Gibt es auch Zukunftsperspektiven, auf die Du Dich freust?

Ja, absolut! Ich träume von einer wirklich guten persönlichen KI-Assistenz, die mir alltägliche Aufgaben abnimmt – von der Terminplanung bis zur Organisation von Familienangelegenheiten. Solche Anwendungen könnten unser Leben enorm erleichtern.

Da Ihr Euch mit IoT beschäftigt, muss das Thema Robotik in Kombi mit KI sehr aktuell und wichtig für Euch sein.

Ich liebe Roboter. Ich finde das fantastisch, dass sie selbständig Aufgaben übernehmen, die Menschen nicht gut machen können. Auch die Idee, dass ein Roboter, der einmal etwas gelernt hat, dieses Wissen an viele andere Roboter weitergeben kann, erschließt sich mir sofort – ist aber auch ein bisschen beängstigend.

Welche generativen KI-Tools nutzt Du momentan am liebsten?

Ich nutze verschiedene Tools, je nach Anwendung. ChatGPT ist bei uns ein Klassiker, aber auch Midjourney für visuelle Inhalte und KI-Funktionen in Grafikprogrammen und auch gerne Perplexity.

Zum Abschluss: Was ist Dir besonders wichtig, wenn es um die Verbreitung und Nutzung von KI geht?

Der wichtigste Punkt ist, dass wir die Kompetenz im Umgang mit KI breit fördern. Wir dürfen nicht zulassen, dass nur eine kleine Gruppe die Kontrolle hat, während der Rest der Gesellschaft zurückbleibt. Es geht darum, Menschen zu befähigen, mitzudenken und die richtigen Fragen zu stellen – statt einfach blind auf Ergebnisse zu vertrauen.

Ein sehr inspirierendes Schlusswort! Vielen Dank, liebe Elisabeth, für das aufschlussreiche Gespräch und Deine Einblicke.

Danke auch Dir, Martha, es hat mir Freude gemacht!

Meine Take-Aways

- **Offene Fehlerkultur fördert Innovation**
  Ein entscheidender Erfolgsfaktor für den effektiven Einsatz von KI im Team ist die Bereitschaft, aus Fehlern zu lernen und diese offen zu teilen. Erst dann funktioniert es auch, im Teammeeting „Learnings" rund um KI zu teilen.

- **Generative KI kann versteckte Datenschätze zugänglich machen**
  Durch KI-gestützte Analyse können unstrukturierte Daten, wie Notizen in Wartungsberichten, erstmals systematisch ausgewertet werden. Das schafft neue Erkenntnisse.

- **Metakognitive Belastung erfordert kritisches Denken**
  Die Arbeit mit KI verlangt von Nutzern, Ergebnisse stets zu hinterfragen, anstatt sich blind auf die Technologie zu verlassen. Auch der richtige Umgang mit der Zuordnung von Quellen oder der Berücksichtigung von Bias erhalten zentrale Bedeutung.

- **Bildung als Schlüssel**
  Um eine Zweiklassengesellschaft zu vermeiden, müssen Kompetenzen im Umgang mit KI breit gefördert werden, insbesondere bei jungen Menschen.

- **Kleine Gesten für die Inklusion – mit dem weiblichen Generikum prompten**
  Inspirierend, wie Elisabeth KI-Modelle bewusst „Du bist eine Expertin für Arbeitsrecht" oder „Du bist eine

Programmiererin" promptet. Es mag nur ein kleiner Schritt sein, aber eine schöne Idee, um Modelle aktiv zu beeinflussen, damit sie inklusivere Ergebnisse liefern.

6.3 Early Adopters

Im Gespräch mit Ingolf Teetz, 02.01.2025

Position: Mitgründer und Geschäftsführer seit 26 Jahren
Firma: milch & zucker – Talent Acquisition & Talent Management Company AG
Mitarbeitende: 160
Studium: Physik

Eine feste Größe im HR-Bereich ist die Agentur milch & zucker – daher die perfekte Gelegenheit auch, über Bewerberauswahl, Stellenausschreibungen und die Rolle von KI im Talentmanagement zu sprechen. Was Programmieren und Töpfern gemeinsam haben und wie man Software-Entwickler in einer Zeit mitnimmt, in der sich ihr Berufsbild rasant wandelt, erzählt Ingolf – der bereits als Student sein Physikstudium mit Software-Entwicklung finanziert hat. Als Experte für Employer Branding, Stellenanzeigen und Job-Matching beleuchtet er die Möglichkeiten und Grenzen der KI – mit besonderem Fokus auf „Bias", Transparenz und die ethischen Herausforderungen dieser Technologie.

Du hast Physik studiert. Wie kamst Du dann zur Softwareentwicklung?
Nun, neben dem Studium habe ich als freiberuflicher Softwareentwickler gearbeitet. Programmieren war für Physiker ein wichtiges Handwerkszeug. 1993 hatte ich im Hochschulzentrum Gießen die Gelegenheit, ein Projekt

mit HTML zu starten – zu einer Zeit, als diese Technologie gerade erst vom CERN veröffentlicht wurde. Es ging darum, Informationen für Menschen mit Sehbehinderungen barrierefrei darzustellen. Das war mein Einstieg in die Webentwicklung.

So kam ich in Kontakt mit Agenturen, für die ich erste Webseiten und Datenbankanbindungen entwickelte. Über diese Projekte lernte ich auch meine späteren Partner kennen, mit denen ich milch & zucker gründete. Die Gründung basierte weniger auf einem detaillierten Businessplan, sondern vielmehr dem Wunsch, gemeinsam etwas Eigenes aufzubauen. Es war die Zeit der Dotcom-Blase, und wir sind erfolgreich geblieben, weil wir ohne externe Investoren organisch gewachsen sind.

Programmierst Du heute noch?
Lustigerweise habe ich wieder damit angefangen, motiviert durch KI-Tools, die vieles erleichtern. Ich programmiere heute kleine Hobbyprojekte, vor allem in TypeScript und Swift. Beruflich überlasse ich das jedoch den Profis in unserem Team. Zuletzt habe ich an einem regnerischen Sonntag eine App für unsere Jobbörse „JobStairs" entwickelt. Innerhalb weniger Stunden hatte ich eine funktionierende Version – früher hätte ich dafür Wochen gebraucht. Daher sehe ich, dass für sehr viele Menschen, die bestimmte Aufgaben nicht perfekt lösen können, die KI eine wertvolle Unterstützung bieten kann!

Die Firma habt Ihr bereits vor 26 Jahren gegründet und seitdem eine beeindruckende Entwicklung geschafft! Gab es einen bestimmten Moment, in dem Dir klar wurde, dass KI für Euer Unternehmen relevant wird?
Dieser Moment kam nicht plötzlich, sondern entwickelte sich über die Zeit. Ein erster Kontakt mit KI war während meiner Physikstudien in den 90ern. Ich habe neuronale

Netze genutzt, um Schwelbrände in Braunkohlekraftwerken zu analysieren. Die Technik war damals noch in den Kinderschuhen, weil die Rechenleistung begrenzt war. Damals konnte man höchstens einfache, einschichtige neuronale Netze betreiben – und das sehr langsam. Das Potenzial war jedoch bereits erkennbar. Mit den Fortschritten der letzten Jahre wurde das Thema wieder relevant.

Später, etwa ab 2017, habe ich begonnen, auf Konferenzen über KI zu sprechen, und 2018 haben wir eine eigene, kleine KI-Abteilung aufgebaut. Wir konnten Dr. Olena Linnyk, eine habilitierte Physikerin, die sich zuvor am FIAS mit der Analyse von CERN-Daten beschäftigte, für uns gewinnen. Seitdem nutzen wir KI intensiv, vor allem im Bereich Stellenanzeigenanalyse und -erstellung.

Ihr habt bei milch & zucker offenbar frühzeitig erkannt, dass KI ein enormer Umbruch ist. Wie habt Ihr Eure Belegschaft mitgenommen?

Der Schlüssel war, den Mitarbeitenden die Angst zu nehmen. Wir haben betont, dass KI keine Jobs ersetzt, sondern die Arbeit erleichtert. Wir fördern eine Kultur der Neugierde. Früher haben z. B. unseren „Freitagnachmittagsaustausch" genutzt, um neue Technologien vorzustellen. Vor der Pandemie war das ein informelles Treffen bei Kaffee und Kuchen in der Büroküche. Nach der Pandemie haben wir das Format digital weitergeführt, was gut funktioniert hat, aber nicht ganz dasselbe war.

Unser Ziel ist es, das Lernen möglichst niederschwellig zu gestalten. Niemand soll das Gefühl haben, dass er oder sie alles sofort perfekt beherrschen muss. Wir möchten vielmehr die Neugier wecken und zeigen, wie viel Spaß es machen kann, neue Tools auszuprobieren und zu experimentieren. Ein weiterer Punkt war die Schulung zu ethischen Fragen, Urheberrecht und Datenschutz. Gerade im

Personalmarketing-Team haben die Kollegen schnell gemerkt, wie KI repetitive Aufgaben erleichtert. Kreativität bleibt aber essenziell – die kann kein Tool ersetzen.

Mit welcher Priorisierung arbeitet Ihr an neuen KI-basierten Prozessen?

Auch auf interne KI-Lösungen legen wir großen Wert und haben aktuell ein sehr großes Projekt laufen, dass sich mit unserem Ticketsystem beschäftigt, in dem sehr viel Wissen über unsere Arbeit und unsere Kunden drinsteckt. Das wird die Qualität unserer Dienstleistung enorm verstetigen, denn der Support wird besser informiert sein und so können wir den Kunden bessere Antworten und Empfehlungen geben.

In Eurer Belegschaft sind ungefähr ein Drittel Softwareentwickler. Anfangs ging ich davon aus, dass hier selbstredend eine große KI-Begeisterung vorherrschen würde – mir ist erst später klar geworden, dass gerade diese Berufsgruppe eine gezielte Change-Begleitung benötigt.

Ja, da musste ich erst kürzlich eine Motivationsrede halten (beide lachen). Das hat viele sehr gute Entwickler an ihrer Ehre gepackt, denn plötzlich können alle auf Techniken zurückgreifen, die sie sich mit harter Arbeit angeeignet haben, und eine Maschine sagt ihnen, was sie zu tun haben.

Das Berufsbild wird sich radikal verändern, und ich glaube, dass man auch die Entwickler mitnehmen kann. Es wird zukünftig mehr darum gehen, Lösungen zu entwickeln und nicht um die Programmierung und das Coden an sich. Natürlich kann man jetzt viel schneller viel komplexere Arbeiten umsetzen. Lass mich ein Bild bemühen und es mit dem Töpfern vergleichen, denn Softwareentwicklung ist ebenfalls ein kreativer Prozess, und man hat am Schluss einen Gebrauchsgegenstand. Das sehe ich positiv, denn jetzt kann ich dafür sorgen, dass ich nicht an einem Aschenbecher arbeite, sondern an einer fein ziselierten Vase mit schöner Glasur. Dafür hat die Zeit früher nicht ausgereicht – jetzt ist das möglich!

Also besser und schöner?
Genau (beide lachen).

Mit all den umwälzenden KI-Entwicklungen kommen auch ethische Herausforderungen. Wie geht Ihr bei milch & zucker damit um?
Ethik spielt bei uns eine zentrale Rolle. Wir haben früh gemeinsam erste Experimente durchgeführt und uns überlegt, in welche Richtung sich KI für unser Unternehmen entwickeln kann. Ein zentraler Punkt war dabei immer die Frage: Was ist ethisch und rechtlich vertretbar?

Wir achten besonders auf Datensicherheit und den Schutz geistigen Eigentums. Wir vermeiden es, sensible Informationen in öffentliche Modelle einzuspeisen. Bei KI-Anwendungen wie dem Matching von Kandidaten und Kandidatinnen und Jobs im Recruiting arbeiten wir daran, Bias zu minimieren und die Prozesse transparent zu gestalten.

Bereits 2016 haben wir angefangen, darüber nachzudenken, wie man die Informationen aus den vakanten Stellen und die vorhandenen Informationen über Kandidaten optimal zusammenführen kann. Ich glaube daran, dass die KI eine bessere Auswahl tätigen kann als ein Bias-geprägter Mensch. Da arbeiten auch bereits viele daran – das ist jedoch Zukunftsmusik.

Unser Ziel ist es, eine zertifizierte, transparente und faire Lösung zu entwickeln, die nachweislich bessere Entscheidungen trifft als ein Mensch mit seinen unbewussten Vorurteilen. Es braucht jedoch sehr viele Daten zu einer vakanten Stelle, die sich nicht allein aus einer Stellenanzeige ermitteln lassen. Ebenfalls ist es wichtig zu wissen, wer in Deutschland für die Zertifizierung von *High-Risk*-Anwendungen nach dem *EU AI Act* zuständig sein wird, das ist noch nicht geklärt.

Oh, das erinnert mich daran, wie schwierig es sein kann, von einer Führungskraft eine präzise Aufschlüsselung der auszuübenden Tätigkeiten und den Anforderungen zu erhalten. Oft gibt es veraltete Vorlagen oder ungenaue Beschreibungen. Hier stelle ich mir vor, dass Large-Action-Modelle eine große Menge und Qualität an Informationen für das Skill-basierte Recruiting liefern könnte.

Stimmt, das ist ein riesiges Potenzial. Mit KI kann man die Recruiting-Prozesse viel präziser gestalten und Skill-basiertes Recruiting vorantreiben. Fachabteilungen könnten enorm unterstützt werden, statt sich mühsam durch veraltete Vorlagen zu quälen.

Allerdings haben wir das Thema Matching etwas beiseitegelegt. Wir haben erstmal den Grundsatz formuliert, dass alles, was in die Beurteilung von Menschen einfließt und nicht transparent erklärbar ist, in der Nutzung von KI ausgeklammert wird. Das bedeutet, dass ein simpler, nachvollziehbarer Algorithmus – etwa ein fester Entscheidungsbaum basierend auf einem Englischtest-Ergebnis vertretbar ist. Undurchsichtige KI-Algorithmen, die Bewerbende aussortiert, jedoch nicht.

Wir haben uns zunächst auf ethisch und rechtlich unbedenkliche Aktionsfelder der generativen KI konzentriert, wie z. B. Analyse und Erstellung von Stellenanzeigen, was ebenfalls einen großen Qualitätsunterschied ausmacht.

Bias ist ein großes Thema in der KI-Entwicklung, und es gab bereits sehr prominente Fehlversuche im Recruiting, z. B. bei Amazon, deren Tool rassistisch und sexistisch vorgegangen ist, weil es historische Trainingsdaten potenziert hat. Wie stellt Ihr sicher, dass Eure Modelle fair bleiben?

Wir investieren viel Zeit in die Analyse und Bereinigung von Trainingsdaten, um unbewusste Verzerrungen zu vermeiden. Selbst scheinbar harmlose Informationen wie Hobbys können indirekt Diskriminierung begünstigen. Ein gutes Beispiel hierfür wäre z. B. Football in den USA. Ohne das Geschlecht zu kennen, würde die KI einfach bei der Favorisierung dieser Information trotzdem diskriminieren, weil fast nur Männer diesen Sport ausüben. Es erfordert viel Arbeit, diese Daten neutral zu gestalten, aber es ist machbar und wichtig. Unsere Daten sind wertvolle Schätze.

Durch strenge europäische Datenschutzrichtlinien haben wir viel weniger Daten als z. B. die USA oder China zur Verfügung, aber das zwingt uns, präziser zu arbeiten. Langfristig sehe ich das als Vorteil, da wir so hochwertige und ethisch einwandfreie Modelle entwickeln können.

Ich höre oft, dass Menschen nicht von einer KI oder Maschine beurteilt werden wollen, was denkst Du, wie sich das entwickeln wird?

Aktuell ist das eine emotionale Barriere. Aber langfristig könnte sich das ändern, ich kann mir durchaus vorstellen, dass Bewerbende in Zukunft eine von einer KI vorgeschlagene Matching-Entscheidung sogar bevorzugen werden. Denn wenn man eine KI richtig trainiert, kann sie tatsächlich objektiver sein als ein Mensch.

Welche Rolle spielen Richtlinien in Eurer KI-Strategie?
Richtlinien sind essenziell, besonders in Bezug auf Datenschutz und ethische Aspekte.

Wir haben früh klare Grenzen definiert, z. B. dass wir KI nicht zur Beurteilung von Menschen einsetzen, ohne absolute Transparenz zu gewährleisten. Oder auch, dass wir Urheberrechte und Lizenzbedingungen verstehen und sicherstellen.

Unsere Richtlinien stellen auch sicher, dass wir auch keine Codes oder Kundeninformationen in offene Systeme einbringen. Unsere Kunden haben hohe Sicherheitsanforderungen und solche Entscheidungen schaffen Vertrauen. Und sie legen die Grundlage für verantwortungsvolle Innovationen.

Ihr habt bei milch & zucker offenbar frühzeitig erkannt, dass KI ein enormer Umbruch ist. Welche Learnings aus den letzten Jahren würdest Du anderen Unternehmen mit auf den Weg geben?
Das wichtigste Learning ist wahrscheinlich, dass KI kein gewöhnlicher Change-Prozess ist. Ich vergleiche es gerne damit, dass wir nun gleichzeitig die Erfindung des Feuers, des Rads, des Buchdrucks und des Computers erleben. KI wird die Art und Weise, wie wir arbeiten und leben, grundlegend verändern – und zwar schneller, als wir es uns vorstellen können. Es ist so, als ob jemand eben am Webstuhl gesessen hat und nun eine Dampfmaschine, die für ihn webt, erhält. Ich glaube, es ist eine gesellschaftliche Aufgabe, dies den Menschen begreifbar zu machen.

Ein zentraler Punkt ist, den Mitarbeitenden die Angst vor Veränderungen zu nehmen. Viele befürchten, dass KI Ihren Job ersetzen könnte, oder fühlen sich überfordert von der Geschwindigkeit, mit der neue Tools auf den Markt kommen. Hier ist es wichtig klarzumachen: KI ist ein Hilfsmittel, kein Ersatz. Jedoch erfordert diese

Entwicklung, sich auf Veränderungen der eigenen Arbeit offen einzulassen. Natürlich gibt es auch Mitarbeiter, die froh sind über repetitive Aufgaben, und hier wird eine rasante Beschleunigung entstehen. Gleichzeitig werden viele Aufgaben auch einfacher werden, und z. B. für jemanden, der es schwierig fand, eine empathische E-Mail zu formulieren, wird das Arbeiten schöner, weil KI ihm dabei hilft, die richtigen Worte und Tonalität zu finden. Man muss alle dabei mitnehmen.

Ein weiteres Learning ist, dass man flexibel bleiben muss. Die Technologie entwickelt sich so schnell, dass man ständig neue Tools evaluieren und dann auch sofort wechseln muss. Man darf sich nicht mit langjährigen Software-Lizenzen lähmen. Das mag auf den ersten Blick anstrengend wirken, ist aber essenziell, um wettbewerbsfähig zu bleiben. Schließlich empfehle ich, klein anzufangen. Es ist nicht nötig, sofort große, komplexe Projekte umzusetzen. Viel effektiver ist es, mit kleinen, überschaubaren Anwendungen zu starten, die schnell Ergebnisse liefern. Das motiviert und schafft die Grundlage für größere Schritte.

Welche Bereiche außerhalb von HR findest Du besonders spannend?
KI in der Medizin hat unglaubliches Potenzial – das wird sensationell. Diagnosen werden präziser, Behandlungen individueller, und die Forschung wird beschleunigt. Das könnte viele Leben retten. Ich finde auch KI in der Bildung spannend. Individuelle Lernwege können damit ermöglicht und Menschen besser gefördert werden, was besonders in Entwicklungsländern einen Unterschied macht.

Welche KI-Tools nutzt Du gerne?
Ich fotografiere sehr gerne und experimentiere daher viel in diesem Bereich. Es schlagen aber auch zwei Herzen in meiner Brust. Wichtig ist natürlich, dass KI-Bildgenerierung

erkennbar und unterscheidbar zur Fotografie bleibt. Andererseits ist es atemberaubend, dass man durch KI-Funktionen, wie künstliches Nachschärfen, z. B. Gefieder von einem Vogel, das man eigentlich gar nicht abbilden kann, unfassbare Ergebnisse generieren kann. Das führt zu Recht in der Fotografenszene zu einer großen Diskussion darüber, was ethisch erlaubt sein darf. Und ein Fotowettbewerb ist etwas anderes als ein Fotobearbeitungswettbewerb.

Wie wollt Ihr das bei Euch einsetzen?
Ich würde gerne begleitend zu Stellenanzeigen auch passende Videos durch KI generieren lassen, die den Job ansprechender erklären. Die ersten Versuche waren eher ernüchternd, und ich erinnere mich an einen Filmversuch zum Job des Schaffners, auf dem eine Dampflok zwischen den Schienen schwebte. Aber das hat alles noch Zeit, denn die Entwicklungen in diesem Segment sind exponentiell.

Zum Abschluss: Gibt es Bücher oder Filme, die Dich besonders inspiriert haben?
Oh, da gibt es einige! Einer meiner absoluten Lieblingsfilme ist „Blade Runner 2049". Die Atmosphäre, die philosophischen Fragen – das ist einfach grandios.

Ein weiterer Film, den ich sehr schätze, ist „Interstellar". Er verbindet wissenschaftliche Themen mit einer emotionalen Geschichte. Das ist für mich als Physiker eine perfekte Kombination.

Was Bücher angeht, würde ich die „Neuromancer"-Trilogie von William Gibson empfehlen. Obwohl sie in den 1980ern geschrieben wurde, wirkt sie heute aktueller denn je.

Das klingt gut. Übrigens habe ein kleines KI-Experiment mit Dir vor. Mein Buch basiert auf 33 Sprichwörtern für den Umgang mit KI, und ich habe einen

GPT, den KI-Werte-Architekten entwickelt, der Eure Website analysiert hat. Dabei wurden sieben zentrale Werte identifiziert und ein passendes Motto für unser Gespräch generiert, und zwar: „Den roten Faden beibehalten".

Das ist interessant und ja, es passt gut.

Vielen Dank, Ingolf, für dieses inspirierende Gespräch. Ich habe das Gefühl, dass wir nicht nur einen bemerkenswerten Einblick in Eure Arbeit bekommen haben, sondern auch viele Denkanstöße, die über das Thema KI hinausgehen.

Danke Dir! Es hat großen Spaß gemacht, meine Erfahrungen und Gedanken zu teilen. Ich bin gespannt, wie sich das Thema KI in den nächsten Jahren weiterentwickelt – sowohl bei uns als auch insgesamt.

Meine Take-Aways

- **KI ist ein Werkzeug, kein Ersatz für Menschen**
  KI verändert und erleichtert zugleich die Arbeit. Unternehmen müssen Transparenz schaffen und erklären, welche Rolle sie den Mitarbeitenden zukommen lassen. Wenn sie es zusätzlich schaffen, Neugierde, Offenheit und Freude an den neuen KI-Tools zu vermitteln, können sie Ängste der Menschen abbauen und sie auf der KI-Transformation mitnehmen.
- **Daten sind wichtige Schätze, Bias ist eine große Herausforderung**
  Verwertbare Daten sind in der EU sehr rar und wertvoll. Bereinigte Trainingsdaten können die Wirksamkeit der KI sicherstellen, denn scheinbar neutrale Informationen, wie Hobbys, können indirekt diskriminierend wirken. Nur so könnten Maschinen zukünftig sogar unvoreingenommener als Menschen Aufgaben erfüllen.

- **Skill-basiertes Recruiting als Zukunftsvision**
  KI kann dazu beitragen, Stellenausschreibungen präziser zu gestalten und Kandidaten viel besser zu matchen. Es gibt hier in der Zukunft großes Potenzial, wenn zertifizierte und faire Lösungen ohne versteckte Algorithmen sichergestellt werden können.

- **KI bringt die Stellenanzeigen-Erstellung auf ein neues Level**
  Bei milch & zucker wird KI genutzt, um Stellenanzeigen zu analysieren und automatisch zu optimieren. Dadurch werden Ausschreibungen gezielter, inklusiver und sprachlich ansprechender, was die Reichweite und Attraktivität für Bewerbende deutlich erhöht.

- **Ethische Verantwortung und Transparenz in der KI-Nutzung**
  Je besser qualifiziert Mitarbeitende sind, desto besser können sie auch für klare, ethische Leitlinien sorgen. Wichtig ist also fundiertes Wissen und gemeinsames Testen und Abstecken von den Möglichkeiten von KI, um zu klaren Handlungsleitlinien zu gelangen. Das schafft Transparenz und Vertrauen für alle Beteiligten.

- **Flexibilität ist ein Schlüssel in der KI-Welt**
  KI-Technologien entwickeln sich rasant. Unternehmen sollten nicht auf langfristige Softwarelösungen setzen, sondern offen für neue Tools bleiben.

- **Software-Entwicklung verändert sich radikal**
  Entwickler müssen sich darauf einstellen, dass KI das reine Coden übernimmt. In Zukunft geht es viel mehr um Lösungsdenken, kreative Konzepte und qualitativ hochwertige Arbeit. Ein anschauliches Bild dafür: Während früher das Programmieren oft wie das Formen einfacher „Aschenbecher" war, bietet KI nun die Möglichkeit, mit mehr Zeit und Muße kunstvoll fein ziselierte „Vasen" zu gestalten.

6.4   Early Adopters

Im Gespräch mit Kiki Radicke (schriftlich), 26.02.2025

Position: Head of People & Culture / Member Executive
Team
Firma: Adacor Hosting GmbH
Mitarbeitende: 72
Studium: Kommunikationswissenschaft

Was passiert, wenn Neugier auf Technologie trifft? Davon
berichtet Kiki Radicke, die im HR-Bereich zusammen mit
ihrem Team viele Benchmarks aufstellt. Jetzt auch bei der
KI-Transformation, denn es gibt kaum ein Unternehmen,
in denen HR als erste den ChatGPT-Zugang erhält, um
die neue Technologie zu testen. Sie erkannte das enorme
Potenzial für das gesamte Unternehmen und die internen
Prozesse und stellte sich die entscheidende Frage: Wie
kann KI sinnvoll in den Arbeitsalltag integriert werden,
ohne den Menschen aus dem Blick zu verlieren? In diesem
Gespräch erzählt sie von ihrem persönlichen Aha-Moment
mit ChatGPT, den Herausforderungen der KI-Einführung
und warum es für Unternehmen keine Option mehr ist,
abzuwarten. Eine anregende Gedankenreise zwischen KI,
Kulturwandel und der Zukunft der Arbeit.

**Was gab den Impuls für Deine Einschätzung, dass KI
für Euer Unternehmen eine Relevanz haben wird?**
Der Impuls ist tatsächlich schon einige Zeit vor der aktuellen generativen KI-Welle durch unseren CEO Andreas
Bachmann gesetzt worden. 2018 implementierte er ein
Daten- & KI-Team in der Adacor aufgrund der Hypo-
these, dass KI irgendwann eine wichtige Rolle in der Wirtschaft und in der Adacor übernehmen wird. Bis 2022 hat

KI dann tatsächlich eher ein Experten- oder Nischenda-
sein bei Adacor geführt. Das heißt, wir haben sehr speziell
fokussierte, meist geförderte, Forschungsprojekte umgesetzt, ohne eine Anwendung oder Know-how in die breite
Belegschaft zu bringen.

Das hat sich im Dezember 2022 rasant geändert, als bei
unserer jährlichen Kick-off-Veranstaltung mit der gesamten Belegschaft für das Jahr 2023 unser CEO die ersten
Erfahrungsberichte und YouTube-Videos zu ChatGPT
aufgriff und den Kolleginnen und Kollegen so die Relevanz dieser Technologie aufgezeigt hat. Viele hatten bis
dahin noch nichts von ChatGPT gehört und auch keine
Idee, welche Möglichkeiten sich dadurch ergeben. Die
Mitarbeitenden waren beeindruckt und erstaunt von den
Möglichkeiten. Andreas hat den Vortrag geschlossen mit
den Worten "seid neugierig und mutig" und uns alle ani-
miert, ChatGPT zu probieren.

Sehr schnell habe ich dann ChatGPT ausprobiert und
gelernt, wie stark Large-Language-Modelle (LLM) mich
bei der täglichen Arbeit unterstützen können. Ab da waren
es nur wenige Gedankensprünge, um mir die Auswirkungen auf alle Prozesse unseres Unternehmens vorstellen zu
können.

**Wer hat diesen Prozess, über KI nachzudenken, initi-
iert? Wie hat sich der Prozess gestaltet, bis der Einsatz
von KI geplant und beschlossen wurde?**
Durch die bereits seit 2018 existierenden KI-Organisati-
onstrukturen im Unternehmen hatten wir sicherlich einen
kleinen Vorsprung. So gesehen gab es dann auch nicht den
einen Punkt, zu dem der Einsatz von KI beschlossen wurde.
Es ging viel mehr darum, wann, wo, welche Tools zum Einsatz kommen können und wieviel Zeit und Raum wir für
das Thema KI reservieren müssen und sollten. Klar war:

Das Thema kommt mit ChatGPT und Large-Language-Modellen aus der Experten-Nische in die breite Masse.

Nach dem Kick-off 2023 haben wir das Thema KI als festen Bestandteil in das Executive Team aufgenommen und dort direkt als eines der relevanten Themen für 2023 identifiziert. Ziel war es, den Einsatz von KI und im Speziellen LLMs in allen Teams zu forcieren, um so erste Effizienzen zu heben und weitere interne Prozesse zu identifizieren, die durch KI-Einsatz verbessert werden können. Im Fokus stand im Executive Team, zusätzlich ein KI-Leistungsportfolio zu entwickeln, das unser bisheriges Portfolio ergänzt und gegebenenfalls einen ganz neuen Geschäftszweig eröffnet. Parallel startete der Compliance-Prozess, um das Thema in interne Schulungen, Lieferantensteuerungen, Richtlinien etc. aufzunehmen.

Wie wird sich das Arbeiten in Deinem Unternehmen verändern, und welchen Wert wird Arbeit zukünftig haben? Welche Bedeutung hat menschliche Arbeit in Euren Strukturen?

Wir erleben KI tatsächlich als eine transformative Kraft bei Adacor und bei unseren Kunden. Dabei werden die Unternehmen und die Mitarbeitenden am erfolgreichsten sein, welche KI bestmöglich – sprich wertstiftend und effizient – einsetzen. Wir sind ein IT-Unternehmen, d. h. wir erbringen Dienstleistungen durch Menschen. Mit dem Einsatz von KI hat sich das Aufgabenspektrum einzelner Kolleginnen und Kollegen verbreitert. Sie verfügen nun über den Zugriff auf Fähigkeiten, die sie vorher vielleicht in einer Fachabteilung oder bei externen Dienstleistenden anfragen mussten. Nun können sie unabhängiger und schneller arbeiten und Projekte ganzheitlich betreuen. Manche Aufgaben können mithilfe von KI schneller erledigt werden, sodass die Teams mehr Zeit haben, Innovationen zu entwickeln. Es wird aus meiner

Sicht mittel- bis langfristig keine Mitarbeitenden geben, bei denen die versierte Verwendung von KI nicht Teil des Arbeitsalltages ist – auch der Dachdecker wird die Berechnung von Dachflächen zukünftig mit KI-gestützten visuellen Tools vornehmen. Arbeit wird sich verändern. Der Anteil, den Menschen behalten, wird nicht unwichtiger. Es geht vielmehr darum, eine Symbiose zu schaffen, um das Beste aus beiden Welten zu fördern. Ich bin mir aber auch sehr sicher, dass wir für dieselbe Wirtschaftsleistung wie vor KI weniger menschliche Arbeit brauchen werden. Ob das weniger Arbeitnehmende bedeutet oder mehr Wirtschaftsleistung, wird sich noch zeigen müssen.

In welcher Reihenfolge und in welchen Bereichen wurde der Einsatz von KI angestoßen? Wie wird dieser Change gestaltet und begleitet?

Gestartet sind wir 2018 mit klassischem Machine Learning auf Basis von neuronalen Netzen für das Management unserer Cloud- und Hosting-Infrastrukturen. Spannend wurde es nach der Veröffentlichung von ChatGPT.

Gestartet sind wir mit ChatGPT, indem wir den Führungskräften und den ersten Nicht-IT-Bereichen, wie Verwaltung, Marketing und HR, ChatGPT Plus Accounts bzw. dann Team Accounts zur Verfügung gestellt haben. Parallel dazu haben wir begleitende Schulungen durch Compliance und die KI-Gilde erstellt und durchgeführt – nicht speziell zu ChatGPT sondern zu KI im Allgemeinen, deren Funktionsweise, Möglichkeiten, aber auch Gefahren generell und konkreten Anwendungsideen.

Im nächsten Schritt haben wir EMMA, eine KI-gestützte Prozessautomatisierungslösung, eingeführt. Dies haben wir in zwei Teams mit entsprechenden Workshops unterstützt.

EMMA ist eine kognitive KI-Software, die auf einem PC installiert wird und diesen bedienen kann. Sie kann alles, was ein Mensch machen kann (tippen, kopieren, klicken, Text lesen usw.). Auf der Basis baut man Prozessabläufe, die EMMA durchführt. Zum Beispiel bei Amazon einloggen, die Rechnungen runterladen und auf dem Desktop ablegen, bei Amazon ausloggen. Oder bei der Bank einloggen, aktuelle Kontostände runterladen, Informationen in eine Exceltabelle überführen, Dokument an E-Mailverteiler versenden.

Spannend war hier, dass nach der ersten Vorstellung von EMMA – noch vor der Kaufentscheidung – die beiden Teams Feuer und Flamme waren, sich von nervigen und repetitiven Arbeiten befreien zu können, und sich die Mitarbeitenden zu Prozess-Architekten entwickelt haben.

Wir tragen die Verantwortung für kritische Daten und IT-Infrastrukturen unserer Kunden. Für einen Großteil unserer Kernprozesse kommen öffentliche KI-Lösungen aus den USA wie ChatGPT, Claude oder Azure OpenAI daher leider nicht infrage. Der dritte Schritt war dementsprechend die Entwicklung unseres eigenen KI-Labs mit privat gehosteten Open-Source-Modellen, wie z. B. Mistral $8 \times 7B$, Pixtral 12B, Llama 3.1 8B, Llama 3.1 70B, Hermes3 Llama 3.1 8B, Phi3 Mini. Das KI-Lab ist eine Webanwendung mit verschiedenen KI-Use-Cases, mit denen unsere Kolleginnen und Kollegen auch mit vertraulichen Informationen die Nutzung von KI ausprobieren können.

Mit den Erkenntnissen aus dem Lab entsteht nun folgerichtig als vierter Schritt unsere eigene KI-Plattform (der Adacor KI-Workplace) für unsere Mitarbeitenden und Kunden. Der Gesamtprozess wird stark von HR initiiert und unterstützt, da wir das erste Team waren, das ChatGPT-Accounts erhalten und das Potenzial für das gesamte Unternehmen erkannt hat.

Unser Vorgehen sah dabei über alle vier Schritte hinweg im Wesentlichen so aus:

1. Adacor KI-Strategie transparent an die Belegschaft kommunizieren und Milestones festlegen.
2. Alle Mitarbeitenden schulen und Tools zum eigenständigen Ausprobieren der neuen Technologien bereitstellen.
3. Interessierte Vorreiter/Evangelisten identifizieren und mit diesen Piloten umsetzen und Nutzungsweisen herausarbeiten.
4. Zusammen mit den teaminternen Vorreitern die Arbeit mit KI im Team Schritt für Schritt vollständig etablieren.

Wie umfangreich waren die KI-Schulungen und was waren die Inhalte?

Grundlagen KI-Schulung: Fokus Funktionsweisen von LLM und Chancen & Risiken verstehen (1 Std.),

Family-&-Friends-Schulung: Fokus praktische Einsatzmöglichkeiten, Q&A (2 × 1,5 Std),

Marketing, Verwaltung, HR mit Fokus Prompting und Custom GPTs (2 Std.),

KI-Lab-Schulung als Kick-off (alle Mitarbeitenden), Funktionsweise und Use Cases (2 × 1 Std.).

In welchem Gremium werden KI-Themen und KI-Richtlinien diskutiert und erarbeitet?

Operativ erfolgt dies in der teamübergreifenden KI-Gilde, strategisch dann im Executive Team. Die KI-Gilde trifft sich alle 14 Tage und setzt sich zusammen aus: KI-Architekt, Computerlinguist, CTO, CEO, Head of People & Culture, Leiter Operations. Zukünftig werden auch operative Mitarbeitende Teil der Gilde sein.

Welche Richtlinien gibt es bei Euch zum Thema KI, Technik, Ethik und Werte?

Wir haben uns bewusst entschieden, KI nicht als separates Thema zu behandeln, sondern haben unsere bestehenden Richtlinien und Strategien erweitert. Maßgeblich sind dies unser internes Kontrollsystem & Maßnahmen rund um Datenschutz- und Informationssicherheit. Dann noch die Richtlinie Personalmanagement, der Verhaltenskodex und natürlich die IT-Strategie.

Wie wird das Thema KI-Kompetenz in Deinem Unternehmen betrachtet? Welche Stellen werden zukünftig überflüssig? Welche neuen Stellen werden entstehen?

Wer sich langfristig am Arbeitsmarkt halten und entwickeln will, muss KI-Kompetenz aufbauen, das ist auch bei Adacor so und hat bereits Einzug in die Qualitäten gefunden, die wir für unser Karriere-Framework zugrunde legen.

Zum einen geht es um persönliches Know-how in der Nutzung von generativen KI-Modellen. Wie setze ich diese effektiv und effizient ein, wie funktionieren sie? Dazu gehört auch, gut im Prompten bzw. der Interaktion mit Modellen zu sein. Zum anderen kreativ die Möglichkeiten von KI-Modellen auf die eigenen Prozesse und Arbeit projizieren zu können, um als Team maximal schlank und effektiv die Ziele zu erreichen.

Ich finde es sehr schwer zu sagen, welche Stellen überflüssig werden, da aus meiner Erfahrung nicht die Stelle überflüssig wird, sondern sich die Arbeit einer Stelle verändert. Das kann dazu führen, dass eventuell weniger Mitarbeitende benötigt werden, kann aber auch bedeuten, dass Personen ihre Kompetenzen erweitern und ihr Wirkungsgebiet so vergrößern. Was sich sicher verändern wird, sind stark repetitive Aufgaben, bei denen Texte und Sprache verarbeitet wird – also Kundensupport, Contenterstellung,

Übersetzungen, Sachbearbeitung. Diese werden in Zukunft nicht mehr denselben Einsatz von Menschen benötigen wie bisher. Einen steigenden Bedarf sehen wir bei kreativen, digitalen Allroundern bzw. Prozess-Architekten. Also Menschen mit dem digitalen Know-how, KI-Verständnis und den kognitiven Fähigkeiten, digitale, KI-gestützte Prozesse zu gestalten und zu implementieren.

Welche KI-Tools nutzt Du bereits gerne?
Hauptsächlich ChatGPT, Claude von Anthropic, KI-Funktionen von Canva sowie für Personalthemen unser Adacor KI-Lab.

Welche Ängste und Befürchtungen nimmst Du wahr und welche teilst Du?
Ängste und Vorbehalte, die ich wahrnehme, haben sich in den letzten Monaten verändert. Noch vor einem Jahr haben aus meiner Sicht Vorbehalte vor dem Einsatz von KI dominiert – Menschen hatten Angst, sich dem Thema KI zu nähern. Inzwischen nehme ich diese Angst immer weniger wahr. Stattdessen tritt Unsicherheit in den Vordergrund bezüglich der Geschwindigkeit der KI-Entwicklung und was dies für jeden einzelnen für deren Arbeit und die Gesellschaft als Ganzes bedeutet.

Meine persönlichen Befürchtungen beziehen sich eher darauf, dass wir als Wirtschaftsstandort Deutschland dem Thema KI zu viele Steine in den Weg legen. Bei der Geschwindigkeit, mit der sich KI entwickelt, darf die Reglementierung nicht vor der Innovation stehen.

Wie glaubst Du, wird KI unser Leben und unsere Gesellschaft verändern?
Wir erleben gerade eine exponentielle Entwicklung sowohl bei KI als auch bei Robotik. Dies wird zu virtuellen sowie physikalischen Assistenten führen (in den USA setzt sich

der Begriff des Agenten durch). Sowohl privat wie auch im Berufsleben werden wir immer mehr mit Agenten interagieren und einfache sowie immer komplexere Aufgaben und Prozesse durch diese erledigen lassen.

KI als Teil unseres Alltags mit persönlichen Assistenten, mit denen wir in ständigem Austausch sind, wird sich für uns schon bald ganz normal anfühlen. Dies wird zu enormen Produktivitätszuwächsen führen und auch das Sozialleben verändern. Menschen, die bisher allein waren, kommen durch Assistenten wieder in den Austausch, ältere Menschen, die bestimmte Dinge nicht mehr eigenständig bewerkstelligen können, werden mithilfe von Assistenten länger unabhängig sein können.

Das Bildungssystem kann mit Unterstützung von KI individuelle Lernpfade für Kinder entwickeln und ihre Stärken entsprechend fördern, unser Gesundheitssystem wird dank KI in der Lage sein, die Medizin noch weiter voranzutreiben, sodass wir Menschen länger gesund leben werden. Um nur einige positive Auswirkungen zu nennen.

Aber natürlich wird KI auch, ebenso wie jede neue Technologie zuvor, von Menschen für Negatives genutzt werden. Die Integrität von Informationen wird ein Thema werden, Daten und Informationen werden eine wichtige Währung sein und persönliche Daten müssen geschützt werden. Die neue Arbeitswelt wird viele Menschen überfordern und für einige vielleicht keinen Platz mehr bieten, sodass wir darüber nachdenken müssen, welchen Platz sie in der Gesellschaft bekommen und wie wir diesen wertschätzen, wenn sich nicht mehr alles nur um Produktivität dreht. Die Wertschöpfung durch KI wird sicher in irgendeiner Weise besteuert werden müssen.

Gesellschaftspolitisch müssen wir dringend Antworten für die KI-Schere finden. Unternehmen, Menschen und Länder, die sich modernste KI leisten können, vs. diejenigen, die das nicht können. Es stehen ebenfalls Debatten über Privatsphäre, Autonomie und Überwachung von KI, Rechenschaftspflichten und die sozioökonomischen Auswirkungen auf die Beschäftigten an.

Hast Du Buch-, Podcast-, Film-Tipps?

Meine Buchempfehlung lautet „Die KI-Nation" von Fabian Westerheide. Und meine Film-Tipps wären die „Iron-Man"-Filme – ich glaube, wir sind nicht mehr lange davon entfernt, und „Jarvis" wird für uns real.

Auf welche Zukunftsoption bist Du am meisten gespannt?

KI bietet die Option, dass wir nicht mehr an unser erlerntes Fachwissen – sowohl in Studium und Ausbildung als auch durch Erfahrung – gebunden sind, sondern Neugier, Empathie und Engagement uns ermöglichen, in viel mehr Bereichen Wirksamkeit zu entfalten.

Welches Motto vergibst Du für dieses Interview?

Mit den Menschen im Mittelpunkt wird KI zum Gamechanger für alle, Innovation braucht Technologie und Empathie.

Meine Take-Aways

- **Die Innovationskraft eines Unternehmens gehört zum Employer Branding**
  Wer in einem Unternehmen arbeitet, das neue Technologien, wie z. B. KI aktiv nutzt und fördert, hat automatisch bessere Chancen zur Weiterentwicklung. Adacor zeigt, dass Innovationskraft nicht nur die Wettbewerbsfähigkeit steigert, sondern auch die Lernkurve und Karrieremöglichkeiten der Mitarbeitenden massiv beeinflusst. Wer früh KI-Kompetenzen aufbaut, bleibt langfristig relevant für den Arbeitsmarkt.

- **Eigene KI statt Abhängigkeit von Tech-Giganten**
  Viele Unternehmen setzen auf KI-Lösungen aus den USA. Adacor entschied sich bewusst dagegen und entwickelte eine eigene, lokal gehostete Plattform. Diese Strategie zeigt, dass Unternehmen nicht nur Nutzer sein müssen – sie können KI auch selbst kontrollieren und anpassen.

- **Mut zur echten Automatisierung – mit „EMMA" schafft sich das Team Freiräume**
  KI ist oft noch Zukunftsmusik – mit „EMMA", einer KI-gestützten Prozessautomatisierung, traut sich Adacor jedoch, repetitive Arbeiten vollständig zu automatisieren. Ein beeindruckendes Beispiel für handfeste Automatisierungsprozesse.

- **Team-Accounts statt Einzelkämpfer – gemeinsames Lernen als Erfolgsfaktor**
  Es lohnt sich, bewusst auf Team-Accounts bei KI-Tools zu setzen, um Wissen breit im Unternehmen zu verankern. Dieses Modell fördert kollaboratives Lernen und sorgt dafür, dass KI-Kompetenz eine breite Anwendung findet und nachhaltig im Unternehmen wächst.

- **Die eigentliche Herausforderung liegt nicht in der Technik, sondern im Mindset**
  KI-Transformation scheitert selten an der Technologie – sondern daran, ob Menschen bereit sind, ihre Arbeitsweise zu hinterfragen. Unternehmen müssen eine Kultur der Neugier und des Experimentierens fördern, um KI nicht als Bedrohung, sondern als Chance zu begreifen.

- **HR, die Fachabteilung für die Menschen, startet die KI-Transformation als Kulturveränderung**
  Warum nicht HR den ersten Testzugang für ChatGPT geben? Dadurch wird KI nicht als rein technologische Neuerung betrachtet, sondern als Veränderung, die alle

Menschen im Unternehmen betrifft. Eine innovative Strategie, die für eine breite Akzeptanz und eine schnelle Integration in den Arbeitsalltag sorgte.

6.5   Early Adopters

Im Gespräch mit Gregor Berghausen, 29.01.2025

Position: Hauptgeschäftsführer
Institution: Industrie- und Handelskammer Düsseldorf (IHK).
Mitarbeitende: 180
Studium: Geschichte, Germanistik und VWL

Gregor Berghausen und sein Projektteam haben organisiert, dass alle Mitarbeitenden bereits im Jahr 2024 zum neuen Thema KI mit einer Grundausbildung geschult werden. In Präsenz. Eigentlich selbstverständlich. Allerdings zählt er zu den Ausnahmen, und das ist gut so, denn die IHK hat eine große Vorbildfunktion. Wir stellen uns die Frage, warum viele Unternehmen das Thema noch nicht auf der Agenda haben. KI als Pflicht statt als Kür – ein spannender Ansatz! Ein Gespräch über Effizienz, Widerstände, Frusterlebnisse – und warum die besten KI-Ideen oft nicht vom Chef, sondern aus der Praxis kommen.

Lieber Gregor, vielen Dank, dass Du Dir die Zeit für dieses Gespräch nimmst. Künstliche Intelligenz ist in den letzten Jahren zu einem zentralen Thema geworden – insbesondere seit der breiten Verfügbarkeit von ChatGPT vor etwa zwei Jahren. Für viele war das der Moment, in dem KI plötzlich greifbar und im beruflichen Alltag anwendbar wurde. Kannst Du Dich an den

Moment erinnern, in dem Du realisiert hast, dass KI einen fundamentalen Wandel bewirken wird?
Einen einzelnen Schlüsselmoment gab es für mich nicht. Es war eher eine schrittweise Entwicklung. Ich beschäftige mich seit vielen Jahren mit IT-Themen und beobachte kontinuierlich neue technologische Entwicklungen. Der Begriff „Künstliche Intelligenz" existiert ja schon lange, aber für mich war die entscheidende Frage immer: Wann erreicht KI eine Anwendungsreife, die tatsächlich den betrieblichen Alltag und die breite Öffentlichkeit beeinflusst?

Als OpenAI mit ChatGPT an den Markt ging, war ich nicht überrascht, dass es funktionierte – aber die Geschwindigkeit, mit der es sich verbreitet hat, hat mich doch tief beeindruckt. Plötzlich gab es konkrete Anwendungsfälle, und viele Menschen haben sich intensiv damit auseinandergesetzt.

In unserem Umfeld haben wir die typischen Phasen erlebt: Zunächst gab es Skepsis – etwa die Annahme, dass man für effektive Prompts tiefgehendes Fachwissen benötigt. Dann kamen die ersten Experimente, und viele waren überrascht, wie intuitiv das Tool funktioniert. Schließlich folgte eine Welle von Veranstaltungen, in denen Anwendungsbeispiele vorgestellt wurden. Hier wurde schnell klar: KI ist nicht nur ein kurzfristiger Trend, sondern wird tiefgreifende Auswirkungen auf unsere Arbeitsweise haben.

Welche unterschiedlichen Reaktionen hat es bei der Einführung von KI innerhalb der Organisation gegeben?
Wir haben zwei sehr unterschiedliche Gruppen beobachtet: Einerseits die „First Mover" – Mitarbeitende, die sofort angefangen haben, KI für ihre Arbeit zu nutzen, sei es zur Optimierung von Texten oder zur Effizienzsteigerung. Einige haben das anfangs für sich behalten und still ihre Prozesse verbessert. Andererseits haben wir die „Skeptiker"

gesehen, das waren die Personen, die sich von Anfang an kritisch geäußert haben, vor allem mit Blick auf mögliche Fehler oder Verzerrungen „Bias" in den generierten Inhalten.

Diese Diskrepanz hat uns schnell klargemacht, dass wir eine strategische Herangehensweise brauchen. Ähnlich wie wir Social-Media-Richtlinien entwickelt haben, mussten wir auch für KI klare Leitlinien definieren – nicht nur aus ethischer Sicht, sondern vor allem hinsichtlich der Sicherheit von Arbeitsprozessen.

Ein zentrales Thema war beispielsweise der Umgang mit sensiblen Daten. Darf ein Mitarbeiter einen Vertragsentwurf in eine KI-Anwendung hochladen, um ihn optimieren zu lassen? Schließlich wird das Modell damit weiter trainiert. Hier mussten wir schnell Regelungen schaffen. Bereits im ersten Quartal 2023 haben wir erste Richtlinien für den Umgang mit KI im Arbeitsalltag definiert – insbesondere in Bezug auf Datenschutz und Prozesssicherheit.

Waren Leitlinien eine hohe Priorität für Euch?
Ja, aber mit einer bewussten Balance. Ich bin grundsätzlich kein Freund davon, neue Technologien direkt mit strengen Vorgaben zu belegen, weil das die Innovationsfreude hemmen kann. Dennoch war es notwendig, Leitlinien zu formulieren.

Unser Ziel war es nicht nur, den sicheren Einsatz von KI zu gewährleisten, sondern sie auch strategisch in alle Arbeitsbereiche der IHK zu integrieren. Es ging darum, nicht nur punktuell KI einzusetzen, sondern sie als festen Bestandteil der Arbeitsprozesse zu etablieren. Wir haben daher früh entschieden: KI soll kein optionales Werkzeug sein, sondern bestenfalls ein verpflichtendes Element in vielen Arbeitsabläufen.

Kannst Du das näher erläutern? Was bedeutet „verpflichtender Bestandteil" in der Praxis?
Das trifft den Kern unserer Strategie. Wir erwarten von unseren Mitarbeitenden, dass sie KI dort einsetzen, wo es sinnvoll ist. Wer also eine Aufgabe mit KI schneller und qualitativ hochwertiger erledigen kann, sollte diese Möglichkeit auch nutzen. Andernfalls entsteht eine Ungleichheit zwischen denen, die KI verwenden, und denen, die es nicht tun – das wollen wir vermeiden. Es ist nicht mehr angemessen, z. B. für die Erstellung eines Merkblatts zu einer Änderung im Steuerrecht mehrere Tage zu verwenden, wenn man mit KI diese Aufgabe innerhalb von einer Stunde erledigen kann.

Wie habt Ihr sichergestellt, dass alle Mitarbeitenden die nötigen Fähigkeiten für den KI-Einsatz entwickeln?
Wir haben tatsächlich alle 180 Mitarbeitenden in Schulungen geschickt. Dabei war es uns wichtig, nicht nur Grundlagenwissen zu vermitteln, sondern auch konkrete Anwendungsfälle für ihren jeweiligen Arbeitsbereich aufzuzeigen.

Um eine einheitliche Basis zu schaffen, haben wir uns für ChatGPT als zentrales KI-Tool entschieden. Natürlich könnten Mitarbeitende auch Copilot oder andere Anwendungen nutzen, aber für die interne Zusammenarbeit ist es entscheidend, dass alle mit dem gleichen System arbeiten. Wir haben schließlich auch nicht drei unterschiedliche Textverarbeitungssysteme im Einsatz. Jeder Mitarbeitende erhält einen eigenen ChatGPT-Account – entweder in der Basis- oder Plusversion, wenn es für die Aufgaben erforderlich ist. Diese Kosten übernimmt die IHK, da wir KI als reguläres Arbeitsinstrument betrachten.

Wie seid Ihr die Konzeption der Schulungen angegangen?

Wir haben sehr bewusst auf Präsenzschulungen gesetzt, um den internen Austausch zu fördern und die Schulungen zu einem gemeinsamen Lernerlebnis zu machen. Es gab zwei Stufen: Eine Basisschulung für alle 180 Mitarbeitenden und eine Fortgeschrittenen-Schulung für etwa ein Drittel der Belegschaft, die insgesamt bis zu 18 h, in Blöcken á 3 h, umfasste. Dazwischen war immer Zeit zu testen oder sich mit den Kollegen auszutauschen.

Die Auswahl für die Fortgeschrittenen-Schulung erfolgte nicht nach Hierarchie, sondern aufgabenbezogen: Mitarbeitende mit kreativen oder entwicklungsorientierten Tätigkeiten wurden gezielt weiterqualifiziert. Diese klare Struktur sorgte für eine hohe Akzeptanz – und zeigt, dass KI nicht nur Prozesse verändert, sondern auch die Art, wie Organisationen sich weiterentwickeln.

Das war sicherlich eine umfangreiche Investition – wie war die Resonanz?

Das stimmt, uns war klar: Entweder machen wir es richtig, oder wir lassen es ganz. Es ging uns nicht nur um die Vermittlung von Wissen, sondern auch um eine neue Art, Organisation und Arbeitsabläufe zu gestalten.

Es hat uns sehr gefreut, dass ALLE zu den Schulungen kommen wollten und es keine Widerstände gegeben hat. Das lag vor allem an zwei Faktoren: Gruppendynamik, die den Wandel positiv beeinflusst hat, und einer etablierten Weiterbildungskultur, in der lebenslanges Lernen selbstverständlich ist.

Um die Teilnahme so einfach wie möglich zu machen, fanden die Schulungen im eigenen Haus mit flexiblen Terminen statt. Dadurch entfiel eine der häufigsten Hürden bei Weiterbildungen – der Zeitaufwand für Reisen oder ungünstige Kurszeiten. Und wir hatten einen genialen

Dozenten, der wirklich alle mitgenommen und begeistert hat. Das Ergebnis war sehr zufriedenstellend, denn wir beobachten eine breite Nutzung von KI im Unternehmen.

Woran merkst Du, dass KI breit eingesetzt wird?
Ich habe es vor allem an kleinen Dingen gemerkt, z. B. klingen E-Mails anders, die Briefe sind stilistisch geschliffener und auch Präsentationen sehen viel professioneller aus. In vielen Unternehmen wird KI noch als Spielerei betrachtet. Bei uns ist es ein selbstverständliches Arbeitsinstrument geworden – da bin ich sehr froh.

Wie habt Ihr für Nachhaltigkeit der Schulungen gesorgt?
Die Projektleiter haben das KI-Café ins Leben gerufen. Anfangs war das tatsächlich ein echtes Café-Format – mit Kuchen und Brownies. Mittlerweile ist es eine Mischung aus Präsenz- und Online-Meetings. Es ist ein lockeres Format, das alle zwei bis drei Wochen stattfindet und maximal eine Stunde dauert. Ziel ist es, einen offenen Austausch über KI-Anwendungen zu ermöglichen. Eine Rubrik lautet beispielsweise *„Prompt der Woche“*. Und das ist genau das, was wir wollten: Austausch, Austausch, Austausch.

Es klingt so, als würdet Ihr gezielt daraufsetzen, dass sich alle gegenseitig weiterbilden und auf ein gemeinsames Niveau gebracht werden.
Genau, das ist ein zentraler Punkt. Es geht nicht nur darum, einmal alle auf denselben Stand zu bringen, sondern auch darum, dass sie sich kontinuierlich gegenseitig inspirieren und das Wissen sich nachhaltig im Unternehmen hält. Das KI-Café ist etwas, was wirklich gut funktioniert. Es nehmen 20 bis 30 Mitarbeitende aus allen Ebenen teil, und zwar alle, klassische User und KI-Cracks

zusammen. Und es wird natürlich auch über andere KI-Anwendungen gesprochen, denn viele probieren aus und haben Spaß daran, es anderen mitzuteilen.

Welche Infrastruktur stellt Ihr noch zur Verfügung?
Ein wichtiger Baustein ist unser internes Wissensmanagementsystem. Dort haben wir ein Prompt-Board eingerichtet, in dem Mitarbeitende bewährte Prompts für verschiedene Anwendungsfälle ablegen können. So stehen sie allen zur Verfügung und können direkt genutzt werden. Dort können auch bewährte GPTs abgelegt werden.

Was passiert mit neuen Mitarbeitenden?
Wir haben unsere Stellenausschreibungen angepasst. Dort steht jetzt explizit, dass Kenntnisse im Umgang mit generativer KI eine Grundvoraussetzung für eine Anstellung bei uns sind. Falls jemand diese Kenntnisse nicht mitbringt, ist das kein Ausschlusskriterium – aber es wird direkt in den Personalentwicklungsplan aufgenommen. Neue Mitarbeitende sind dann verpflichtet, sich das Wissen anzueignen, und wir unterstützen sie dabei.

Verstehe. Und der Umgang mit KI ist inzwischen auch Bestandteil der Mitarbeiterbeurteilungen?
Ja, genau. Die KI-Kompetenz wurde offiziell in unsere Mitarbeitergespräche aufgenommen. Einmal im Jahr wird das auf jeden Fall im Mitarbeitergespräch angesprochen und überprüft. Das wird in Zukunft genauso selbstverständlich, wie alle anderen IT-Anwendungen, die man für die Arbeit braucht.

Was ist Eure größte Herausforderung für 2025?
Jetzt geht es darum, KI systematisch in alle Arbeitsprozesse zu integrieren. Unser Qualitätsmanagement hat das Projekt von Anfang an begleitet, und deshalb haben wir

entschieden, dass alle 125 Hauptprozesse der IHK darauf überprüft werden, in welchen Prozessschritten KI verpflichtend eingesetzt werden sollte.

Kannst Du ein konkretes Beispiel nennen?
Ja, ein klassischer Fall ist die Abgrenzung zwischen IHK und Handwerkskammer. Es gibt Unternehmen, die sowohl bei uns als auch bei der Handwerkskammer Mitglied sind – zum Beispiel Autohäuser. Der Handelsteil gehört zur IHK, die Werkstatt zur Handwerkskammer. Zukünftig werden wir auch über einen GPT die Auswertung vornehmen und dies als fundierte Entscheidungsgrundlage nutzen. Wir reduzieren den Aufwand deutlich. Natürlich bleibt die finale Entscheidung bei den Menschen.

Viele Unternehmen haben erst ihre externen Prozesse mit KI optimiert und dann überlegt, wie sie intern damit arbeiten. Ihr seid den umgekehrten Weg gegangen: Erst die interne Kompetenz aufgebaut, dann die Prozesse angepasst
Ja, das kann man so sagen, wobei wir natürlich schon den Blick nach außen gerichtet haben. Aber aktuell sehe ich die größten Hebel noch in unseren internen Abläufen. Der Vorteil dabei ist, dass wir immer eine interne Prüfstufe einbauen können, bevor eine KI-generierte Entscheidung oder ein Prozessvorschlag tatsächlich umgesetzt wird.

Neue Technologien sind spannend, und es macht Freude, diese auch auszuprobieren – wo seht Ihr die größten Herausforderungen beim öffentlichen Einsatz?
Der größte Punkt ist Zuverlässigkeit. Wir würden KI-Lösungen natürlich gerne sofort öffentlich einsetzen, aber viele Systeme halten noch nicht, was sie versprechen. Deshalb müssen wir gründlich testen, um Fehlfunktionen zu vermeiden.

Als öffentlich-rechtliche Körperschaft tragen wir zudem eine besondere Verantwortung. Wenn die IHK etwas veröffentlicht, wird es in der Wirtschaft ernst genommen. Ein zurückgezogener oder korrigierter Fehler könnte mehr Unsicherheit erzeugen als gar keine Veröffentlichung. Deshalb lautet unsere Devise: testen, testen, testen – bevor wir etwas herausgeben.

Wie reagieren Eure Mitarbeitenden darauf, dass die KI enorme Zeitressourcen freisetzt?

Diese Diskussion wird kommen, sobald KI in alle relevanten Arbeitsprozesse integriert sein wird. Die neuen Fragen werden z. B. sein, was nun mit der gewonnenen Zeit gemacht werden soll und welche Aufgaben dem Menschen und welche der KI zugewiesen werden sollen. Unsere Zielrichtung ist dabei klar: Effizienzsteigerung soll ins Kundenerlebnis investiert werden. Alles, was durch Digitalisierung eingespart wird, soll den Fokus auf persönliche Beratung ermöglichen.

Gibt es konkrete Beispiele dafür, wie sich Eure Arbeit durch KI verändert?

Ja, ein gutes Beispiel wäre zum Beispiel die Existenzgründungsberatung. Wenn ein (abgekapselter) GPT die eingereichten Businesspläne vorbewerten würde, bliebe deutlich mehr Zeit für ein Beratungsgespräch, denn die Analyse von Zahlen, Konzepten und Formulierungen bindet ziemlich viel Zeit bei den Beratenden, bevor es überhaupt in das eigentliche Beratungsgespräch geht.

Am Ende bleibt natürlich der menschliche Faktor entscheidend. Die Einschätzung über Persönlichkeit, Fähigkeiten und Motivation eines Gründers oder einer Gründerin spielen eine zentrale Rolle bei der Beurteilung der Erfolgsaussichten einer Existenzgründung, und diese bleibt bei den Menschen.

Eine Studie von Microsoft hat gezeigt, dass Mitarbeitende, die intensiv mit KI arbeiten, produktiver sind, aber auch mehr mentale Belastung empfinden. Sie müssen nicht nur Ergebnisse hinterfragen, sondern auch überlegen, wie sie KI einsetzen – es erfordert eine „metakognitive Kompetenz".

Das ist Chance und Herausforderung zugleich: KI nimmt Routineaufgaben ab, und Menschen können sich auf komplexere, wertschöpfendere Tätigkeiten konzentrieren. Jedoch wollen nicht alle Mitarbeitenden ständig intellektuell anspruchsvolle Aufgaben erledigen. Manche sind froh, wenn sie zwischendurch auch mal einfachere Arbeiten haben, die nicht so fordernd sind.

Unternehmen müssen sich daher mit zentralen Fragen auseinandersetzen: Welche Prozesse sollten verpflichtend mit KI arbeiten? Welche Aufgaben bleiben für die Mitarbeitenden bestehen? Und wie verändert sich dadurch die Qualität der Arbeit? Die Antworten darauf werden bestimmen, wie KI langfristig die Arbeitswelt gestaltet.

Was sind Deine persönlichen Frusterfahrungen mit ChatGPT oder KI generell?
Da gibt es einige! Manchmal liefert KI einfach kein gutes Ergebnis – egal, wie oft man den Prompt verändert, oder man denkt, dass man schnell etwas mit ChatGPT machen kann und dann klappt es doch nicht und man ärgert sich. Aber genau das bezeugt, dass wir noch mitten in der Lernphase sind. KI kann viel, aber nicht alles. Manchmal braucht es einfach den klassischen „menschlichen Faktor", um schnell ans Ziel zu kommen.

Was ist die Schlussfolgerung?
KI ist nicht immer zuverlässig – es sei denn, man nutzt gut getestete Standard-Prompts, die bereits von Kolleginnen

und Kollegen ausprobiert wurden. Diese funktionieren dann tatsächlich immer und sind eine große Hilfe.

Viele Unternehmen denken noch gar nicht über KI nach. Laut einer Bitkom-Studie aus Oktober 2024 haben ca. 40 % der Unternehmen KI überhaupt nicht auf der Agenda.
Das ist genau einer der Gründe, warum wir es bei uns umgesetzt haben, denn du kannst nicht von deinen Mitgliedsunternehmen verlangen, dass sie KI nutzen – wenn du es selbst nicht tust.

Was sind die größten Hemmnisse, die Du wahrnimmst?
Ich muss natürlich vorsichtig sein, wenn ich Unternehmen kritisiere – schließlich bin ich selbst kein Unternehmer. Aber folgende drei Ursachen sehe ich oft. Erste Ursache ist fehlendes Commitment des Managements. Es treibt den KI-Einsatz nicht aktiv voran. Zweite Ursache ist, dass sehr viele Unternehmen massiv unterschätzen, wie viele Mitarbeitende KI längst privat nutzen. Und letztlich beobachte ich eine Technik-Mystifizierung und Bürokratisierung. Es heißt dann schnell: Bevor wir KI einsetzen, brauchen wir erst eine umfassende Richtlinie, ein Konzept, eine Strategie… und dadurch entstehen oft künstliche Hürden, die gar nicht nötig wären.

Kommt das Zögern in Deutschland auch daher, dass Unternehmen eher auf kontinuierliche Weiterentwicklung setzen als auf radikale Veränderung?
Definitiv. In Deutschland arbeiten wir traditionell eher mit Invention als mit Innovation. Disruption ist oft unerwünscht. Viele Führungskräfte möchten selbst entscheiden, wann eine Veränderung kommt – nicht, dass sie von außen über sie hereinbricht. Und oftmals „darf" Digitalisierung Arbeitsprozesse optimieren, aber nicht komplett verändern.

Viele Unternehmen überlegen erst lange, bevor sie KI einsetzen. Ihr habt einen anderen Weg gewählt – erst ausprobieren, dann Prozesse optimieren!
Genau. Unsere Herangehensweise ist anders, weil sie sich an den Mitarbeitenden orientiert. Wir haben zusammen ausprobiert und gelernt und nicht zuerst Konzepte geschrieben. Die Mitarbeitenden dokumentieren ihre aktuellen Prozesse. Erst danach analysieren wir, wo KI Sinn ergibt.

Viele Unternehmen versuchen es anders und die Chefetage überlegt, wo KI genutzt werden könnte, und dann wird das Top-Down vorgegeben. Aber so funktioniert es nicht. Die besten KI-Ideen kommen aus der Praxis – nicht vom Chefschreibtisch.

Gibt es Bücher, Podcasts oder Filme, die Dich besonders inspirieren?
Tatsächlich sind für mich die aufgezeichneten Videos unserer eigenen KI-Cafés am wertvollsten.

Gibt es etwas, worauf Du Dich durch KI besonders freust?
Ich würde nicht sagen, dass ich mich auf irgendetwas freue, denn KI ist ein Arbeitsinstrument, und ich sehe, wo sie mir gut hilft und wo sie Prozesse verbessert. Aber ich erwarte keine „magische" Verbesserung meines Arbeitsalltags.

Viele befürchten, dass KI massiv Arbeitsplätze vernichten wird. Manche sagen sogar, dass wir über neue Einkommensmodelle nachdenken müssen, weil klassische Jobs verschwinden.
Nun, wir erleben nicht zum ersten Mal eine technologische Revolution. Bereits in den 90er Jahren haben wir durch Automatisierung viele einfache Tätigkeiten ersetzt,

und das Ergebnis war, dass wir anspruchsvollere und besser bezahlte Jobs geschaffen haben. Natürlich wird sich die Arbeitswelt verändern. Aber das heißt nicht automatisch, dass wir weniger Arbeit haben. Wir müssen lernen, mit KI zu arbeiten, nicht gegen sie.

Meine Take-Aways

- **KI als Pflicht, nicht als Kür**
  Die IHK Düsseldorf integriert KI als festen Bestandteil der Arbeitsabläufe. Wer Aufgaben effizienter mit KI erledigen kann, sollte diese Möglichkeit auch nutzen – sonst entsteht eine ungleiche Arbeitsbelastung und Ressourcenvergeudung.
- **Präsenzschulungen für alle – mit Gruppendynamik zum Erfolg**
  Die gesamte Belegschaft wurde in zwei Stufen ausgebildet, wobei bestimmte Teams je nach Aufgabenbereich, nicht nach Hierarchie, vertieft geschult wurden.
- **KI-Kompetenz findet den Weg in Stellenausschreibungen und Beurteilungen**
  Es gilt, das erreichte Wissensniveau zu sichern und daher fließt die neue Anforderung an KI-Kompetenz folgerichtig nicht nur bei den Stellenausschreibungen, sondern auch bei den Mitarbeiterbeurteilungen ein.
- **Die besten KI-Ideen kommen aus der Praxis, nicht aus der Chefetage**
  Mitarbeitende, die täglich mit Aufgaben und Herausforderungen konfrontiert sind, haben oft die besten Ideen für KI-Anwendungen – nicht die Führungskräfte am Schreibtisch.
- **Verbindliche Regeln, aber keine Innovationsbremse**
  KI-Leitlinien sind wichtig, aber sie dürfen nicht dazu führen, dass der Einsatz durch Bürokratie erstickt wird. Es gilt eine pragmatische Balance zu finden. Hinderlich

dabei, dass eine Technik-Mystifizierung zelebriert und damit unnötige Hürden aufgebaut werden.

- **KI schafft keine Massenentlassungen – sondern neue Aufgaben**
Die freiwerdenden Kapazitäten direkt umwidmen, z. B. für intensivere Beratung und bessere Servicequalität für Mitglieder, schafft Mehrwert und Qualität.

- **Unternehmen zögern oft zu lange – die IHK macht es anders**
Viele Firmen überlegen jahrelang, bevor sie KI einsetzen. Die IHK hat den umgekehrten Weg gewählt: Erst ausprobieren, dann Prozesse optimieren. Fazit: Wer wartet, verliert sehr wertvolle Zeit. Denn die Geschwindigkeit, mit der sich KI entwickelt, ist beispiellos.

- **Offene Lernkultur: Das „KI-Café" als Erfolgsfaktor**
Austausch ist entscheidend: Mit regelmäßigen Meetups, in denen Prompts und Anwendungsfälle diskutiert werden, sorgt die IHK dafür, dass Wissen nachhaltig im Unternehmen bleibt.
Voneinander lernen in einer agilen Lernkultur ist am effektivsten und macht Freude. Was kann mehr überzeugen als ein Geschäftsführer, der sich am liebsten von den aufgezeichneten Videos des eigenen KI-Cafés inspirieren lässt?

6.6 Technik in Bewegung – KI in Mobilität, Sicherheit und Infrastruktur

Im Gespräch mit Patrik Schlepütz, 06.02.2025

Position: Geschäftsführer
Firma: SITA Airport IT GmbH

Mitarbeitende: 130
Studium: Informatik

Patrik Schlepütz trägt wichtige Aspekte zur KI-Disziplin aus der Perspektive der Informatik bei und baut darauf den Vergleich zwischen „menschlicher" und „künstlicher" Intelligenz auf. Er lässt auch überraschende Einblicke in seine Belegschaft zu, denn, obwohl man erwarten könnte, dass IT-Profis automatisch Vorreiter bei generativer KI wie ChatGPT sind, zeigt sich: Viele halten Abstand und die Gründe dafür sind vielfältig.

Patrik berichtet von autonomen Fahrzeugen in der Wüste, erzählt von Experimenten im eigenen Unternehmen und erklärt, warum gesunde Skepsis im Umgang mit KI unerlässlich ist. Mit spannenden Beispielen und ehrlichen Einschätzungen verdeutlicht er, wie KI die Arbeitswelt verändert und warum menschliche Intelligenz und kritisches Denken wichtiger denn je bleiben.

Lieber Patrik, ich freue mich sehr, dass es heute mit unserem Interview geklappt hat und Du Teil meines Projekts bist. Mich interessiert vor allem, wie Du zum Thema Künstliche Intelligenz gekommen bist.
Meine Berührungspunkte mit KI hatte ich relativ früh – bedingt durch meinen Werdegang. Ich bin Informatiker, daher sind KI-Konzepte schon seit meinen ersten Berufsjahren ein Bestandteil meiner Arbeit. Mein Zugang zur KI war jedoch sehr technisch geprägt.

Ich verstehe unter Künstlicher Intelligenz in erster Linie die klassische, tiefgehende KI – also alles, was mit Machine Learning und Deep Learning zu tun hat. Mir geht es dabei um selbstlernende, autonome Systeme, die eigenständig Entscheidungen treffen. Das war zu Anfang mein Fokus.

Eines meiner ersten produktiven KI-Projekte habe ich bei Siemens begleitet. Es ging um eine intelligente Ampelsteuerung in einer kleineren Stadt in Süddeutschland. Ziel des Projekts war es, den Verkehrsfluss mithilfe einer KI-gestützten Lösung zu optimieren.

Das klingt aufregend! Wie genau hat das funktioniert?
Die Ampelsteuerung basierte auf einem Deep-Learning-Ansatz. Sensoren erfassten kontinuierlich den Verkehrsfluss – also die Anzahl der Fahrzeuge, ihre Fahrtrichtung und die jeweiligen Zeitintervalle. Die KI verarbeitete diese Daten und optimierte die Ampelschaltung von rund 20 Ampeln in der Stadt. Der Verkehrsfluss konnte spürbar verbessert werden.

Die technologische Umsetzung war enorm aufwendig. Damals brauchten wir ein Hardware-Setup mit Rechenkapazitäten, die fast einem halben Rechenzentrum entsprachen. Letztlich wurde das Projekt eingestellt – nicht, weil die Technologie versagt hätte, sondern weil es finanziell nicht tragfähig war.

Das liegt jetzt ungefähr zehn Jahre zurück. Wie hat sich die KI seitdem aus Deiner Sicht weiterentwickelt?
In den letzten Jahren hat es kontinuierliche Fortschritte gegeben, vor allem im Bereich der Algorithmen und neuronalen Netze. Die grundlegenden Prinzipien sind geblieben, aber die Systeme sind effizienter und leistungsfähiger geworden.

Vor etwa zwei Jahren kamen KI-Modelle auf den Markt, die sich fundamental von den bisherigen Systemen unterschieden. Ich habe das zunächst nur am Rande verfolgt. OpenAI wurde bereits 2015 gegründet, mit der Idee, eine offene KI-Plattform zu schaffen. Damals hatte ich keinen unmittelbaren Business Case dafür gesehen. Aber inzwischen ist das Thema rasant gewachsen.

Was hat Dich am meisten überrascht bei der generativen KI?

Auf jeden Fall die Geschwindigkeit, die einerseits beeindruckend, andererseits aber auch beunruhigend ist. Bisher lag der Fokus bei KI-Projekten stark auf der Technik. Doch plötzlich kam eine neue Dimension dazu: Ethische Fragestellungen. Während frühere KI-Modelle eher klassische Machine-Learning-Ansätze verfolgten, haben wir es jetzt mit generativen Modellen zu tun, die riesige Mengen an Daten verarbeiten und daraus völlig neue Inhalte erstellen können.

Welches Beispiel hättest Du dafür?

Ein gutes Beispiel ist die KI-generierte Bildbearbeitung. Ich erinnere mich an ein Erlebnis mit einer Freundin: Sie schickte mir ein Urlaubsfoto aus Asien – obwohl ich sie zwei Tage zuvor noch auf der Arbeit gesehen hatte. Ich war verwundert, weil ich dachte, sie hätte spontan Urlaub genommen. Doch dann stellte sich heraus: Das Bild war mit einer KI-Software erstellt worden. Die Qualität war so überzeugend, dass ich keinerlei Manipulation erkennen konnte.

Ist das für Dich tatsächlich Künstliche Intelligenz oder eher eine hochentwickelte digitale Bildbearbeitung?

Eine sehr gute Frage! Ich sehe das folgendermaßen: Bei klassischen KI-Systemen erwarten wir, dass sie eigenständig Entscheidungen treffen und lernen. Ein echtes KI-Modell agiert autonom und entwickelt sich selbst weiter.

Bei Bildgeneratoren ist das anders. Dort gebe ich genau vor, was ich haben möchte, und das System setzt es perfekt um. Die Intelligenz liegt also eher in den Algorithmen und der Datenverarbeitung als in einer echten Entscheidungsfähigkeit der KI.

Hier also die zentrale Frage: Wo ziehen wir die Grenze zwischen hochentwickelter Software und echter Künstlicher Intelligenz?

Das ist genau der Punkt! ChatGPT ist aus meiner Sicht keine echte Künstliche Intelligenz, sondern ein Large Language Model (LLM). Natürlich ist das, was dahintersteht, ein wahnsinnig ausgeklügelter Algorithmus, ein hyperintelligentes Such- und Aufbereitungssystem. Besonders beeindruckend finde ich die Fähigkeit zur sprachlichen Verarbeitung. Aber als „echte" KI würde ich es nicht bezeichnen. Ebenfalls glaube ich nicht, dass diese KI-Tools Menschen ersetzen können.

Egal welchen Auftrag wir der KI erteilen, die Intelligenz kommt vom Menschen, der die Idee hat und anweist, z. B. eine Speisekarte oder eine Tagungsagenda zu erstellen. ChatGPT bereitet die Inhalte nur auf. Eine echte KI würde den Kontext selbstständig verstehen und Vorschläge optimieren, ohne dass der Nutzer ständig nachbessern muss.

Ja, das sehe ich genauso. Ich nutze sehr gerne auch eigene GPTs, aber ich starte auch gerne manche Aufgaben ohne die KI. Denn mir ist wichtig, dass ich nicht durch die KI „aufgegleist" werde. Letztens hatte ich Prof. Müller-Wiegand gebeten, mit mir über ein Konzept nachzudenken. Und da hat er mir erklärt, das sei nun „kollektive Intelligenz".

Dieser Begriff trifft den Punkt genau. KI ist hervorragend geeignet zur Validierung oder zur Inspiration, aber der erste Denkprozess sollte immer noch beim Menschen liegen. Nutzt man KI hingegen als bequeme Abkürzung, nimmt man sich selbst die Möglichkeit, kritisch zu reflektieren. Menschen neigen dazu, das, was auf dem Bildschirm steht, für die absolute Wahrheit zu halten – einfach, weil es bereits formuliert und präsent ist.

Exakt! Lass uns nochmal zur Frage kommen, ob die KI kreativ sein kann.

Das ist ein grundlegendes Missverständnis. KI kann Impulse und Anregungen liefern, aber sie ist nicht kreativ. Kreativität bedeutet, etwas völlig Neues zu erschaffen – und das kann KI nicht. Sie basiert auf bereits vorhandenen Daten und kombiniert diese auf neue Weise. Die eigentliche kreative Leistung kommt immer noch vom Menschen.

Lass uns über die berufliche Praxis sprechen: Ihr seid ein IT-Unternehmen mit vielen Support- und Technik-Experten. Wie wurde das Thema KI intern aufgenommen? Und welche Rolle hattest Du als Geschäftsführer in diesem Prozess?

Sehr interessante Frage. Tatsächlich haben wir KI lange nicht aktiv adressiert. Natürlich hat sich jeder individuell damit beschäftigt, aber als Unternehmen haben wir erst im letzten Jahr begonnen, KI systematisch einzusetzen. Ich unterscheide dabei zwei Bereiche: Erstens geschäftskritische Prozesse – also Bereiche, in denen KI zu 100 % belastbar sein muss und zweitens interne Unterstützungstools, die Prozesse vereinfachen, aber nicht unternehmenskritisch sind.

Wie erlebt Ihr diese Veränderung?

Bisher haben wir in unserem Unternehmen einfach unseren Job gemacht – mit den vorhandenen Werkzeugen, die wir kannten und brauchten. Künstliche Intelligenz war für viele zunächst nicht notwendig oder greifbar. Ich selbst habe mich schon länger mit KI befasst und weiß genau, wie sie funktioniert, wie sie aufgebaut ist und was sich derzeit in diesem Bereich entwickelt. Doch ich habe gemerkt, dass es in der Belegschaft unterschiedliche Sichtweisen gab: Manche waren neugierig, andere verunsichert, wieder andere skeptisch.

Wie seid Ihr dann konkret mit dem Thema umgegangen?

Zunächst einmal haben wir in unserem Kick-off-Meeting letztes Jahr mit der Führungsebene darüber diskutiert, wie wir KI in unserem Unternehmen sinnvoll einsetzen können. Dann haben wir den Fokus auf die interne Zusammenarbeit gerichtet. Wir haben festgestellt, dass KI besonders in der internen Kommunikation und bei kreativen Prozessen hilfreich ist.

Ein Beispiel: Vor zwei Wochen stellte eine unserer Abteilungen ihre Arbeit vor – komplett KI-generiert. Die gesamte Präsentation, von den Bildern bis zu den Slogans, wurde mit KI erstellt. Sie haben es mit einem „Ski-Event"-Motto inszeniert, um zu zeigen, wie KI ihre Arbeit visuell und inhaltlich unterstützt. Das hat das gesamte Team beeindruckt.

Das heißt, Ihr habt das Thema spielerisch eingeführt?

Genau. Wir wollten, dass sich die Mitarbeitenden freiwillig mit KI auseinandersetzen. Niemand wurde gezwungen, sich damit zu beschäftigen – es ging darum, Neugier zu wecken und Möglichkeiten auszuloten. Die Führungskräfte haben Teams zusammengestellt und über verschiedene Bereiche hinweg Projekte gestartet.

Jetzt befinden wir uns in einer neuen Phase: Während das letzte Jahr eine Art Spielwiese war, in der wir KI ausprobiert haben, möchten wir es nun strukturierter angehen.

Gibt es bereits konkrete Projekte?

Ja, zum Beispiel ein Konzept für unseren Sozialraum. Ein Team hat mithilfe von KI ein virtuelles Modell des Raums erstellt, inklusive Kostenberechnung und visueller Darstellung. Ich wurde durch diesen Raum quasi „geführt" – und das in nur 45 min Arbeitszeit!

Solche Anwendungen sind beeindruckend und zeigen, wie effizient KI sein kann. Deshalb strukturieren wir unsere Teams jetzt neu, um gezielt herauszuarbeiten, wie wir KI strategisch in unser Produktportfolio integrieren können.

Ihr nutzt KI aber nicht nur für kreative Prozesse, sondern auch im professionellen IT-Bereich, oder?
Ja, absolut. Neben generativer KI setzen wir auch nichtgenerative KI-Modelle ein, die für uns im Hintergrund arbeiten. Ein zentrales Einsatzfeld sind automatisierte Update-Mechanismen für Server und Netzwerke. Unsere KI-gestützten Systeme scannen das Netzwerk, identifizieren benötigte Updates und führen sie automatisch aus – und das ohne manuelles Zutun. Das sind hochspezialisierte Systeme, die Prozesse automatisieren und optimieren.

Lass uns noch einmal auf das Thema „echte Intelligenz" vs. „KI" zurückkommen. Vorhin hattest Du das Beispiel mit der Speisekarte erwähnt, wo Du sagtest, dass ChatGPT eigentlich keine Intelligenz besitzt, sondern nur ein guter Ausführer ist. Wie siehst Du das im Kontext von Agentic AI – also autonomen KI-Systemen, die selbstständig Aufgaben erledigen? Bewegen wir uns hier zur echten Entscheidungsfindung der KI hin?
Hochspannendes Thema! Bei Agentic AI geht es darum, dass eine KI nicht nur eine Aufgabe ausführt, sondern eigenständig Wege zum Ziel findet und dabei möglicherweise weitere KI-Modelle oder Bots einbindet. Hier wird es wirklich spannend, weil die KI nicht mehr nur Anweisungen umsetzt, sondern selbstständig Wege zum Ziel findet.

Und das ist für Dich der Punkt, an dem eine KI tatsächlich als intelligent bezeichnet werden kann?

Ja, wenn sie in der Lage ist, flexibel auf Probleme zu reagieren, dann bewegen wir uns in Richtung echter Intelligenz. Wichtig ist dabei, dass wir zwischen zwei Kategorien von Systemen unterscheiden. Erstens Systeme, die zwar autonom handeln, aber immer innerhalb fest definierter Parameter und vorgegebenen Algorithmen bleiben. Und zweitens selbstlernende Systeme, die aus Fehlern lernen und ihr Verhalten anpassen.

Besonders spannend wird es, wenn diese Systeme miteinander kommunizieren. Das Konzept von Schwarmintelligenz – etwa bei Drohnen, die sich untereinander abstimmen – ist ein gutes Beispiel.

Aber Drohnen-Schwärme arbeiten nicht wirklich selbstlernend, oder? Sie folgen vorgegebenen Regeln?

Genau. Sie sind darauf programmiert, ihre Positionen basierend auf Sensoren und Daten in Echtzeit anzupassen – aber sie lernen nicht wirklich. Sie sind keine echten KI-Systeme, sondern folgen einem festgelegten Muster.

Und was ist mit autonomen Fahrzeugen?

Ein interessantes Beispiel! Wenn du ein selbstfahrendes Auto in einer Stadt testest, gibt es klare Straßen, Verkehrsregeln und eine gewisse Struktur. Aber was passiert, wenn du es in die Wüste schickst? Plötzlich gibt es keine Straßen mehr, nur Sand, Steine, Kakteen – und vielleicht eine Klippe, die 90 Grad abfällt. Eine der größten Herausforderungen ist dabei nicht einmal, Hindernissen wie Bäumen auszuweichen – das wäre relativ einfach. Viel schwieriger ist es, den Untergrund richtig einzuschätzen: Ist der Sand fest oder locker? Wird das Auto stecken bleiben oder kann es weiterfahren?

Ich erinnere mich an einen Wettbewerb, ausgeschrieben vom Pentagon mit über einer Million Dollar Preisgeld für das erste Fahrzeug, das es schafft, eine solche unstrukturierte Strecke in der Mojave-Wüste zwischen Los Angeles und Las Vegas selbstständig zu bewältigen. Das Auto muss lernen, auf verschiedene Bedingungen zu reagieren: Fährt es in den Sand, kann es sich zurückziehen, die Bodenbeschaffenheit neu bewerten und eine alternative Route wählen. Da es mit jeder gefahrenen Strecke dazu lernt, sehen wir echtes maschinelles Lernen in Aktion.

Lass uns zurück zu Eurem Unternehmen kommen. Ihr habt etwa 130 Mitarbeitende – wie seid Ihr beim Thema KI-Integration vorgegangen?
Zunächst einmal: Wir haben letztes Jahr keine klassische Schulung für das gesamte Unternehmen durchgeführt, sondern das Thema KI offengehalten. Jeder, der sich damit befassen wollte, konnte sich freiwillig engagieren. Wir haben dann verschiedene Arbeitsgruppen gebildet, die selbstständig entschieden, welche Aspekte sie erkunden möchten.

Wie war die Resonanz?
Ehrlich gesagt, nicht so groß, wie ich erwartet hatte. Ich dachte, dass gerade unsere IT-Teams großes Interesse zeigen würden – schließlich sind das alles technikaffine Menschen. Aber viele haben sich zurückgehalten. Vielleicht liegt es daran, dass sie ohnehin den ganzen Tag vor dem Rechner sitzen und nach Feierabend nicht noch zusätzlich mit KI experimentieren wollen. Wir mussten also gezielt Teams zusammenstellen, um das Thema weiter voranzutreiben.

Das überrascht mich nicht. Ich habe mit mehreren IT-Unternehmen gesprochen, die erst jetzt beginnen, sich mit generativer KI auseinanderzusetzen

Ja, das sehe ich auch. Dabei liegt hier ein riesiges Potenzial. Die Nachfrage nach KI-Lösungen steigt, und IT-Dienstleister könnten sich als Berater für KMUs positionieren. Aber viele haben noch gar nicht realisiert, dass sich ihr Geschäftsfeld massiv verändern wird.

Ihr seid also bereits in Kundenprojekten involviert, bei denen Unternehmen KI zur Unterstützung ihrer Geschäftsprozesse einsetzen wollen?

Ja, wir arbeiten mit Unternehmen zusammen, die KI-basierte Lösungen in ihre internen Abläufe integrieren möchten. Dabei geht es oft nicht um IT-Prozesse, sondern um Geschäftsprozesse.

Ein Beispiel ist der Einsatz eines Large Language Models für unternehmensspezifische Anwendungsfälle. Aber hier stellt sich die entscheidende Frage: Wie gewährleistet man, dass die generierten Informationen zu 100 % korrekt und zuverlässig sind?

Unser Ansatz ist, dass wir an einer eigenen KI-Umgebung arbeiten, die vollständig in unserem Rechenzentrum läuft. Damit wir ein System schaffen, das nur mit verlässlichen, freigegebenen Informationen arbeitet. Das Problem ist: Selbst, wenn du eine On-Premise-KI aufsetzt, kommt sie bereits mit einem „Rucksack" an vortrainierten Daten. Die Idee, ein komplett neutrales Modell zu starten und es nur mit eigenen Daten zu füttern, ist schwieriger und deutlich aufwendiger als gedacht.

Das ist einer der zentralen Kritikpunkte an generativer KI.

Absolut. Die Technologie ist genial – keine Frage. Die Benutzerfreundlichkeit, die Visualisierungsmöglichkeiten und die Effizienz sind beeindruckend. Aber wenn du einem KI-System nicht zu 100 % vertrauen kannst, bringt es dir nichts.

Nutzt Ihr eine gängige KI-Plattform wie ChatGPT auf Azure oder habt Ihr ein eigenes Modell entwickelt?
Wir haben beides getestet. Einerseits nutzen wir Business-Accounts für Tests mit cloudbasierten Lösungen. Andererseits haben wir ein eigenes KI-System auf unseren Servern laufen, um unabhängiger zu sein.

Und wie sind die Erfahrungen?
Wir haben inzwischen verschiedene KI-gestützte Automatisierungen in unseren Arbeitsalltag integriert. Zum Beispiel haben wir ein System aufgesetzt, das mir morgens eine bestimmte Auswertung aufbereitet und per E-Mail zuschickt.

Und funktioniert das zuverlässig?
(Lacht) Nicht immer. Manchmal kommt die E-Mail einfach nicht. Dann frage ich mich: Warum? Aber ein richtiges Interface, um den Fehler nachzuvollziehen, gibt es nicht. Also probiere ich es über Trial-and-Error: Ich starte drei oder vier verschiedene Anfragen und schaue, welche greift.

Letztlich ist es nichts anderes als ein Algorithmus, der Input verarbeitet – aber für den Menschen ist es schwer nachvollziehbar, warum etwas manchmal funktioniert und manchmal nicht.

Du hattest vorhin den Unterschied zwischen Google und ChatGPT erwähnt. Wie würdest Du das erklären?
Gern: Bei Google rufe ich einen bestehenden Datensatz ab. Wenn sich an den Quellen nichts geändert hat, bekomme ich heute, morgen und übermorgen dieselbe Antwort.

Bei ChatGPT ist das anders: Ich stelle heute eine Frage und bekomme eine generierte Antwort. Wenn ich dieselbe Frage morgen stelle, kann das Ergebnis anders sein, denn jede generierte Antwort wird in das Modell „eingespeist". Das bedeutet: Je öfter eine bestimmte Aussage wiederholt wird, desto wahrscheinlicher hält die KI sie für korrekt – selbst, wenn sie ursprünglich falsch war.

Was empfiehlst Du, damit Menschen nicht in eine gefährliche Selbstbestätigungsschleife geraten?
Kritisches Denken wird immer wichtiger, und wir müssen unseren eigenen menschlichen Kompass bewahren. KI kann eine Hilfe sein – aber wir dürfen nicht blind darauf vertrauen.

Wie wird sich die Arbeit in Eurem Unternehmen durch KI verändern?
Der Wert der menschlichen Arbeit wird steigen – weil KI uns die wiederkehrenden, einfachen Aufgaben abnimmt. Vergleichbar mit einem Lehrling: Er bekommt am Anfang einfache Aufgaben, wiederholt sie, wird besser – und kann sich dann komplexeren Herausforderungen widmen. Genauso funktioniert das mit KI: Sie übernimmt Routineaufgaben, sodass wir uns auf anspruchsvollere Themen konzentrieren können.

Welche neuen Berufe werden durch KI entstehen?
Wir sehen bereits eine Entwicklung in Richtung Cloudifizierung und No-Code/Low-Code-Plattformen. Unternehmen wollen ihre Prozesse schneller automatisieren, ohne umfangreiche Programmierkenntnisse zu benötigen. Dadurch entstehen neue Rollen, die auf der Orchestrierung von KI-gestützten Lösungen basieren.

Was ärgert Dich am meisten, wenn Du beobachtest, wie Deine Mitarbeitenden mit KI umgehen?

Da gibt es ein konkretes Beispiel: Wir hatten ein Team, das die Aufgabe hatte, eine Systematik für ein Transformationsprojekt zu entwickeln. Zehn Leute saßen drei Stunden zusammen, um daran zu arbeiten. Das Ergebnis, das sie mir präsentierten, sah fantastisch aus: Eine perfekt strukturierte, sauber aufbereitete Dokumentation mit allen relevanten Aspekten. Aber als ich mir den Inhalt ansah, dachte ich: Moment mal, hier fehlt doch was!

Also fragte ich nach: „Wie habt ihr das erarbeitet?" Und dann kam heraus, dass sie drei Stunden lang diskutiert hatten − und als sie keine wirklichen Ergebnisse hatten, haben sie einfach ChatGPT befragt und die Antwort übernommen.

Das heißt, die Form war perfekt, aber der Inhalt war oberflächlich?

Exakt! Das ist das Problem. KI kann zwar großartige Vorlagen liefern, aber wenn du sie nicht kritisch überprüfst und weiterverarbeitest, bleibt es oberflächlich.

Und wenn Du das mit der Intelligenz von KI vergleichst?

KI-basierte Systeme wie Machine Learning oder Deep Learning haben eine viel komplexere neuronale Struktur als ChatGPT. ChatGPT ist letztlich ein aufgebohrter Suchalgorithmus, der beeindruckend gut formuliert ist − aber es bleibt ein Algorithmus. Es versteht nicht wirklich, was es sagt.

Ein Klassiker. Man schmückt sich mit fremden Federn, ohne wirklich etwas Eigenes beizutragen.

Genau! Und was mich zusätzlich ärgert, ist die Respektlosigkeit gegenüber meiner Zeit. Wenn sie den KI-generierten

Vorschlag genommen und weiter ausgearbeitet hätten – kein Problem. Aber einfach nur Copy-Paste ohne echte Auseinandersetzung mit dem Thema? Das ist für mich eine vertane Chance. Ein weiteres Problem ist die Illusion von Kompetenz. Nur weil jemand ein KI-Tool nutzt, heißt das nicht, dass er plötzlich Experte für ein Thema ist.

Ja, wenn du keine Ahnung von einem Fachgebiet hast, kannst du auch nicht beurteilen, ob die KI-Antwort korrekt ist. Kompetenz bleibt weiterhin Trumpf. Daher die Frage, welche Fähigkeiten und Kompetenzen werden in Zukunft besonders wichtig sein?
Neben technischem Know-how wird eine gesunde Skepsis immer wichtiger. Menschen müssen lernen, Informationen zu hinterfragen, anstatt sie einfach zu übernehmen.

Also kritisches Denken als Schlüsselkompetenz?
Genau. Wenn du aufhörst, Dinge zu hinterfragen, hast du verloren.

Ich glaube, wir haben hier mehr als genug Stoff für eine ausführliche Reflexion über KI gesammelt. Vielen Dank für das spannende Gespräch!
Sehr gerne – hat Spaß gemacht!

Meine Take-Aways

- **IT-Profis sind nicht automatisch Vorreiter in der Nutzung von generativer KI**
  Technisches Know-how führt nicht automatisch zu einer offenen Haltung gegenüber neuen Technologien. Ursachen können Unsicherheit, fehlendes Wissen und die Arbeitsgewohnheiten sein.

- **Risiko: Respektlosigkeit gegenüber menschlicher Zeit**
  Wenn Mitarbeitende KI-Ergebnisse ohne eigene Bearbeitung präsentieren, verschwenden sie die Zeit aller. Für Führungskräfte wird es wichtig, Eigenleistung einzufordern und unkritisches „Copy-Paste" zu unterbinden.

- **Perfekte Form, schwacher Inhalt**
  Ohne menschliche Bearbeitung bleibt der Output oft oberflächlich. Das verdeutlicht, dass KI kein Ersatz für kreatives und tiefgehendes Denken ist, sondern weiterhin ein Werkzeug bleibt.

- **Gefährliche Selbstbestätigungs-Schleifen**
  ChatGPT lernt aus seinen eigenen Antworten. Je öfter ein (möglicherweise falsches) Ergebnis generiert wird, desto mehr bestätigt sich die KI selbst. Dies birgt enorme Risiken, wenn KI ungefiltert als Wissensquelle genutzt wird.

- **Echte KI beginnt dort, wo Maschinen flexibel auf Unvorhergesehenes reagieren**
  Autonome Systeme werden erst dann zur „echten" Künstlichen Intelligenz, wenn sie flexibel auf unvorhergesehene Situationen reagieren. Beispiel dafür sind die selbstfahrenden Fahrzeuge in der Mojave-Wüste mit Systemen, die eigenständig lernen, sich anpassen und alternative Lösungen entwickeln.

- **Kritisches Denken bleibt die Königsdisziplin**
  Wer aufhört, Dinge zu hinterfragen, hat bereits verloren. KI kann unterstützen, aber nicht ersetzen – und wer glaubt, durch diese plötzlich zum Fachexperten zu mutieren, läuft Gefahr, der „Illusion von Kompetenz" zu erliegen.

6.7 Technik in Bewegung – KI in Mobilität, Sicherheit und Infrastruktur

Im Gespräch mit Annette Grabbe (schriftlich), 06.03.2025

Position: Vorstandssprecherin
Firma: Rheinbahn AG
Mitarbeitende: 3500
Studium: Wirtschaftswissenschaften

„R(h)ein in die Zukunft" verspricht Annette Grabbe, Vorstandssprecherin der Rheinbahn AG. Sie spricht über die digitale Transformation des Unternehmens und die zunehmende Relevanz von KI im öffentlichen Nahverkehr. Sie erzählt von der Digitalakademie, die sowohl Mitarbeitende als auch Bürgerinnen und Bürgern befähigen soll, mit digitalen Barrieren umzugehen. Die Mobilitätsbranche befindet sich im Umbruch – Fachkräftemangel, Nachhaltigkeitsanforderungen und Kundenerwartungen erfordern neue Lösungen.

KI stellt in Aussicht, Barrieren abzubauen und den Menschen weiterhin in den Mittelpunkt zu stellen. Stolz berichtet sie von dem autonomen Shuttle auf der Teststrecke der Messe XPONENTIAL. Doch bis autonomes Fahren tatsächlich den Fachkräftemangel ausgleichen kann, ist es beruhigend zu wissen, dass die Chefin notfalls auch selbst als Straßenbahnfahrerin einspringen kann!

Was war der Auslöser für Deine Einschätzung, dass KI für Euer Unternehmen eine Relevanz haben wird?
Grundsätzlich ist die Digitalisierung aus meiner Sicht für die meisten Unternehmen unabdingbar, um wettbewerbsfähig

zu bleiben. Zudem bietet sie enorme Chancen für Effizienz, Innovation und Nachhaltigkeit. Sie ist jedoch kein Selbstzweck und muss so eingesetzt werden, dass sie dem Menschen letztlich einen Mehrwert stiftet, Teilhabe ermöglicht und Zukunftsfähigkeit sichert. Der Digitalisierungsgrad der Rheinbahn hat massiven Nachholbedarf. Tatsächlich sprechen wir dabei noch von Basics und nicht von KI oder AI.

Zeitgleich sehen wir, welches Potenzial KI gerade auch für den aktuellen Wandel in der Mobilitätsbranche mitbringt. Wir wollen den öffentlichen Nahverkehr und das Kundenerlebnis noch kundenfreundlicher, barriereärmer und einfacher gestalten, sodass ein Einsatz von KI zunehmend relevant wird. Wir sehen auch, dass ein enormer Fachkräftemangel auf uns zukommt, sodass der Einsatz von KI nicht nur ein Schlüssel sein wird, sondern unabdingbar wird. Unsere Strategie ist es somit, die Basics nachzuholen und parallel neue Technologien, wie KI, auszuprobieren und zum Einsatz zu bringen.

Wer hat diesen Prozess, über KI nachzudenken, initiiert? Wie hat sich der Prozess gestaltet, bis der Einsatz von KI geplant und beschlossen wurde?
Die Initiative kommt sowohl Top-Down von mir als Vorstandssprecherin, aber auch in vielen kleinen Initiativen bottom-up von Kolleginnen und Kollegen aus der Organisation. Aktuell stehen wir noch ganz am Anfang und gestalten gerade ein KI-Manifest mit unseren Arbeitnehmervertretenden, ein KI-Befähigungskonzept für unsere Mitarbeitenden sowie eine KI-Strategie für unser Unternehmen aus. Verschiedene Use Cases haben wir bereits definiert und im Kleinen werden aktuell schon einzelne KI-Tools an verschiedenen Stellen im Unternehmen ausprobiert. Gleichzeitig befähigen wir bereits Menschen im Unternehmen, die freiwillig Lust auf das Thema haben.

Wie wird sich das Arbeiten in Eurem Unternehmen verändern, und welchen Wert wird Arbeit zukünftig haben?

Die Mobilitätsbranche erlebt derzeit einen tiefgreifenden Wandel, und als Rheinbahn stellen wir uns dieser Entwicklung aktiv. Neue Technologien und Automatisierung werden uns helfen, Fahrgastströme besser zu steuern, den Betrieb und die Werkstatt effizienter zu gestalten und den Kundenservice weiter zu verbessern. Auch eine Vielzahl von Tätigkeiten in der Verwaltung werden erhebliche Unterstützung durch Einsatz von KI erhalten.

Mobilität als gesellschaftliche Aufgabe: Unsere Arbeit wird nicht nur von Effizienz bestimmt, sondern auch von der Verantwortung, einen nachhaltigen und leistungsfähigen ÖPNV für die Menschen in der Region bereitzustellen. Lebenslanges Lernen als Schlüssel: Die Mobilitätsbranche entwickelt sich rasant weiter. Wir wollen, dass unsere Mitarbeitenden Teil dieser Veränderung sind und sich kontinuierlich weiterentwickeln können.

Welche Bedeutung hat menschliche Arbeit in Euren Strukturen?

Die Zukunft der Rheinbahn wird digitaler, vernetzter und flexibler – aber immer mit klarem Fokus auf unsere Mitarbeitenden und die Menschen, die wir täglich bewegen. Automatisierung nimmt uns nicht die Arbeit weg – sie schafft Freiräume, um uns noch stärker auf Kundenerlebnis, Sicherheit und Servicequalität zu konzentrieren. Für uns bleibt fest manifestiert: Der Mensch bleibt im Mittelpunkt – immer! -, auch wenn sich die Arbeit in unserem Unternehmen durch KI und Digitalisierung grundlegend verändern wird.

In welcher Reihenfolge und in welchen Bereichen wurde der Einsatz von KI angestoßen? Wie wird dieser Change gestaltet und begleitet?

Wie gesagt, stehen wir gerade in den Startlöchern und erarbeiten gerade unser Regel- und Basiswerk zum Thema KI. Dazu gehört selbstverständlich eine Strategie, ein Manifest, aber auch entsprechende Spielregeln und Richtlinien. Unsere identifizierten Use Cases, mit denen wir starten wollen, konzentrieren sich im ersten Schritt auf folgende Bereiche:

- Kundenservice und die Fahrgastinformationen
- Themen, die unsere Mitarbeitenden betreffen, wie beispielsweise die Dienstplangestaltung sowie die Überwindung von Sprachbarrieren
- Optimierung des Betriebs, wie z. B. unser Pilotprojekt zum autonomen Fahren oder aber auch Predictive Maintainance in der Werkstatt
- Vernetzung von Mobilitätsangeboten (z. B. Einbindung von KI in unserer Mobilitätsplattform)

Außerdem möchten wir Prozesse in der Verwaltung auch einfacher gestalten und optimieren. Hier wollen wir ein RheinbahnGPT umsetzen.

Ein zukunftsorientiertes Nahverkehrsunternehmen wie die Rheinbahn steht heute vor der Aufgabe, technologische Entwicklungen nicht nur zu begleiten, sondern aktiv mitzugestalten. Deshalb haben wir uns entschieden, im Rahmen der XPONENTIAL EUROPE 2025 – einer internationalen Messe für Robotik und autonome Technologien – ein wegweisendes Pilotprojekt zum autonomen Fahren umzusetzen.

Im Zentrum dieses Projekts steht der Einsatz eines autonomen Shuttles mit Level-4-Erprobungsgenehmigung, ausgestattet mit modernster Technik von ZF Mobility

Solutions. Das elektrisch betriebene, barrierefreie Fahrzeug bietet Platz für zehn Personen und wird auf dem Düsseldorfer Messegelände über eine 1,5 Kilometer lange Strecke getestet.

Künstliche Intelligenz spielt bei diesem Projekt eine zentrale Rolle. Ohne KI wäre autonomes Fahren in dieser Form nicht denkbar. Sie ist das „Gehirn" des Fahrzeugs – sie verarbeitet in Echtzeit enorme Mengen an Sensordaten, erkennt Muster, analysiert Verkehrsströme und trifft binnen Millisekunden Entscheidungen, um sicher und effizient auf jede Situation zu reagieren. Ob Fußgänger, Ampelphasen oder Wetterbedingungen: Die KI lernt kontinuierlich dazu und passt sich an – ganz ohne menschliches Eingreifen.

KI ermöglicht es dem Fahrzeug nicht nur, sicher zu navigieren, sondern auch, optimale Routen zu wählen, den Energieverbrauch zu minimieren und individuelle Fahrbedarfe zu erkennen – etwa für barrierefreie Mobilität oder On-Demand-Angebote. So wird sie zum Schlüssel für eine intelligente, vernetzte und nachhaltige Mobilität.

Uns war von Beginn an klar: Wenn wir ernsthaft über die Mobilität der Zukunft sprechen, müssen wir Künstliche Intelligenz nicht nur verstehen, sondern konkret erproben. Genau das tun wir jetzt – gemeinsam mit Partnern aus Industrie, Stadt und Gesellschaft. Unser Motto dabei: „R(h)ein in die Zukunft". Denn nur durch aktives Machen und Lernen kommen wir voran – technologisch wie gesellschaftlich.

„R(h)ein in die Zukunft" – genau so haben wir unser großes Projekt genannt, welches wir in 2024 gestartet haben, um das Unternehmen in die Zukunft zu führen. Hier werden wir auch die Digitalisierungsstrategie und die KI-Strategie andocken. Gesteuert wird das Projekt durch unsere Inhouse-Beratung. Gleichzeitig arbeiten wir an einem Digitalisierung- und KI-Befähigungskonzept für unsere Mitarbeitenden. Dazu später mehr. Wir wollen entsprechende Multiplikatoren fit machen, die Themen in der Organisation zu verbreiten. Zudem werden wir die Use Cases so aufsetzen, dass wir in interdisziplinären Teams die Themen agil am Rande der Organisation erarbeiten und testen und diese erst dann in die Linienorganisation überführen, wenn sie entsprechend reif dafür sind.

Wie wurde die Kommunikation mit Kunden, Mitarbeitenden und Stakeholdern gestaltet?
Wir informieren Mitarbeitende über einzelne Schritte im Rahmen der Transformation. Auch bei den Use Cases ist geplant, dass wir unsere Kunden bei der Entwicklung miteinbinden. Eine Kommunikation an die Stakeholder wird gerade erstellt. Wir stehen aktuell am Beginn der KI-Transformation.

Wie wird das Thema KI-Kompetenz in Eurem Unternehmen betrachtet?
KI-Kompetenz und Befähigung sind wie auch bei anderen Unternehmensbedürfnissen von hoher Relevanz. Eine kompetente Betrachtung von KI erfordert technisches Wissen, kritisches Denken und gesellschaftliche Verantwortung. Wer KI erfolgreich nutzen will, muss sie nicht nur verstehen, sondern auch aktiv gestalten – mit einem klaren Blick für Chancen, Risiken und den menschlichen Faktor. Die ganzheitliche Perspektive auf technische Möglichkeiten und den Nutzen sowie ethische, wirtschaftliche und gesellschaftliche Auswirkungen dürfen wir dabei nie aus dem Blick verlieren.

Entscheidender wird sein, dass wir uns weiterbilden, zukunftsrelevante Fähigkeiten entwickeln und aktiv mit der digitalen Transformation wachsen. „Die Digitalisierung wartet auf niemanden – aber wir müssen sicherstellen, dass niemand zurückbleibt." Als Rheinbahn übernehmen wir

Verantwortung und investieren nicht nur in nachhaltige Mobilität, sondern auch in digitale Bildung.

Wir bieten bereits viele Bildungsangebote mit unserer Busschule oder Schule für Seniorinnen und Senioren an. Ich bin sehr stolz, dass wir nun den nächsten sinnvollen Baustein mit einem digitalen Bildungsangebot ergänzen. Mit unserer Digitalakademie wollen wir Mitarbeitende, aber auch Bürgerinnen und Bürger befähigen, digitale Angebote sicher zu nutzen. Wir bauen Barrieren ab, nehmen Ängste und sorgen dafür, dass niemand ausgeschlossen wird. So machen wir digitale Mobilität für alle zugänglich, gewinnen Multiplikatoren und gestalten gemeinsam die Zukunft. Um dieses Vorhaben zu forcieren, haben wir einen Letter of Intent der Staatskanzlei NRW unterzeichnet, in dem wir zusichern zu prüfen, wie wir Senioren und Offliner digital inspirieren und fit machen können.

Unsere Akademie basiert auf zwei zentralen Säulen:

1. Säule – Wir fangen bei uns selbst an: All unsere Mitarbeitenden (vom Busfahrer bis zum Vorstand) erhalten maßgeschneiderte Schulungen, die flexibel in den Arbeitsalltag integriert werden können. Ziel ist es, digitale Fähigkeiten zu stärken und so die Mobilität von morgen aktiv mitzugestalten. Vermittelt werden soll die Bedeutung und der Nutzen von technischen Innovationen, der Umgang mit digitalen Tools, Methoden, wie man dieses Wissen an andere weitergibt sowie Bewusstsein für und mit dem Umgang mit digitalen Barrieren. Warum? Wir möchten, dass unsere Mitarbeitenden nicht nur digitale Kompetenz besitzen, sondern diese auch weitergeben können.

2. Säule – wir begleiten unsere Kundinnen und Kunden auf ihrem digitalen Weg: mit praxisnahen Lernangeboten, digitalen Sprechstunden und Kooperationen mit Volks-

hochschulen. Niemand soll den Anschluss verlieren – unser Ansatz ist inklusiv, unabhängig von Alter oder technischem Vorwissen.

Ein besonderes Augenmerk liegt auf unserem „Train-the-Trainer"-Programm. Hier bilden wir Multiplikatoren aus, die ihr Wissen sowohl intern als auch extern weitergeben, um ein nachhaltiges Netzwerk digitaler Kompetenz zu schaffen. Mit der Rheinbahn Digital Akademie verbinden wir Technologie und Zugänglichkeit. Wir sehen die Digitalisierung als Chance, die Mobilität zu einer Brücke für gesellschaftliche Teilhabe zu machen. Unser Ziel ist es, dass der öffentliche Nahverkehr, Mobilität und digitale Bildung selbstverständlich Hand in Hand gehen. So zeigen wir, dass die digitale Transformation nicht nur machbar, sondern eine Bereicherung für uns alle ist.

Welche Stellen werden zukünftig überflüssig? Welche neuen Stellen werden neu entstehen?
Berufsbilder werden sich verändern. Davon bin ich überzeugt. Ich möchte da allerdings nicht von Wegfall sprechen, sondern gezielt von Veränderung. Die Anzahl von Menschen, die wir heute in unserem Unternehmen haben, werden wir auch morgen benötigen. Wir möchten neue Technologien nicht einsetzen, um Menschen zu ersetzen. Wir möchten Sie einsetzen, um unsere Menschen zu unterstützen und Freiräume zu schaffen für Dinge, die nicht von Technologien gelöst werden können.

Welche KI-Tools nutzt Du bereits gerne und welchen Podcast- und Buch-Tipp hättest Du?
Ich nutze gerne ChatGPT, HeadshotPro, NotebookLM, Perplexity und Infography. Und meine Podcast-Empfehlung wäre jeder Podcast mit Prof. Dr. Yasmin Weiß und ihr eigener „Future of Work, Future Skills & AI".

Welche Ängste und Befürchtungen nimmst Du wahr und welche teilst Du?

Wichtig ist aus meiner Sicht, die ethische und gesellschaftliche Verantwortung im Blick zu behalten. Dafür ist es wichtig, Entscheidungen über den KI-Einsatz nachvollziehbar und transparent zu kommunizieren. Das ist wichtig, um das Vertrauen zu neuen Technologien zu schaffen. Vertrauen ist das wertschöpfendste Kapital einer Organisation. Dazu gehört auch, dass Algorithmen fair sind und keine gesellschaftlichen Ungleichheiten verstärken dürfen. Das Bewusstsein darüber, dass Biases – bewusst und unbewusst – heute existieren und somit ebenso in einer KI etabliert sein können, durch diejenigen, die sie entwickeln und anlernen. Deswegen müssen auch KI-Entscheidungen kritisch hinterfragt und beurteilt und Mechanismen zum Debiasing etabliert werden.

Ebenso wichtig ist das Augenmerk auf die Themen Datenschutz & Sicherheit: Der verantwortungsvolle Umgang mit Daten ist eine zentrale Herausforderung, die rechtliche und ethische Standards erfordert. Gerade in unserem Unternehmen, das zur kritischen Infrastruktur gehört, hat dies eine besonders hohe Relevanz.

Von daher ist es wichtig, neue Technologien mit einer gesunden Portion Realismus anzugehen. KI ist weder eine magische Lösung noch eine unaufhaltsame Bedrohung – sie ist ein Werkzeug, das mit Augenmaß eingesetzt werden muss. Dabei ist kritisches und strategisches Denken essenziell: Welche Versprechungen sind realistisch? Wo sind die Grenzen? Welche Folgen hat die Technologie für Arbeitsplätze und Gesellschaft? Fakt ist, sie wird unser Leben und unsere Arbeit grundsätzlich verändern. Da bin ich mir sicher.

Auf welche Zukunftsoption bist Du am meisten gespannt?

Wir stehen erst am Anfang der digitalen Transformation. Ich bin jetzt schon begeistert von den Möglichkeiten und unglaublich neugierig, wo uns die Technologien noch hinführen werden und welche Möglichkeiten und Chancen sie schaffen werden. Ich bin überzeugt, der Einsatz von KI wird den öffentlichen Personennahverkehr revolutionieren! Ich bin gespannt, wie wir mit digitalen und nachhaltigen Lösungen den Nahverkehr so attraktiv machen, dass die Menschen ihn nutzen wollen und nicht müssen. Die Mobilität der Zukunft wird schneller, smarter und autonom – und sie muss auch inklusiver, grüner und lebenswerter sein.

Meine Take-Aways

- **KI als Chance, nicht als Ersatz für Menschen**
  „Automatisierung nimmt uns nicht die Arbeit weg – sie schafft Freiräume." KI soll Mitarbeitende entlasten und ihnen mehr Zeit für kundennahe und sicherheitsrelevante Aufgaben ermöglichen.
- **Transparenz und ethische Verantwortung sind entscheidend**
  „Vertrauen ist das wertvollste Kapital einer Organisation." KI-Entscheidungen müssen nachvollziehbar sein, Biases vermieden und Datenschutzrichtlinien eingehalten werden.
- **Lebenslanges Lernen als Schlüssel für den Wandel**
  Mitarbeitende und Kundinnen und Kunden sollen aktiv in die digitale Transformation eingebunden werden. Neue Technologien erfordern kontinuierliche Weiterbildung und Anpassungsfähigkeit.

- **Von der Schiene zum Code: RheinbahnGPT in Planung**
  KI ist nicht nur für autonomes Fahren oder Predictive Maintenance vorgesehen – das Unternehmen plant sogar ein eigenes „RheinbahnGPT", um Verwaltungsprozesse zu optimieren. Eine Art firmeninterner Chatbot als Schaffner für den digitalen Wandel.
- **KI als Übersetzer: Barrierefreiheit im Nahverkehr neu gedacht**
  Sprachbarrieren sind oft ein unterschätztes Problem im ÖPNV. KI soll nicht nur Kundendienste verbessern, sondern auch Fahrpläne und Informationen in Echtzeit übersetzen – ein smarter Schritt hin zu einem inklusiveren Nahverkehr.
- **Die Zukunft der Mobilität soll nicht nur „smart", sondern auch „sexy" sein**
  Annette Grabbe ist überzeugt: Der ÖPNV muss nicht nur effizienter, sondern auch attraktiver werden, damit Menschen ihn freiwillig nutzen. KI könnte helfen, das Fahrerlebnis intuitiver, nahtloser und – ja – vielleicht sogar ein bisschen cooler zu machen.

6.8 Technik in Bewegung – KI in Mobilität, Sicherheit und Infrastruktur

Im Gespräch mit Dr. Dietmar Schlößer, 02.01.2025
Position: Leiter Digitalisierung und Innovation
Firma: TÜV NORD
Mitarbeitende: 15.000
Studium: Physik

Der TÜV steht für Sicherheit und Zuverlässigkeit – Werte, die auch in der Künstlichen Intelligenz eine zentrale Rolle spielen. Dietmar Schlößer gibt Einblicke, wie der TÜV NORD KI nicht nur prüft, sondern auch zur Optimierung interner Prozesse einsetzt. Er verrät, warum das Wort „Hupe" über den Erfolg einer KI-Anwendung entscheiden kann, wie herausfordernd es ist, die gesamte Belegschaft mitzunehmen und warum kontinuierliche Entwicklung der Schlüssel zum Wandel ist. Außerdem erklärt er, weshalb der Mensch stets am Steuer bleiben muss.

Ich freue mich sehr auf unser Gespräch und mehr zu erfahren über Deine Rolle in Eurem Unternehmen. Wann hast Du erkannt, dass KI eine entscheidende Relevanz für Eure Mitarbeitenden und Euer Unternehmen haben wird?

Sehr gerne. Ich bin seit Juni 2018 bei der TÜV NORD Group für die Bereiche Digitalisierung und Innovation verantwortlich. In dieser Rolle bin ich sehr schnell mit KI in Berührung gekommen – zunächst aus einer Innovationsperspektive und weniger aus der digitalen Transformation heraus.

Schon 2018 war das Thema KI in unserem Unternehmen präsent, stark vorangetrieben durch unseren CEO. Zwei zentrale Fragen standen damals – und stehen bis heute – im Mittelpunkt. Die erste bezieht sich auf die Prüfung von KI-Systemen: Lange bevor der EU AI Act überhaupt ein Thema war, war uns bewusst, dass eine Regulierung kommen würde. Im Bereich Cybersecurity sind wir bereits sehr aktiv, insbesondere mit Common-Criteria-Prüfungen, und haben daher früh darüber nachgedacht, welche Sicherheitsaspekte für KI gelten müssen.

Die zweite Frage betrachtet den internen Einsatz von KI: 2018 war unsere Annahme, dass KI vor allem zur Automatisierung interner Prozesse dienen würde. Damals dachten wir noch nicht an generative KI oder umfassende Anwendungen, sondern primär an Effizienzsteigerungen. Wir sind schließlich kein Big-Tech-Unternehmen wie Google, daher lag unser Fokus auf der Optimierung interner Abläufe.

Gab es ein persönliches Erlebnis mit KI, das Dir einen entscheidenden Impuls gegeben hat?
Ja, definitiv. Ich erinnere mich besonders an den Moment, als DeepL auf den Markt kam. Plötzlich war es möglich, hochwertige Übersetzungen nahezu in Echtzeit zu erhalten – nicht nur einfache Wort-für-Wort-Übersetzungen, sondern wirklich brauchbare, kontextbezogene Ergebnisse. Das hat mir die Augen geöffnet. Es zeigte, wie leistungsfähig KI in einem ganz konkreten Anwendungsfall sein kann. Damals war das noch Deep Learning, also vor der Ära der generativen KI, aber es wurde mir klar, dass KI bald eine zentrale Rolle im beruflichen Alltag vieler Menschen spielen würde.

Wie seid Ihr mit dem Aufkommen von generativer KI umgegangen? Wie habt Ihr sie ins Unternehmen integriert?
Wir haben relativ schnell reagiert und ein TÜV NORD GPT entwickelt. Uns war wichtig, eine sichere Umgebung zu schaffen, in der unsere Mitarbeitenden KI nutzen können, ohne dass sensible Unternehmensdaten nach außen gelangen oder unkontrolliert mittrainiert werden.

Aber die Bereitstellung der Technologie allein reicht nicht aus. Wir haben gelernt, dass die technische Implementierung nur die eine Seite der Medaille ist – die andere ist der Mensch. Ein KI-Tool bringt erst dann einen Mehrwert, wenn die Menschen es verstehen und anwenden können. Deshalb haben wir intensiv in Schulungen und Aufklärung investiert. Denn im Unternehmen gibt es sehr unterschiedliche Wissensstände, und ich würde drei Kategorien benennen: Erstens die KI-Enthusiasten, die sich privat stark mit dem Thema beschäftigen und bereits viel Wissen mitbringen. Zweitens interessierte Mitarbeitende, die zwar von KI gehört haben, aber noch nicht genau wissen, wie sie es in ihren Arbeitsalltag integrieren können. Und drittens skeptische oder unsichere Personen, die eher vorsichtig an neue Technologien herangehen.

Unser Ansatz war es, die Menschen in den Mittelpunkt zu stellen und die Frage zu beantworten: „Wie kann KI uns konkret helfen?" Das ist eine viel komplexere Herausforderung als die reine technische Bereitstellung eines Tools. Wir sehen KI daher nicht als einmaliges Projekt, sondern als kontinuierliche Entwicklung. Die Technologie verändert sich rasant, und wir müssen uns laufend anpassen.

In welcher Reihenfolge habt Ihr das Arbeiten mit dem TÜV NORD GPT angestoßen? Wie habt Ihr Eure Mitarbeitenden motiviert, es zu nutzen?

Anfangs gab es schlicht die Information: „Wir haben jetzt ein eigenes GPT." Doch schnell wurde klar, dass wir aktiver auf die Mitarbeitenden zugehen müssen. Ein zentrales Instrument waren Prompting-Workshops, die wir gezielt angeboten haben. Dabei haben wir Folgendes gelernt:

- Viele Mitarbeitende brauchen eine konkrete Anleitung. Ein unternehmensinternes GPT hat immer eine bestimmte Ausrichtung – es funktioniert in manchen Bereichen besser, in vielen auch schlechter als externe Tools wie ChatGPT. Daher mussten wir erst erklären: Was kann unser GPT? Was nicht?
- Selbst einfache Dinge müssen kommuniziert werden. Wie rufe ich das Tool auf? Wie nutze ich es effizient?

Diese vermeintlich simplen Fragen sind entscheidend, um Hemmschwellen abzubauen.

- Allgemeine Schulungen allein reichen nicht aus. Mitarbeitende haben oft keine Zeit, sich neben ihren Kernaufgaben intensiv mit KI auseinanderzusetzen. Deshalb sind wir gezielt auf die Verantwortlichen in den Business Units zugegangen und haben Workshops mit Führungskräften organisiert.
- Neben den klassischen Workshops haben wir auch kreativere Formate entwickelt, beispielsweise „Prompt-a-thons" – eine Mischung aus Schulung und interaktivem Wettbewerb, die positiven Anklang gefunden haben.

Unser wichtigstes Learning: Sobald eine **Führungskraft** ein KI-Training befürwortet, verändert sich die Dynamik! Plötzlich ist Zeit dafür da, weil das Management den Mehrwert erkennt und aktiv unterstützt.

Viele Unternehmen sagen: „KI kann ja gar nicht so viel lösen." Wie seht Ihr das?
Seit 2018 haben wir gelernt, dass KI nur dann funktioniert, wenn auch die Datenbasis stimmt. Anfangs dachten wir: „Wir haben viele Daten." Doch dann kam die Realität, als wir überprüften, wo diese Daten eigentlich sind, welche Qualität weisen sie auf, wer verantwortet diese und wie machen wir sie verfügbar?

Wir merkten schnell, dass alle Versäumnisse der letzten Jahrzehnte in Sachen Datenmanagement uns nun auf die Füße fallen. Deshalb haben wir eine Datenstrategie entwickelt, die daraufsetzt, dass Business Units ihre eigenen Herausforderungen identifizieren und nun das umgesetzt wird, was tatsächlich gebraucht wird. Datenstrategie und KI-Implementierung entwickeln sich also iterativ mit den echten Bedürfnissen des Unternehmens. So stellen wir sicher, dass KI nicht zur Spielerei wird, sondern gezielt eingesetzt wird, um konkrete Probleme zu lösen.

Oft steht bei Unternehmen die Einführung von KI im Mittelpunkt – Ihr hingegen stellt die Frage nach der eigentlichen Problemlösung. Warum dieser Ansatz?

Das ist ein wichtiger Punkt. Es geht nicht darum, KI um ihrer selbst willen einzuführen, sondern darum, Probleme zu lösen. KI ist nur ein Werkzeug – sie kann helfen, Herausforderungen zu bewältigen, die wir bisher nicht oder nur ineffizient lösen konnten.

Ein zentraler Aspekt ist dabei die Erkenntnis: Wenn sich ein Problem auch ohne KI effizient lösen lässt, dann sollte man es auch ohne KI lösen. Es gibt keinen Grund, zwanghaft eine KI-Lösung zu suchen, wenn eine konventionelle Methode bereits gut funktioniert.

Das klingt banal, aber in der Praxis ist es eine echte Herausforderung. Menschen, die sich intensiv mit KI beschäftigen, sind oft begeistert von den Möglichkeiten – was dazu führen kann, dass plötzlich alles mit KI gelöst werden soll. Hier braucht es eine Balance zwischen technologischem Fortschritt und Pragmatismus. Wir mussten das selbst lernen, oft durch Trial-and-Error.

Hast Du ein konkretes Beispiel aus Eurem Unternehmen, das zeigt, wie KI wirklich sinnvoll eingesetzt wurde?

Ja, ein besonders lehrreicher Use Case stammt aus dem Bereich der Hauptuntersuchung (HU) von Fahrzeugen – also dem klassischen TÜV-Termin und der Zielsetzung, die HU effizienter zu gestalten, um Wartezeiten zu reduzieren.

Ein offensichtlicher Engpass ist bei der HU die Dokumentation der Mängel: Die Prüfingenieure und Prüfingenieurinnen inspizieren das Fahrzeug, mussten sich Notizen machen und dann alle Defekte am Rechner eingeben. Das bedeutet, vom Auto zum Computer gehen, eintippen, möglicherweise Informationen vergessen – ein unnötiger Zeitverlust. Unsere erste Idee war eine KI-gestützte Spracherkennung, sodass die Mängel direkt ins System diktiert werden können. Doch in der Praxis traten verschiedene Herausforderungen auf, z. B. die Lautstärke in Werkstätten. Die Spracherkennung funktioniert schlecht in einer Umgebung mit viel Hintergrundlärm. Oder die schlechte Internetverbindung, denn nicht alle Prüfstellen hatten stabiles WLAN.

Der eigentliche Knackpunkt war jedoch der sogenannte „Mängelkatalog". Darin sind die Defekte in einer Art „Versicherungsdeutsch" formuliert, und eine Hupe muss als „Einrichtung für Schallzeichen" erfasst werden. So spricht kein Mensch, und die Akzeptanz des Systems stand und fiel mit der Sprache. Es war also notwendig, diese Technologie anzupassen. Die KI sollte das Gesagte automatisch in den offiziellen Mängelkatalog „übersetzen". Es war nicht die Technik selbst, sondern die menschenzentrierte Gestaltung, die den Erfolg ausmachte. Technische Lösungen sind nur dann erfolgreich, wenn sie sich an den tatsächlichen Bedürfnissen orientieren und die Menschen sich mit der Lösung wohlfühlen.

Wer hat bei Euch die Einführung des TÜV NORD GPT vorangetrieben?

Unser CEO ist sehr innovationsbegeistert und hat sehr früh die Implementierung eines eigenen GPT angestoßen. Die IT konnte die Technologie bereitstellen, aber das bedeutete noch nicht, dass sie auch genutzt wurde. Die eigentliche Arbeit begann erst danach: Wir haben mit den Business Units gesprochen und wurden konkret. Wofür könnte das GPT genutzt werden, wie sollte es in den Arbeitsalltag integriert werden? Welche einfachen und sinnvollen ersten Schritte gibt es? Wir haben das TÜV NORD

GPT Ende 2023 eingeführt und uns das ganze Jahr 2024 darauf konzentriert, es aktiv im Unternehmen zu verankern.

Wie viele Mitarbeitende habt Ihr bereits in KI geschult?
Das ist schwer genau zu beziffern, weil es verschiedene Schulungsangebote gibt. In meinem Team haben wir eine Mitarbeiterin, die bereits 200 Personen gezielt trainiert hat. Dazu kommen viele weitere Schulungen der TÜV NORD Akademie und Business Units, die sich zusätzlich externe Trainer geholt haben. Insgesamt bewegen wir uns vermutlich schon im vierstelligen Bereich. TÜV NORD hat weltweit über 15.000 Mitarbeitende, davon etwa 10.000 in Deutschland. Unser Ziel ist es, so viele wie möglich mit KI vertraut zu machen.

Wie wird das Thema KI-Kompetenz im Unternehmen vorangetrieben?
Das geschieht auf mehreren Ebenen, z. B. beschäftigt sich mein Team intensiv mit der Frage, wie wir KI-Schulungen gestalten. Ein wichtiger Punkt: Die Herausforderungen liegen nicht in der Technik, sondern in der Anwendung. Mitarbeitende müssen nicht wissen, wie ein Transformer-Modell funktioniert – aber sie müssen lernen, wie sie KI gezielt und sinnvoll einsetzen können, um Probleme zu lösen.

Gibt es bei Euch ein Gremium, das sich mit den Themen KI-Richtlinien, Ethik und Werte befasst?
Ja, wir haben ein Expertengremium für KI-Prüfung, da dieses Thema in vielen Bereichen eine Rolle spielt. Unsere Aufgabe ist es, das Thema Ethik und Werte nicht nur aus regulatorischer Sicht zu betrachten, sondern auch praktikable Prüfverfahren zu entwickeln. Die Herausforderung ist, dass es kaum verbindliche Ethik-Richtlinien gibt.

Im Rahmen des 2023 gegründeten TÜV AI.Lab haben wir die TÜV AI Assessment Matrix, eine strukturierte Übersicht der Prüfdimensionen für KI, erstellt. Dabei haben wir verschiedene Kriterien untersucht, wie etwa Cyber-Sicherheit, Robustheit, Genauigkeit und Bias. Wir erkannten auch, dass der EU AI Act viele technische Aspekte, aber kaum verbindliche ethische Vorgaben regelt. Das zeigt: Jeder spricht über ethische KI – aber konkrete, einheitliche Standards gibt es kaum.

Ein Grund dafür ist, dass ethische Vorstellungen stark variieren – je nach Weltregion, Kultur oder Unternehmen. Wir setzen daher auf einen pragmatischen Ansatz und definieren für uns selbst Grundprinzipien, die eine sichere und menschenzentrierte KI-Nutzung ermöglichen. Ein zentraler Leitgedanke ist dabei, dass KI Menschen unterstützen, aber nicht ersetzen soll.

Wie verändert KI die Arbeit im Unternehmen?
Ich glaube, dass KI jeden Menschen im Unternehmen betreffen wird – in unterschiedlicher Ausprägung. Wichtig ist, KI nicht als Bedrohung zu sehen, sondern als Chance, bestehende Prozesse zu verbessern.

Nehmen wir das Beispiel einer Aufzugswartung. Die Frage, die sich stellt, ist, ob in Zukunft noch jemand physisch einen Aufzug inspizieren muss oder ob eine KI-gestützte Sensorik diese Aufgabe übernimmt. Aus rein technischer Sicht könnte man sagen: Irgendwann braucht es keine Sachverständigen mehr vor Ort. Doch das eigentliche Ziel bleibt gleich, nämlich die Sicherheit von Aufzügen zu gewährleisten. Was sich also verändert, ist die Art der Arbeit, und das bedeutet, dass sich Jobprofile weiterentwickeln, aber nicht verschwinden. Dieser Wandel wird nicht über Nacht kommen. Aber eines ist klar: Wer sich KI verweigert, wird irgendwann Schwierigkeiten haben.

Diejenigen, die KI aktiv nutzen und gestalten, werden ihren Platz in der Arbeitswelt behalten.

Die Sorgen um Jobverluste durch Technologie sind nicht neu. Jede industrielle Revolution hat ähnliche Diskussionen ausgelöst: Als die Dampfmaschine kam, befürchteten viele das Ende menschlicher Arbeit, und beim Aufkommen der Computer gab es Ängste, dass Millionen Arbeitsplätze verschwinden. Heute wissen wir: Berufe haben sich verändert – aber es gab immer genug Arbeit. Diese Erkenntnis gibt mir Optimismus. Die Herausforderung besteht darin, den Wandel bewusst mitzugestalten, anstatt sich ihm zu verweigern.

Welche Ängste nimmst Du bei Menschen im Umgang mit KI wahr?

Die größte Sorge ist Kontrollverlust und mangelndes Verständnis. Diese Unsicherheit führt zu Widerstand. Die beste Strategie dagegen ist Aufklärung und Befähigung. Sobald Menschen verstehen, wie KI funktioniert und wie sie diese selbst nutzen können, schwindet die Angst.

Welche Befürchtungen hast Du persönlich im Zusammenhang mit KI?

Meine größte Sorge ist, dass wir KI nicht zum Wohle der Menschheit einsetzen. Jede bahnbrechende Technologie hat zwei Seiten, wie z. B. die Kernspaltung, sie kann Energie erzeugen – oder Zerstörung bringen. Technologie ist weder gut noch schlecht – es kommt darauf an, was wir daraus machen. Ich frage mich, ob wir als Gesellschaft die Reife haben, KI verantwortungsvoll zu nutzen. Hier braucht es klare Regeln und eine bewusste Steuerung der Entwicklung.

Auf welche Zukunftsoptionen mit KI würdest Du Dich persönlich freuen?

Ich sehe enormes Potenzial im Bereich Nachhaltigkeit und Ressourcenschonung, wie z. B. die Lebensmittelverschwendung: In Deutschland werden ca. ein Drittel der produzierten Lebensmittel weggeworfen. KI könnte helfen, Produktions- und Lieferketten effizienter zu steuern und Verschwendung drastisch zu reduzieren. Das sind für mich echte Zukunftsperspektiven. Die Frage ist: Nutzen wir KI aktiv genug für solche Zwecke?

Welche KI-Tools nutzt Du persönlich gerne?

Es gibt wahrscheinlich viele KI-Tools, die ich nutze, ohne mir dessen immer bewusst zu sein. Momentan begeistert mich besonders Perplexity.ai, weil es Quellenangaben liefert. Natürlich sind auch dort nicht immer alle Informationen korrekt, aber es geht in eine Richtung, die ich für die Zukunft der Suche spannend finde.

Was war für Dich die wichtigste KI-Nachricht des letzten Jahres?

Aus naheliegenden Gründen war es für mich die Verabschiedung des EU AI Acts. Als er schließlich alle Instanzen durchlaufen hatte, war das ein bedeutender Moment – auch mit direkten Auswirkungen auf unsere Arbeit.

Gibt es noch etwas, das Du ergänzen möchtest?

Vielleicht in Bezug auf meine Befürchtungen. Wie Du weißt, bin ich Science-Fiction-Fan. Ich hatte in einer früheren Veranstaltung bereits Isaac Asimov erwähnt, insbesondere seine Spacer-Romane. Darin gibt es eine Menschengruppe, die sich völlig auf Technologie verlässt und alles von KI-gesteuerten Robotern erledigen lässt – sie werden zunehmend unmündig und sterben schließlich aus. Natürlich ist das Fiktion, aber es enthält eine wichtige Warnung: Wir dürfen nicht aus Bequemlichkeit oder Denkfaulheit unsere eigene Handlungsfähigkeit aufgeben. Technologie kann uns unterstützen, aber sie sollte nicht die kontrollierte Entscheidungsfähigkeit des Menschen ersetzen.

Gibt es KI-Filme, die Du empfehlen könntest?

„Her" mit Joaquin Phoenix kannte ich lange nicht, habe ihn aber vor Kurzem gesehen – unglaublich visionär, wenn man bedenkt, dass der Film bereits vor über zehn Jahren veröffentlicht wurde.

In welchen Bereichen wünschst Du Dir Veränderungen in Deutschland?

Ich wünsche mir, dass Deutschland mutiger wird. Wir sind aktuell in einer Übergangszeit, in der sich viele wirtschaftliche und geopolitische Strukturen neu ordnen. Wir brauchen mehr Offenheit, Experimentierfreude und weniger Zögern. Ich hatte für eine interne Präsentation den Titel „Mehr Innovation wagen" gewählt – das würde ich auf KI genauso anwenden.

Welches Motto würdest Du für unser Gespräch wählen?

„Der Mensch bleibt am Steuer." Das drückt genau aus, worum es geht, nämlich, dass Transparenz essenziell ist, damit wir die Kontrolle behalten. Bewusste menschliche Entscheidungen sind der Schlüssel für einen verantwortungsvollen Umgang mit der KI.

Ein wunderbares Schlusswort! Danke sehr!

Meine Take-Aways

- **Technologie ist weder gut noch schlecht – es kommt darauf an, was wir daraus machen**
  Die Verantwortung liegt bei den Menschen, KI verantwortungsbewusst einzusetzen und klare Leitlinien zu

schaffen. Die Gestaltungsmöglichkeiten sind enorm – es braucht bewusste Entscheidungen, um KI sinnvoll zu nutzen.

- **Mehr Innovation wagen!**
  Deutschland braucht mehr Mut in der technologischen Entwicklung. Um im globalen Wettbewerb mitzuhalten, müssen Unternehmen und Politik entschlossener experimentieren und neue Technologien schneller in die Praxis bringen.

- **KI erfordert Regulierung und Sicherheitsstandards**
  Sicherheit, Robustheit und Fairness sind zentrale Prüfkriterien für KI. Doch ethische Fragen müssen ebenfalls berücksichtigt werden. Der EU AI Act stellt neue Anforderungen, aber viele Zuständigkeiten sind noch nicht final geklärt.

- **Ohne hochwertige Daten bleibt KI wirkungslos**
  Viele Unternehmen überschätzen ihre Datenbasis. Erst eine strukturierte Datenstrategie mit klaren Verantwortlichkeiten, guter Qualität und sinnvollem Zugang ermöglicht erfolgreiche KI-Anwendungen. Sonst bleibt KI nur eine Spielerei ohne echten Nutzen.

- **Führungskräfte spielen eine Schlüsselrolle in der KI-Transformation**
  „Sobald eine Führungskraft ein KI-Training befürwortet, verändert sich die Dynamik!" Sobald das Management den Mehrwert erkennt und aktiv unterstützt, wird KI nicht nur als Experiment betrachtet, sondern wirklich genutzt.

- **Wer sich KI verweigert, wird Schwierigkeiten haben – wer sie nutzt, bleibt relevant**
  KI wird Jobprofile verändern, aber nicht zwangsläufig Jobs abschaffen. Entscheidend ist, den Wandel aktiv mitzugestalten und das eigene Mindset anzupassen, um die neuen Möglichkeiten zu nutzen.

- **Wenn sich ein Problem auch ohne KI effizient lösen lässt, dann sollte man es auch ohne KI lösen**
  KI ist ein Werkzeug – kein Selbstzweck. Unternehmen sollten die Technologie gezielt einsetzen, um echte Herausforderungen zu bewältigen, anstatt zwanghaft nach KI-Lösungen zu suchen.
- **Die Hupe entscheidet auch über den Erfolg von KI!**
  Ein leicht verständliches und sympathisches Beispiel zeigt: KI muss lernen, Menschen zu verstehen – nicht umgekehrt. Niemand sagt „Einrichtung für Schallzeichen", sondern einfach „Hupe". Eine KI-Anwendung ist nur dann erfolgreich, wenn sie sich an die Realität der Nutzer anpasst.

6.9 Verantwortung und Wandel – KI im öffentlichen Auftrag

Im Gespräch mit Dr. Stephan Keller (schriftlich), 17.02.2025

- Position: Oberbürgermeister der Landeshauptstadt Düsseldorf
- Mitarbeitende: 12.000
- Studium: Rechtswissenschaften

Die Stadt Düsseldorf treibt die digitale Transformation mit beeindruckender Dynamik voran. Oberbürgermeister Dr. Stephan Keller spricht im Interview über die Notwendigkeit von KI in der modernen Stadtentwicklung und Verwaltung einer Landeshauptstadt. Mit Institutionen wie der Startup-Unit der Wirtschaftsförderung, den Gründerzentren K67 und STARTPLATZ sowie etablierten Formaten wie der Startup-Woche und dem Future Tech Fest setzt Düsseldorf seit Jahren auf Innovation. Jüngster Meilenstein: die XPONENTIAL Europe, eine Leitmesse für autonome Technologien und Robotik, die im Februar erstmals in Düsseldorf stattfand.

Doch wie will der Oberbürgermeister den digitalen Graben überwinden und den demographischen Wandel gestalten? Warum setzt er auf Mut und Vertrauen als Schlüssel für den Wandel? Und welches persönliche Versprechen gibt er seinen Mitarbeitenden und Bürgerinnen und Bürgern? Die Antworten rund um den KI-Zukunftskurs der Landeshauptstadt gibt es hier.

Woher kam für Sie der Impuls, sich mit generativer KI zu befassen?

Die Anregung, sich intensiver mit generativer KI zu beschäftigen, kam in erster Linie aus den vielfältigen Bedürfnissen unserer Stadtgesellschaft. In Gesprächen mit Bürgerinnen und Bürgern, Unternehmen, wissenschaftlichen Einrichtungen und im Austausch mit anderen Kommunen wurde schnell deutlich, dass wir uns auf eine technologische Revolution zubewegen. Der Wunsch nach innovativen, effizienten Lösungen für komplexe Herausforderungen in Bereichen wie Bildung, Bürgerservice und Verwaltungsoptimierung hat uns dazu motiviert, dieses Thema gezielt anzugehen.

Mich persönlich hat neben einer strategischen auch die persönliche Neugier dazu bewegt, mich mit KI zu befassen. Ein prägender Moment war die Entdeckung von KI-gestützten Dialogsystemen, die mich besonders fasziniert haben. Beeindruckt hat mich z. B. die Fähigkeit solcher Tools, Bürgeranfragen in Echtzeit zu verarbeiten und einen interaktiven, mehrsprachigen Bürgerservice bereitzustellen.

Welche Überlegungen haben Sie zu der Einschätzung geführt, dass KI eine Relevanz für Ihre Verwaltung haben wird?

Die Relevanz von Künstlicher Intelligenz für unsere Verwaltung ergibt sich aus den fundamentalen Veränderungen, die unsere Gesellschaft und unsere Arbeitswelt derzeit prägen. Einer der zentralen Faktoren ist der bevorstehende Generationswechsel in der Verwaltung. In den kommenden Jahren werden viele Kolleginnen und Kollegen in den wohlverdienten Ruhestand gehen. Damit verlieren wir nicht nur wertvolle menschliche Arbeitsressourcen, sondern auch eine immense Wissensbasis, die nicht unmittelbar und im gleichen Umfang ersetzt werden kann.

Gleichzeitig stehen wir vor globalen und lokalen Herausforderungen, die eine hohe Flexibilität und Agilität von Verwaltungen erfordern. Krisen wie der Klimawandel, die digitale Transformation und die gestiegenen Anforderungen an Bürgernähe und Effizienz verlangen innovative Lösungen. Hier bietet KI enorme Potenziale.

Mit dem gezielten Einsatz von KI schaffen wir die Möglichkeit, unsere Dienstleistungen nicht nur aufrechtzuerhalten, sondern sie weiter zu optimieren. KI erlaubt es uns, menschliches Personal gezielt dort einzusetzen, wo es wirklich gebraucht wird – in Bereichen, die Empathie, Entscheidungsfähigkeit und Kreativität erfordern. Routineaufgaben und standardisierte Prozesse können hingegen durch KI-Unterstützung effizienter gestaltet werden. In einer dynamischen und wachsenden Stadt wie Düsseldorf ist der Einsatz innovativer Technologien wie KI damit schlussendlich nicht nur eine Option, sondern eine Notwendigkeit, um den Anforderungen der Zukunft gerecht zu werden und unsere Stadt weiterhin lebenswert und zukunftssicher zu gestalten.

Ein weiterer entscheidender Treiber waren zudem der Dialog mit kommunalen Impulsgebern und die strategische

Ausrichtung, die wir in unserer Digitalstrategie festgelegt haben. Diese bietet uns den Handlungsrahmen, um die Potenziale von KI strukturiert und verantwortungsvoll zu erschließen. Nicht zuletzt hat auch die Dynamik auf Bundes- und EU-Ebene unsere Bemühungen verstärkt, generative KI in der Praxis zu etablieren und ihre Chancen für Düsseldorf konsequent zu nutzen.

Könnten Sie bitte die Digitalstrategie der Landeshauptstadt Düsseldorf erläutern?

Die Digitalstrategie 2.0 bildet den zentralen Handlungsrahmen für die digitale Transformation der Stadtverwaltung und der städtischen Dienstleistungen. Die drei übergeordneten Ziele sind erstens eine moderne, bürgernahe Verwaltung – Verwaltungsservices sollen digital, medienbruchfrei und einfach zugänglich sein. Zweitens eine effizientere Arbeitsweise in der Verwaltung – interne Prozesse werden digitalisiert, um die Verwaltung flexibler und leistungsfähiger zu machen. Und drittens die verbesserte Stadtentwicklung als smarte, vernetzte Stadt mit datenbasierten Entscheidungen und Smart-City-Projekten.

Die Digitalstrategie wurde in einem partizipativen Prozess mit über 120 Beteiligten aus Politik und Verwaltung entwickelt und fokussiert sich auf folgende vier zentrale Programme:

- Digitale Infrastruktur – Ausbau von Glasfaser und 5G zur Sicherstellung einer leistungsfähigen Netzinfrastruktur.
- Digitale Services – Verwaltungsleistungen sollen einfach, sicher und vollständig digital nutzbar sein.
- Modernes Arbeiten in der Verwaltung – Digitale Prozesse steigern Effizienz und machen die Verwaltung attraktiver als Arbeitgeberin.

- Smartes Düsseldorf – Vernetzte Datenplattformen und KI-Anwendungen optimieren Stadtentwicklung und Bürgerbeteiligung.

Im Bereich KI verfolgt die Digitalstrategie einen verantwortungsvollen und strukturierten Einsatz. Beispielsweise gibt es einen Aktionsplan „KI in der Verwaltung", der u. a. folgende Maßnahmen umfasst: KI-gestützte Assistenz in der Textverarbeitung, Erprobung von KI in der Wohngeldbearbeitung und KI-Unterstützung in Recruitingprozessen. Die Strategie setzt auf einen kontinuierlichen Evaluationsprozess, um technologische Entwicklungen flexibel zu integrieren.

In welcher Reihenfolge und in welchen Bereichen wird der Einsatz von KI angestoßen?
Künstliche Intelligenz entfaltet ihr volles Potenzial besonders in serviceorientierten Bereichen. Daher konzentrieren wir uns zunächst auf Tätigkeiten und Prozesse, die stark servicegeprägt sind. Dazu gehören die klassischen Bürgerservices, aber auch verwaltungsinterne Abläufe, die von Effizienzsteigerungen durch KI profitieren können.

Derzeit laufen mehrere Projekte parallel: Wir arbeiten an der Einführung eines multilingualen KI-Chatbots, der den Bürgerservice unterstützen und Anfragen schneller und präziser beantworten kann. Außerdem setzen wir KI in der internen Textverarbeitung ein, um beispielsweise umfangreiche Dokumente schneller zu analysieren und zu strukturieren. Auch die automatische Protokollierung von Besprechungen ist ein Bereich, in dem wir KI gezielt einsetzen, um wertvolle Zeit zu sparen und die Qualität der Ergebnisse zu verbessern.

Wie wird dieser Change gestaltet und begleitet?
Der Change-Prozess wird sehr bewusst partizipativ gestaltet. Alle Fachbereiche werden frühzeitig in die Auswahl und Umsetzung der KI-Projekte einbezogen. Der Schlüssel zum Erfolg liegt darin, Vertrauen in die neuen Technologien aufzubauen. Hierfür setzen wir auf umfassende Information und Beratung, um Hemmungen abzubauen und Akzeptanz zu fördern.

Transparenz spielt eine zentrale Rolle: Wir legen offen, wie die KI-Systeme funktionieren, welche Daten sie nutzen und welche Ziele wir verfolgen. Ergänzend bieten wir gezielte Schulungen an, um Mitarbeitende mit den neuen Technologien vertraut zu machen. Ein offenes Feedback-Management stellt sicher, dass Bedenken und Verbesserungsvorschläge jederzeit aufgenommen und berücksichtigt werden.

In welche Richtung, denken Sie, wird sich unsere Arbeit durch KI verändern?
Viele Aufgaben, die wir heute in der Kommunalverwaltung wahrnehmen, werden wir auch in Zukunft weiterhin leisten müssen – und wollen. Was sich jedoch deutlich verändern wird, ist der Schwerpunkt der Aufgabenerledigung. Routineaufgaben wie die Bearbeitung von Formularen, Vollständigkeitsprüfungen oder die Beantwortung standardisierter Anfragen können durch den Einsatz von KI perspektivisch automatisiert werden. Dadurch entsteht Raum für Tätigkeiten, die strategisches Denken, kreative Problemlösungen und menschliche Abwägungen erfordern.

Welche neuen Stellen werden hingegen entstehen?
Neue Tätigkeitsfelder werden gleichzeitig entstehen. Wir sehen einen zunehmenden Bedarf an Fachkräften, die sich mit Datenanalysen, der Entwicklung und Implementierung von KI-Lösungen sowie dem Aufbau und der Pflege

einer nachhaltigen Dateninfrastruktur beschäftigen. Diese neuen Rollen sind essenziell, um sicherzustellen, dass die eingesetzten Technologien effektiv, ethisch und transparent genutzt werden.

Welche Stellen könnten zukünftig überflüssig werden?
Wichtig ist dabei, klarzustellen, dass diese Veränderungen nicht zu einem Verlust von Arbeitsplätzen führen. Im Gegenteil: Wir benötigen auch in Zukunft jede Mitarbeiterin und jeden Mitarbeiter, um gemeinsam die Stadt zu gestalten. KI verstehen wir als Werkzeug, das bestehende Aufgaben erleichtert und ergänzt, nicht als Ersatz für menschliche Arbeit.

Ohne den gezielten Einsatz solcher Technologien wird es jedoch in einigen Jahren schwierig, die steigenden Anforderungen an unsere Verwaltung zu bewältigen. KI ist daher nicht nur eine Unterstützung, sondern eine Notwendigkeit, um unsere Stadt weiterhin effizient, bürgernah und zukunftsorientiert zu gestalten.

Wie wird das Thema KI-Kompetenz betrachtet? Welche Trainingsmaßnahmen sind bei der eigenen Belegschaft angedacht?
Die Entwicklung von KI-Kompetenzen innerhalb der Belegschaft ist für uns ein zentraler Baustein, um die neuen Technologien erfolgreich einzuführen und nachhaltig zu nutzen. Unsere Mitarbeitenden und Führungskräfte werden gezielt für jede neue Anwendung geschult, einschließlich aller KI-basierten Systeme. Dabei legen wir großen Wert darauf, die Trainingsinhalte passgenau auf die jeweiligen Zielgruppen zuzuschneiden.

Für Anwenderinnen und Anwender bieten wir praxisorientierte Schulungen an, die sich auf den direkten Einsatz von KI-Tools im Arbeitsalltag konzentrieren. Diese Schulungen werden ergänzt durch Arbeitsgruppen und Foren, in denen ein kollegialer Austausch zu Best Practices und Herausforderungen stattfindet. Regelmäßige Anwendertreffen fördern den Wissensaufbau und bieten Raum für Feedback, das in die Weiterentwicklung der Anwendungen einfließt. Zusätzlich steht den Mitarbeitenden ein breites Angebot an E-Learning-Modulen zur Verfügung, das jederzeit flexibel genutzt werden kann.

Für Administratoren und IT-Fachkräfte haben wir ein vertieftes Schulungskonzept entwickelt. Hier liegt der Fokus darauf, ein tiefergehendes Verständnis für die Funktionsweise der KI-Anwendungen zu schaffen und technische Fragen kompetent beantworten zu können. Diese Mitarbeitenden spielen eine Schlüsselrolle, da sie als direkte Ansprechpartner fungieren und den operativen Betrieb der Technologien sicherstellen.

Welche Kompetenzen werden Bürgerinnen und Bürger zukünftig mitbringen müssen (auch basierend auf bisherigen Erfahrungen mit Digitalisierungsprojekten der Verwaltung)?

Unser Ziel ist es, die digitalen Angebote der Verwaltung so benutzerfreundlich wie möglich zu gestalten, damit alle Bürgerinnen und Bürger diese nutzen können, unabhängig von ihren Vorkenntnissen. Gleichzeitig ist es hilfreich, wenn grundlegende digitale Kompetenzen vorhanden sind, um mit unseren Online-Services effektiv interagieren zu können.

Um den Zugang zu erleichtern, bieten wir Unterstützung an: Beispielsweise stehen an zentralen Orten der Stadt PC-Terminals bereit, die denjenigen helfen, die zuhause keine technischen Möglichkeiten haben oder sich unsicher im Umgang mit digitalen Diensten fühlen. Eine Erweiterung um Sprachfunktionen wird derzeit im Kontext von barrierefreien Verwaltungsdiensten und KI-gestützter Assistenz geprüft. Aktuell gibt es Assistenzsoftware für barrierefreie Nutzung, die in bestimmten Fällen genutzt werden kann.

Ein entscheidender Vorteil von KI ist ihre Fähigkeit, komplexe Verwaltungsprozesse für die Bürgerinnen und Bürger transparenter und zugänglicher zu machen. Ob durch mehrsprachige Angebote oder die Bereitstellung von Informationen in leichter Sprache – wir nutzen diese Möglichkeiten, um digitale Hürden zu senken.

Gleichzeitig ist jedoch Mut und Vertrauen seitens der Bürgerinnen und Bürger notwendig: Mut, neue Technologien auszuprobieren, und Vertrauen in die Verwaltung, dass ihre Daten sicher sind und die Dienste ihrem Alltag einen echten Mehrwert bringen. Unsere Aufgabe ist es, dieses Vertrauen durch Transparenz, Sicherheit und Nutzerorientierung zu stärken.

In welchen Gremien werden KI-Themen und KI-Richtlinien diskutiert und erarbeitet? Und welche Richtlinien gibt es bereits zu den Themen KI, Technik, Ethik und Werte?

Die Erarbeitung und Diskussion von KI-Themen erfolgt in unserer Verwaltung in interdisziplinären Projektgruppen und Gremien. Diese setzen sich aus Vertretungen des Rechtsbereichs, der Informationssicherheit, des Datenschutzes, der strategischen Steuerung, HR, Personalrat sowie aus Mitarbeitenden des IT-Bereichs zusammen. Diese breite Zusammensetzung gewährleistet, dass fachliche, technische und ethische Perspektiven gleichermaßen berücksichtigt werden.

Darüber hinaus suchen wir aktiv den Austausch mit anderen Kommunen in NRW und bundesweit. Im Rahmen des Projekts zur KI-Strategie wird es einen interkommunalen Austausch geben, um Best Practices zu teilen und gemeinsam Strategien für den ethischen und effektiven Einsatz von KI in der Verwaltung zu entwickeln. Darüber hinaus gibt es Vernetzungen über den Städtetag NRW und digitale Fachkonferenzen und Innovationsforen.

Auf politischer Ebene finden die Diskussionen in den zuständigen Gremien, wie dem Ausschuss für Digitalisierung, Personal und Organisation und dem Rat der Landeshauptstadt Düsseldorf, statt. So können wir zentrale strategische Entscheidungen transparent gestalten und sie durch die politische Legitimation stützen.

Unsere internen Leitlinien, die sich an den neuesten technologischen Entwicklungen orientieren, stehen stets im Einklang mit allen geltenden rechtlichen Vorgaben. Besondere Berücksichtigung finden dabei Datenschutzregelungen sowie ethische Prinzipien, die sowohl durch nationale als auch durch europäische Empfehlungen und Leitlinien gestützt werden. Unser Anspruch ist es, verantwortungsvolle KI-Nutzungen zu fördern, die technisch innovativ, gesellschaftlich verträglich und rechtlich sicher sind.

Welche Bedeutung wird menschliche Arbeit in Zukunft erhalten?

Menschliche Arbeit wird auch in Zukunft eine zentrale Rolle spielen und bleibt unersetzlich, insbesondere in Bereichen, die Empathie, Kreativität und strategisches Denken erfordern. Künstliche Intelligenz sehen wir dabei nicht als Ersatz, sondern als unterstützendes Werkzeug, das die Arbeit erleichtert und Mitarbeitende entlastet. Die Kombination aus technologischem Fortschritt und menschlicher Kompetenz ermöglicht es uns, Herausforderungen effizienter zu bewältigen und gleichzeitig die menschliche Perspektive zu bewahren. Besonders dort, wo Entscheidungen getroffen werden, die direkte Auswirkungen auf andere Menschen haben, ist die menschliche Abwägung unverzichtbar. Ob es sich um komplexe, ethische Fragen oder individuelle Einzelfälle handelt – solche Entscheidungen können und sollen niemals ausschließlich durch KI-Systeme getroffen werden.

Welche Ängste und Befürchtungen der Menschen nehmen Sie wahr und welche teilen Sie?

Die Einführung von KI-Technologien ist für viele mit Unsicherheiten verbunden. Einige Mitarbeitende äußern Sorgen vor Überwachung oder einer fundamentalen Veränderung ihres Arbeitsplatzes, bis hin zur Angst vor Arbeitsplatzverlust. Diese Ängste nehmen wir sehr ernst, denn sie spiegeln die Herausforderung wider, eine Balance zwischen technologischem Fortschritt und menschlichen Bedürfnissen zu finden.

Unsere Antwort darauf ist klar: Transparenz und Aufklärung. Wir möchten, dass die Vorteile von KI für alle erlebbar werden, ohne dass Grundrechte, Arbeitsplätze oder persönliche Freiheiten gefährdet sind. Es ist ein zentrales Versprechen, das ich meinen Mitarbeitenden immer wieder gebe: Niemand wird bei uns aufgrund von KI seinen Arbeitsplatz verlieren, und niemand wird überwacht. KI wird als unterstützendes Werkzeug genutzt, nicht als Ersatz menschlicher Arbeit. Gleichzeitig gibt es ethische Bedenken, die ich voll und ganz teile. Die Frage, wie weit KI-Systeme eingreifen oder Entscheidungen treffen dürfen, ist eine zentrale Herausforderung, die wir aktiv adressieren. Unsere klare Linie lautet: Es gibt Bereiche, in denen menschliche Abwägungen und Entscheidungen unabdingbar sind. In solchen Szenarien darf KI niemals als Ersatz dienen. Stattdessen setzen wir darauf, dass Technologie den Entscheidungsprozess unterstützt, ohne die Verantwortung des Menschen zu verdrängen.

Welche KI-Tools nutzen Sie bereits gerne?

Wir setzen aktuell auf den gezielten Einsatz von Textverarbeitungstools in verschiedenen Fachbereichen, um deren

Potenzial und Anwendungsvielfalt zu erproben. Besonders beeindruckend ist die Geschwindigkeit, mit der ehemals zeitintensive Aufgaben bewältigt werden können. Ob es darum geht, umfangreiche Texte zusammenzufassen, mehrere Dokumente miteinander zu vergleichen oder standardisierte Inhalte zu generieren – die Tools ermöglichen es uns, wertvolle Zeit einzusparen und diese in strategisch wichtigere Aufgaben zu investieren. Diese ersten Schritte mit KI zeigen uns klar, welches enorme Potenzial solche Technologien für die Verwaltung bereithalten.

Hätten Sie einen Podcast-Tipp zum Thema KI?
Der Deutschlandfunk bietet mit dem Podcast *„KI verstehen"* eine spannende und zugleich zugängliche Möglichkeit, sich mit den unterschiedlichsten Facetten der Künstlichen Intelligenz auseinanderzusetzen – von praktischen Anwendungen, beispielsweise im Bereich Kunst und Kreativität, bis hin zu philosophischen und weltpolitischen Fragen, wie der Rolle von KI in der Friedenssicherung.

Das Besondere an diesem Podcast ist seine Verständlichkeit: Auch ohne tiefgehende IT-Kenntnisse kann man den Erläuterungen leicht folgen und ein Gefühl dafür bekommen, wie diese Technologie unser Leben beeinflusst und welche Chancen und Herausforderungen damit verbunden sind.

Auf welche Zukunftsoption durch KI freuen Sie sich am meisten?
Mit KI eröffnen sich für unsere Stadt bislang ungeahnte Möglichkeiten, die weit über das hinausgehen, was wir uns vor wenigen Jahren noch vorstellen konnten. Besonders freue ich mich auf die Chance, hochkomplexe Vorhersagen für die Weiterentwicklung Düsseldorfs zu treffen. Wir werden künftig präziser prognostizieren können, wie sich bestimmte Stadtviertel entwickeln, wie wir Verkehr nachhaltig

und effizient steuern müssen oder wo klimatische Anpassungen erforderlich sind, um die Lebensqualität zu sichern.

Darüber hinaus sehe ich ein enormes Potenzial darin, unsere Verwaltung und Bürgerservices noch bürgerfreundlicher und effizienter zu gestalten. KI kann uns dabei helfen, langwierige Prozesse zu vereinfachen, schnellere Entscheidungen zu ermöglichen und maßgeschneiderte Lösungen für die Bedürfnisse der Stadtgesellschaft bereitzustellen.

Düsseldorf ist eine Stadt, die durch Innovationskraft, Fortschrittlichkeit und die Nähe zu ihren Bürgerinnen und Bürgern geprägt ist. Mein Ziel ist es, eine digitale Verwaltung zu schaffen, die nicht nur die aktuellen Bedürfnisse erfüllt, sondern auch nachhaltig und zukunftsorientiert arbeitet. Eine Verwaltung, die durch den Einsatz moderner Technologien wie KI dazu beiträgt, neue Wege für eine verbesserte Lebensqualität zu eröffnen. Das ist meine Vision für Düsseldorf, und KI wird ein essenzieller Baustein sein, um diese Vision Realität werden zu lassen.

Meine Take-Aways

- **Verantwortung in der digitalen Transformation übernehmen**
  Die Einführung von KI erfordert klare Führung und ein verbindliches Commitment. Führungskräfte sollten Ängste ernst nehmen, Veränderungen transparent gestalten und aktiv für den verantwortungsvollen Einsatz neuer Technologien eintreten.
- **Digitalisierung braucht Mut und Vertrauen**
  Eine erfolgreiche Einführung von KI erfordert neben gezielten Schulungen auch einen offenen Dialog mit Mitarbeitenden und Bürgern, um Akzeptanz und Vertrauen zu schaffen. Es braucht aber auch ein klares

Erwartungsmanagement: Die Menschen müssen auch Mut und Vertrauen mitbringen!

- **KI als Schlüssel zur Bewältigung des demografischen Wandels**
Angesichts der anstehenden Pensionierungswelle kann KI helfen, wertvolles Wissen zu bewahren und operative Aufgaben effizienter zu gestalten. So bleibt mehr Raum für menschliche Fähigkeiten wie Empathie und Urteilsvermögen.

- **Smarter Bürgerservice durch KI**
KI-gestützte Chatbots und Assistenzsysteme ermöglichen einen barrierefreien, mehrsprachigen Bürgerservice – rund um die Uhr, effizient und bürgernah. So kann auch Verwaltung zugänglicher und serviceorientierter gestaltet werden.

- **KI für eine zukunftsorientierte Stadtplanung**
Mit datenbasierten Analysen kann KI helfen, Verkehrsflüsse zu optimieren, klimatische Herausforderungen frühzeitig zu erkennen und Stadtviertel bedarfsgerecht zu entwickeln und nachhaltige und lebenswerte urbane Räume zu schaffen.

- **Ethik bleibt der Maßstab**
KI sollte als unterstützendes Werkzeug verstanden werden, das Entscheidungen erleichtert, aber keine eigenständigen Urteile fällt. Der Mensch bleibt damit der entscheidende Akteur.

- **Führung durch persönliche Überzeugung**
Technologie sollte nicht nur als strategisches Mittel, sondern auch mit echter Neugier und Begeisterung betrachtet werden. Führungskräfte, die sich selbst intensiv mit KI beschäftigen, können Innovationen gezielter vorantreiben und viel überzeugender vermitteln.

- **Das Versprechen des Managements zählt!**
  Ein glaubwürdiges Versprechen, Veränderung mit Augenmaß und sozialer Verantwortung zu steuern, schafft Vertrauen. Wenn Führungspersonen, wie OB Keller, sich sogar persönlich dafür verbürgen, dass KI weder Arbeitsplätze gefährdet noch zur Überwachung genutzt wird, dann hat dies eine besonders starke Wirkung.

6.10 Verantwortung und Wandel – KI im öffentlichen Auftrag

Im Gespräch mit Birgitta Kubsch-von Harten, 27.01.2025

Position: Vorsitzende der Geschäftsführung
Firma: Agentur für Arbeit in Düsseldorf
Mitarbeitende: 1400
Studium: Germanistik, Geschichte und Pädagogik

Birgitta Kubsch-von Harten ist in doppelter Weise gefragt, denn der Gegenstand ihrer Behörde ist die Arbeit und diese berät Menschen und Unternehmen in Düsseldorf zum Thema „Zukunft der Arbeit". Gleichzeitig setzt sie den benötigten Change dafür auch in ihrem Betrieb um. Ein Gespräch über die wachsenden Anforderungen an Qualifizierung, den Umgang mit Ängsten, die ethischen Fragestellungen, aber auch über Chancen im Arbeitsmarkt unter dem Aspekt der Inklusion und Barrierefreiheit. Was sie besonders bei Führungskräften zum Thema Resilienz und Lernen beobachtet und wie die KI als Muse für sie persönlich fungiert, ist in diesem sehr offenen und persönlichen Beitrag zu lesen.

Was hat Dir den Impuls gegeben, Dich intensiv mit generativer KI auseinanderzusetzen?

Für mich war es ein fließender Prozess. Als Bundesagentur für Arbeit haben wir eine Doppelrolle: Einerseits als Arbeitgeberin für unsere eigenen Mitarbeitenden, andererseits haben wir eine als Beratungsinstanz für unsere Kunden. Dazu zählen Schüler und Schülerinnen, die sich mit KI-gestützten Bewerbungen beschäftigen, Unternehmen, die Qualifizierungsfragen haben, oder Arbeitnehmer und Arbeitnehmerinnen, die sich neu orientieren möchten.

Mein persönlicher Aha-Moment war, als ich ChatGPT erstmals selbst ausprobierte. Ich ließ mir aus öffentlich verfügbaren Informationen meinen eigenen Lebenslauf generieren. Das Ergebnis war einerseits überraschend zutreffend – aber es enthielt auch Fehler und Lücken. Das zeigte mir, wie wichtig es ist, sich der Grenzen dieser Technologie bewusst zu sein.

Ich sehe KI als enorme Chance, insbesondere im Hinblick auf den demografischen Wandel. KI kann dazu beitragen, Routinetätigkeiten zu übernehmen, sodass sich unsere Mitarbeitenden auf das Wesentliche konzentrieren können. Ein konkretes Beispiel aus unserer Praxis: Unsere Vermittler und Berater verbringen unzählige Stunden mit der Dokumentation von Gesprächen. KI kann diese Prozesse stark vereinfachen und so mehr Raum für das eigentliche Beratungsgespräch schaffen. Diese Entwicklungen sind vielversprechend, aber es bleibt wichtig, den menschlichen Faktor nicht aus den Augen zu verlieren.

Wie begleitet Ihr Eure Mitarbeitenden auf dieser Reise der digitalen Transformation?

Es gilt zwei zentrale Aspekte zu betrachten: Technische Implementierung und kulturellen Wandel. Denn KI-Veränderungen sind nicht nur eine Frage der Technologie, sondern auch der Haltung. Wir fördern Weiterbildungen und Austauschformate, um Ängste abzubauen und den Mehrwert von KI greifbar zu machen. Unser Ziel ist es, KI als unterstützendes Werkzeug zu etablieren, das den Menschen entlastet, aber nicht ersetzt.

Wie nehmt Ihr 1400 Mitarbeitende am Standort Düsseldorf mit?

Wir setzen auf mehreren Ebenen an. Erstens nutzen wir KI bereits in bestimmten Prozessen. Zum Beispiel in der Familienkasse, wo Studienbescheinigungen zur Kindergeldberechtigung automatisiert geprüft werden. Auch im ärztlichen Dienst gibt es Potenziale, wenn Gutachten durch KI unterstützt und vorstrukturiert werden. Natürlich mit finaler menschlicher Prüfung.

Zweitens arbeiten wir mit digitalen Assistenzsystemen, etwa einem Chatbot auf unserer Webseite. Ein weiteres Beispiel ist die automatisierte Verarbeitung von Stellenangeboten. Arbeitgeber geben Daten ein, und KI analysiert sowie ergänzt sie so, dass sie besser in unser System passen.

Drittens treiben wir das Thema Qualifizierung aktiv voran. Wir haben Online-Lernangebote zur KI-Grundlagenvermittlung und bieten regelmäßig Seminare an. Entscheidend ist aber die Haltung: Neugier und Offenheit sind essenziell. Wir setzen auf praxisnahe Formate, etwa Teambesprechungen, in denen wöchentlich ein Kollege neue KI-Erfahrungen teilt. Zusätzlich haben wir seit zwei Jahren „Digitalks" – sowohl mit externen Partnern als auch als interne Formate. Unser Ansatz ist, das Thema erlebbar zu machen und den Einstieg niedrigschwellig zu gestalten. Wir setzen auf eine Kultur des Ausprobierens: Fehler sind erlaubt – natürlich nicht im Umgang mit sensiblen Daten, aber im Experimentieren mit neuen Technologien.

Wie reagieren Eure Mitarbeitenden auf das Thema KI? Welche Bedenken gibt es?
Die Reaktionen sind so vielfältig wie unsere Belegschaft. Es gibt Kollegen und Kolleginnen, die sich privat intensiv mit Digitalisierung beschäftigen, und andere, die eher vorsichtig sind. Häufige Bedenken betreffen Datenschutz und den Umgang mit persönlichen Daten. Manche sind technisch weniger affin als andere und empfinden KI als größere Herausforderung.

Welche Berufsbilder sind am stärksten von KI betroffen?
Einige Veränderungen betreffen klassische Büroberufe. Früher haben Mitarbeiter Wissen über Jahre aufgebaut und an die nächste Generation weitergegeben. Heute überholt sich Wissen rasant. Das macht strukturierten Wissenstransfer immer wichtiger.

Stark betroffen sind Tätigkeiten, die bislang als hochqualifiziert galten. Ein Beispiel ist die Medizin: KI kann Röntgenbilder analysieren oder Diagnosen vorschlagen. Auch im kreativen Bereich gibt es Umwälzungen. Viele Schauspieler verdienen ihr Geld mit Synchronisation – doch KI kann Stimmen inzwischen täuschend echt imitieren. Das verändert die Branche gegebenenfalls massiv.

Auch technische Berufe wandeln sich. Früher haben technische Zeichner und Zeichnerinnen Konstruktionspläne per Hand erstellt, dann am Computer – jetzt übernehmen KI-gestützte Programme große Teile dieser Arbeit. Grundsätzlich durchzieht KI alle Branchen. Während Automatisierung früher auf bestimmte Bereiche, wie z. B. das produzierende Gewerbe, begrenzt war, wird KI nahezu jeden Beruf verändern.

Welche Berufsbilder sind in Eurer Wahrnehmung durch KI besonders betroffen?

Ein Beispiel sind Produktionsbetriebe, insbesondere im Fahrzeugbau. Maler und Lackierer von Autos erleben gerade einen Wandel, da immer mehr Prozesse auf maschinengesteuertes Lackieren umgestellt werden. Bislang wurde ein Auto von Hand mit einer Lackierpistole besprüht – künftig übernehmen Maschinen diesen Prozess.

Ähnliches sehen wir in der Werbebranche. KI kann mittlerweile komplette Internetauftritte generieren. Texte, Designs und Kampagnen lassen sich mit KI effizienter gestalten. Die Rolle des Menschen verlagert sich: Kreativität bleibt gefragt, aber oft als überwachende oder optimierende Instanz.

Ein weiteres betroffenes Berufsfeld ist der Journalismus. KI kann Texte schreiben und redigieren. Das verändert die Rolle des Journalisten. Abhängig vom Selbstverständnis einer Zeitung oder eines Mediums kann KI die Arbeit der Autorinnen und Autoren stark verändern – vom aktiven Schreiber hin zum Lektor.

Doch nicht jeder fühlt sich mit einem sich verändernden Aufgabenportfolio und neuen Arbeitsweisen wohl. Manche sind betrübt, nachdenklich oder haben Ängste, wie sich ihr Berufsbild weiterentwickeln wird.

Wie geht Ihr vor, wenn Ihr mit diesen Menschen arbeitet?

Der erste Schritt ist immer, diese Sorgen ernst zu nehmen. Die Geschwindigkeit der Veränderungen ist hoch, und während früher vielleicht jemand mit 55 noch sagen konnte, er hangelt sich trotz aller Veränderung bis zur Rente durch, ist das heute schwieriger. Doch es gibt drei verschiedene Optionen: Erstens die Qualifizierung und das Erlernen neuer Kompetenzen, zweitens interne Stellenwechsel und drittens eine ganz bewusste berufliche

Neuorientierung. Wichtig ist es, Ängste abzubauen. Oft entsteht Angst aus Unsicherheit – sobald Menschen sich aktiv mit neuen Themen beschäftigen, nimmt die Angst meist ab. Auch hier beraten und unterstützen wir.

Das klingt nach einer herausfordernden Aufgabe für Eure Berater. Ihr hattet immer schon mit Menschen zu tun, die sich in schwierigen Lebenssituationen befinden. Doch jetzt kommen durch KI und Automatisierung gesellschaftliche Umbrüche hinzu. Wie gehen Eure Mitarbeitenden damit um?

Man muss zwischen zwei Ebenen unterscheiden – unseren eigenen Mitarbeitenden und unseren Kunden. Bei den eigenen Mitarbeitenden liegt es in der Verantwortung der Führungskräfte, sie mitzunehmen. Wir haben ein strukturiertes Beurteilungs- und Aufstiegswesen, in dem Digitalisierung als neue Kompetenz eingeführt wurde. Das setzt ein klares Signal: Wir möchten, dass sich alle mit dem Thema beschäftigen. Aber natürlich muss das individuell geschehen und jeder kann seinen Beitrag im eigenen Arbeitsbereich leisten.

Bei unseren Kunden beobachten wir, dass die Menschen meist mit einer gewissen Verunsicherung zu uns kommen, sei es durch drohende Arbeitslosigkeit oder berufliche Veränderungen. Unsere Aufgabe ist es, Orientierung zu geben. Wir arbeiten mit Testverfahren um herauszufinden, welche neuen Wege möglich sind. Auch unser berufspsychologischer Dienst kann unterstützen, etwa bei der Entscheidung für eine Umschulung. Ein zentraler Punkt ist die Zusammenarbeit innerhalb der Agentur. Unser Arbeitgeberservice hat einen direkten Draht zur Wirtschaft und weiß, welche Qualifikationen gefragt sind. Dieses Wissen fließt in unsere Beratung ein.

Innerhalb eines Jahres fördert die Agentur für Arbeit Düsseldorf Weiterbildungen im Wert von rund 35 Mio.

Euro. Informatik und andere IKT-Themen sind die dritthäufigsten Schulungen. Tendenz steigend.

Du hast Führungskräfte angesprochen – welche Kompetenzen brauchen sie heute?
Drei zentrale Fähigkeiten sind aus meiner Sicht entscheidend. Erstens Resilienz. Gesellschaftliche Umbrüche müssen nicht nur ertragen, sondern idealerweise aktiv mitgestaltet werden. Führungskräfte, die selbst Veränderungen scheuen, können auf Dauer keine Stabilität für ihr Team bieten.

Zweitens Neugier und Offenheit. Wer sich mit neuen Themen nicht auseinandersetzt, wird Probleme haben, Mitarbeitende zu motivieren und die Zukunft mitzugestalten. Und drittens Digitalkompetenz. Es ist unerlässlich, dass jede Führungskraft ein grundlegendes Verständnis für technologische Entwicklungen aufbaut.

Welche Ängste begegnen Euch rund um KI?
Die größte Sorge ist ganz schlicht: „Fällt mein Job weg?" Viele fragen sich, ob ihr Beruf noch eine Zukunft hat oder ob sie sich komplett neu aufstellen müssen. Ein weiteres zentrale Thema ist Ethik – Wie verhindert man Manipulation oder Missbrauch? Wie unterscheide ich zwischen echten und gefälschten Inhalten? Gerade Letzteres beschäftigt viele Menschen. Sie fragen sich: Wie kann ich als Laie überhaupt noch zwischen Wahrheit und Fälschung unterscheiden?

Welche persönlichen Bedenken hast Du in Bezug auf KI?
Ich würde es nicht als Sorge bezeichnen, sondern als eine sensible Haltung. Besonders wichtig ist mir, dass wir als Gesellschaft und Politik Mechanismen entwickeln, um zwischen Wahrheit und Manipulation zu unterscheiden.

Ein Beispiel ist der Umgang mit Bildern und Informationen. Wir müssen lernen, Inhalte kritisch zu hinterfragen und nicht einfach als gegeben hinzunehmen. Das bedeutet auch, sich wieder mehr mit komplexen Themen auseinanderzusetzen, anstatt sich nur auf kurze Zusammenfassungen oder Schlagzeilen zu verlassen.

Wir erleben in öffentlichen Diskussionen oft eine Verkürzung von Debatten. KI könnte das verstärken, wenn wir nicht bewusst dagegen steuern. Es braucht eine Rückkehr zu tiefergehenden Auseinandersetzungen und echten Dialogen.

Ein Thema, das mich interessiert: Entwickelt Ihr innerhalb der Bundesagentur für Arbeit eine ethische Position zu KI? Gibt es ein Gremium, das sich damit befasst?

Ja. Bei sämtlichen Automatisierungsprozessen steht der Mensch bei uns im Mittelpunkt. Wir gestalten Automatisierung „human friendly". Dazu gehören beispielsweise transparente und nachhaltige Vorgehensweisen und eine gelebte Feedbackkultur. Hier vor Ort geht es zudem darum, Wissen zu KI und Digitalisierung zu sammeln und in die Belegschaft zu tragen, das übernehmen unsere „Digiköpfe" – Mitarbeitende, die sich besonders für das Thema interessieren und als Multiplikatoren agieren.

Wie viele Personen sind in diesem Team und wie arbeitet Ihr?

Im operativen Bereich sind bei uns etwa 230 Mitarbeitende beschäftigt. Unser digitales Kernteam besteht aus vier Personen, die sich vertieft mit digitalen Themen befassen. Sie ziehen je nach Bedarf weitere Kolleginnen und Kollegen hinzu.

Die Themen ergeben sich aus internen Impulsen, aber auch aus externen Veranstaltungen. Wenn Mitarbeitende relevante Events besuchen, ist uns daran gelegen, dass sie ihr Wissen in die Organisation tragen. Das geschieht über verschiedene Kanäle – von Teambesprechungen, digitalen Veranstaltungen, über das Social Intranet bis hin zu Führungskräften, die die Informationen weitergeben.

Viele Unternehmen stehen vor der Herausforderung, KI-Kompetenzen aufzubauen. Welche konkreten Empfehlungen würdest Du Organisationen mitgeben?
Zunächst braucht es Schlüsselpersonen, die das Thema aktiv vorantreiben – Menschen, die Digitalisierung als ihre Verantwortung begreifen und für ihren jeweiligen Geschäftsbereich anpassen. Unternehmen sollten daher ein Netzwerk aus Multiplikatoren schaffen, die ihr Wissen in die jeweiligen Teams tragen.

Dann sind Schulungen essenziell. Digitale Lernformate, sogenannte „Learning Nuggets", eignen sich gut für die schnelle Wissensaufnahme. Aber ich halte Präsenzseminare für unverzichtbar – gerade, wenn es um die Haltung zu neuen Technologien geht.

Zusätzlich braucht es enge Zusammenarbeit mit der IT-Abteilung. Bei uns wird die technische Entwicklung zentral über das IT-Systemhaus der Bundesagentur gesteuert. Unternehmen sollten sicherstellen, dass die IT-Abteilung frühzeitig in strategische Überlegungen eingebunden wird.

Welche Schulungsangebote habt ihr für Eure Beraterinnen und Berater in den letzten zwei Jahren bereitgestellt?
Es gibt verschiedene Wege. Neben den Schulungen zum Thema „Veränderung von Berufswelten", wo es darum geht, aktuelle Entwicklungen zu verstehen und in die Beratungspraxis zu übertragen, gibt es auch regelmäßige Gespräche mit Unternehmen, um Veränderungen direkt aus der Praxis zu erfahren. Und natürlich auch System- und

App-Schulungen bezogen auf neue digitale Werkzeuge, die wir für unsere Kunden einführen.

Wie sieht es mit praxisnahen KI-Schulungen aus – beispielsweise zum Thema Prompting oder den Einsatz von KI-Tools?

Für unsere Kundinnen und Kunden gibt es sehr effektive Weiterbildungen und Schulungen. Ich empfehle unser Online-Portal „mein NOW" für die Suche nach der passenden Weiterbildung im Bereich KI. Unser Schulungsangebot für die Mitarbeitenden bauen wir stetig aus: Künstliche Intelligenz, digitale Transformation oder Change Management und Agilität sind beispielsweise im Angebot. Gleichzeitig fördern wir den digitalen Austausch des Wissens in unserem Social Intranet. Es gibt dort eigene Communities rund um KI. So fördern wir den Austausch und sichern durch Digitalisierung gleichzeitig das Wissen. Besonders mit Blick auf demografische Entwicklungen aus meiner Sicht eine Notwendigkeit. Aber sicherlich steckt da vieles noch in den Anfängen und befindet sich im Aufbau.

Das überrascht mich nicht – viele Unternehmen sind an diesem Punkt. Mich interessiert noch Eure Haltung zu ethischen Grundsätzen im Umgang mit KI. Was ist Dir persönlich dabei wichtig?

Ich erhoffe von jedem, der KI nutzt, ein Bewusstsein für die Auswirkungen seiner Handlungen. Wichtig ist die Frage: Wo überlasse ich der KI das Denken – und wo bleibt die menschliche Bewertung unerlässlich? Gerade in der Beratung können wir viele Informationen mithilfe von KI aufbereiten. Aber am Ende muss immer ein Mensch die Entscheidung treffen. Diese Grundhaltung ist für mich essenziell.

Ein Beispiel: Viele Menschen haben Angst, dass eine KI im Bewerbungsprozess über sie entscheidet. Und das ist ein berechtigter Punkt. Eine KI kann sehr objektiv sein – aber sie wird mit Daten gefüttert. Wenn in der Vergangenheit überwiegend Männer in bestimmten Berufen eingestellt wurden, könnte eine KI unbewusst dieses Muster verstärken. Das zeigt, dass KI nicht neutral ist – sie spiegelt nur die Daten wider, mit denen sie trainiert wurde. Das müssen wir kritisch hinterfragen.

Letztlich geht es um eine menschenfreundliche Haltung: KI darf nicht auf Kosten der Menschen gehen, sondern muss einen positiven Beitrag leisten.

Gibt es KI-Tools, die Du privat nutzt?
ChatGPT habe ich an verschiedenen Stellen ausprobiert. Was ich wirklich schätze, sind Podcasts. Ich finde die Plattform „digitaltag.eu" sehr gut – dort gibt es zahlreiche kostenlose Lernangebote zu KI und Digitalisierung. Dahinter steht die Initiative „Digital für alle", ein Zusammenschluss aus Zivilgesellschaft, Wissenschaft und Wirtschaft. Ein Gedanke, den ich wichtig finde: KI-Wissen darf kein Elitenwissen sein. Bildung in diesem Bereich muss allen zugänglich sein – vom Schüler bis zur Führungskraft.

Auf welche Zukunftsoption durch KI freust Du Dich persönlich am meisten?
Ich freue mich darauf, dass KI an vielen Stellen eine Entlastung bringt. Wenn KI Routineaufgaben übernimmt, bleibt mehr Zeit für die Dinge, die menschliche Fähigkeiten erfordern. Generell denke ich, dass KI nicht nur Prozesse optimiert, sondern auch Kreativität fördert. Ganz persönlich reizt mich der Gedanke, mit KI kreative Möglichkeiten zu erkunden – zum Beispiel im Bereich Musik oder Kunst. Ich habe kein ausgeprägtes musisches Talent, aber KI könnte mir helfen, kreative Ideen umzusetzen, ohne technisches Know-how zu benötigen.

Du hast vorhin betont, dass Bildung im KI-Kontext essenziell ist. Wer trägt die Verantwortung dafür, dass die Gesellschaft nicht in Wissen und Nicht-Wissen auseinanderdriftet?

Das beginnt natürlich in der Schule – aber wir dürfen nicht erwarten, dass Schulen allein diese Aufgabe stemmen. Bildung ist ein gesamtgesellschaftliches Thema, das Politik, Wissenschaft und Wirtschaft gleichermaßen betrifft. Universitäten, ethische Kommissionen und auch Unternehmen haben eine Verantwortung. Arbeitgeber müssen ihre Mitarbeitenden auf diese Veränderungen vorbereiten, und jeder Einzelne trägt letztlich die Verantwortung, sich mit neuen Entwicklungen auseinanderzusetzen. Bildung kann nur funktionieren, wenn sie auch angenommen wird.

Es gibt Stimmen, die davor warnen, dass KI so viele Tätigkeiten rationalisieren könnte, dass sie eine Massenarbeitslosigkeit befürchten – wie seht Ihr das?

Auch in der Vergangenheit gab es Ängste, dass neue Technologien Arbeitsplätze vernichten. Meistens haben sich Tätigkeiten jedoch eher verändert, als dass sie komplett verschwunden sind. Neu ist die Breite der betroffenen Branchen. Aber statt in eine Schockstarre zu verfallen, sollten wir uns darauf konzentrieren, Qualifikationen anzubieten und eine zukunftsorientierte Haltung zu entwickeln. Dann werden wir auch diesen Wandel bewältigen.

Du hast gerade über Chancen durch KI gesprochen. Welche siehst Du konkret?

Ein Bereich, der mir besonders am Herzen liegt, ist Barrierefreiheit. KI kann Menschen mit Einschränkungen neue berufliche Möglichkeiten eröffnen. Das betrifft nicht nur körperliche Barrieren – KI kann zum Beispiel Menschen mit Lernbehinderungen durch Augmented Reality unterstützen oder Sprachbarrieren überwinden. Gerade in Zeiten des Fachkräftemangels sollten wir solche Chancen viel stärker in den Fokus rücken. KI kann dabei helfen, Inklusion zu fördern und mehr Menschen in den Arbeitsmarkt einzubinden.

Absolut! KI kann für Menschen, die nicht gut lesen oder schreiben können, ein echter Gamechanger sein. Das sollte noch viel mehr betont werden. Welches Motto würdest Du für unser Gespräch auswählen?
„Der Mensch steht im Mittelpunkt" – das ist für mich die zentrale Botschaft im Umgang mit KI.

Perfekt! Vielen Dank für das Gespräch – es war unglaublich spannend und erkenntnisreich.

Meine Take-Aways

- **KI verändert die Arbeitswelt branchenübergreifend**
  Während frühere Automatisierungswellen oft spezifische Berufsfelder betrafen, durchdringt KI nahezu alle Branchen und besonders klassische Büroberufe, kreative Branchen (z. B. Journalismus, Synchronisation) und selbst technische Berufe.
- **Neue Kompetenzen und ein kultureller Wandel sind entscheidend**
  Der Wandel bedeutet nicht zwangsläufig Jobverluste, sondern vielmehr veränderte Anforderungen. Unternehmen und Beschäftigte müssen sich auf lebenslanges Lernen und kontinuierliche Qualifizierung einstellen.
- **Neugier als zentrale Kompetenz für Führungskräfte**
  Führungskräfte müssen laut Kubsch-von Harten heute vor allem drei Dinge mitbringen: **Resilienz, Neugier und Digitalkompetenz.** Führungskräfte müssen lernen, mit Unsicherheiten umzugehen, Veränderungen

aktiv mitzugestalten und KI als Werkzeug zu begreifen, welches sie unterstützt – nicht ersetzt. Wer sich nicht aktiv mit neuen Technologien auseinandersetzt, wird Schwierigkeiten haben, sein Team zu motivieren und durch den Wandel zu führen.

- **Der Mensch bleibt in der Verantwortung**
  KI kann Prozesse optimieren, aber die finale Bewertung und Entscheidung sollten immer beim Menschen liegen – insbesondere in sensiblen Bereichen wie Recruiting oder Beratung.
- **Bildung und Chancengleichheit sind essenziell**
  Der Zugang zu KI-Wissen darf kein Privileg sein. Schulen, Universitäten, Unternehmen und die Politik müssen sicherstellen, dass niemand aufgrund mangelnder Digitalkompetenzen abgehängt wird.
- **Ethische Fragen und KI**
  KI ist nicht neutral – sie spiegelt die Daten wider, mit denen sie trainiert wurde. Ethische Fragen rund um Manipulation, Diskriminierung und Wahrheitssicherung müssen aktiv diskutiert werden.
- **KI kann Inklusion und Barrierefreiheit fördern**
  Von Sprach-KI für Analphabeten bis hin zu Augmented Reality für Menschen mit Lernschwierigkeiten – KI bietet enormes Potenzial, um den Arbeitsmarkt für mehr Menschen zugänglich zu machen.
- **KI als kreative Muse**
  Ein besonders sympathisches Take-Away. Wenn Führungskräfte KI nicht nur als Effizienzwerkzeug, sondern auch als Muse für die eigene Erweiterung der musischen Kompetenzen verstehen – sei es in Musik, Kunst oder Textgestaltung. KI auch als kreative Spielwiese. Vielleicht sollten wir uns alle ein bisschen mehr trauen, mit KI zu experimentieren – einfach aus Neugier und Freude am Neuen!

6.11 Verantwortung und Wandel – KI im öffentlichen Auftrag

Im Gespräch mit Dr. Felix Krämer, 07.01.2025

Position: Generaldirektor und künstlerischer Leiter
Institution: Stiftung Museum Kunstpalast
Mitarbeitende: 100
Studium: Kunstgeschichte, Klass. Archäologie, Volkskunde

Künstliche Intelligenz durchdringt nahezu alle Lebens- und Arbeitsbereiche, sogar Museen. Felix Krämer gibt im folgenden Interview spannende Einblicke, wie KI den Museumsalltag beeinflusst. Von digitalen Inventarisierungstools bis hin zur Frage, ob KI den persönlichen Kontakt zu Künstlern und Künstlerinnen ersetzen kann, beleuchtet er die Balance zwischen technologischen Chancen und kultureller Verantwortung. Dabei wird deutlich: Während KI im Hintergrund Prozesse optimiert, bleibt das physische Museumserlebnis unersetzlich. Denn die Authentizität des Ortes wird als der entscheidende Faktor bestimmt. Es bleiben viele ethischen Fragen, die der KI-Einsatz aufwirft, aber das Gesamturteil zur KI bleibt ein positives, in dem die Chancen überwiegen.

Lieber Herr Dr. Krämer, ich freue mich sehr, dass dieses Gespräch heute zustande kommt. Besonders gespannt bin ich auf Ihre Perspektive als Direktor des Museums Kunstpalast. Sie leiten nicht nur eine Institution mit eigenen Mitarbeitern, sondern haben auch einen öffentlichen Bildungsauftrag und kümmerten sich im Jahr 2024 um mehr als 500.000 Besucher und

Besucherinnen. Mich interessiert, was Sie dazu bewogen hat, sich mit generativer KI auseinanderzusetzen.

Meine Beschäftigung mit KI ist bislang eher oberflächlicher Natur. In meiner Funktion als Direktor eines Museums muss ich mich mit vielen Themen auseinandersetzen, aber meist aus einer übergeordneten Perspektive.

Als Kunsthistoriker interessiere ich mich besonders für bildgebende Verfahren und alles, was mit Wahrnehmung zu tun hat. Die Entwicklungen im Bereich der Künstlichen Intelligenz sind dabei faszinierend – vor allem, wenn man sieht, wie schwierig es mittlerweile geworden ist, zwischen klassischen Fotografien und KI-generierten Bildern zu unterscheiden.

Doch schon der Begriff „klassisch" ist schwer greifbar: Ist ein Foto, das mit einer Digitalkamera aufgenommen wurde, wirklich klassisch? Auch digitale Fotografie bildet die Wirklichkeit nicht einfach ab, sondern konstruiert sie. Und eigentlich war Fotografie schon immer eine Form der Interpretation – genau wie das Sehen selbst, das kein passiver Akt ist, sondern immer auch ein kreativer Prozess.

Diese neuen Möglichkeiten, sogar Bewegtbilder auf Knopfdruck zu generieren, werden unsere Wahrnehmung nachhaltig beeinflussen. Die Diskussion greift auch die Frage auf, was die Kopie mit dem Original macht. Wie verändert sich die Wahrnehmung und die Bedeutung des Originals durch die Kopie? Eine mehrschichtige Perspektive sozusagen.

Die Deepfakes, die besonders im politischen Kontext wie den US-Wahlen auftauchen, zeigen, wie stark die Grenzen zwischen Realität und digitaler Manipulation verschwimmen. Was das langfristig für unser Verständnis von Originalität und Authentizität bedeutet, können wir heute jedoch noch gar nicht absehen.

Dennoch glaube ich fest daran, dass die Authentizität des physischen Ortes – gerade im Museum – in Zeiten digitaler Reproduzierbarkeit sogar noch wichtiger wird. Der Raum selbst, seine Atmosphäre und die direkte Begegnung mit dem Original schaffen ein Erlebnis, das digitale Technologien nicht vollständig ersetzen können.

KI im Kontext von Kunst und Wahrnehmung: Welche Zukunft sehen Sie für Museen in Zeiten der digitalen Reproduzierbarkeit?

Immer wieder werde ich gefragt, ob Museen angesichts der fortschreitenden Digitalisierung überhaupt noch eine Zukunft haben. Ich bin an dieser Stelle ein Optimist: Ich glaube, dass die Authentizität des Ortes durch die Möglichkeiten der digitalen Reproduktion nicht an Bedeutung verliert, sondern sogar noch wichtiger wird.

Natürlich werden zukünftige Technologien immer ausgefeilter darin, reale Erlebnisse zu simulieren – sei es durch visuelle Darstellungen, haptische Effekte oder sogar Geruch und Temperatur. Dennoch bleibt der physische Raum ein entscheidender Faktor für das Erlebnis. Ein Museum vermittelt nicht nur Inhalte, sondern bietet auch eine einzigartige Atmosphäre, die sich nicht vollständig digital reproduzieren lässt.

VR- und AR-Technologien werden in Museen bereits eingesetzt, allerdings oft in begrenztem Rahmen. Museen arbeiten traditionell mit knappen Budgets, sodass sie nicht mit großen Tech-Unternehmen konkurrieren können. Wir haben das Glück, mit der ERGO als Digitalpartner zusammenzuarbeiten, die uns mit ihrem Know-how und ihren Ressourcen unterstützen. Trotzdem bleiben VR-Lösungen im Museumsbereich oft rudimentär im Vergleich zu dem, was Unternehmen auf Messen präsentieren können. Dafür haben Museen andere Vorteile: Sie müssen nichts verkaufen, können experimenteller arbeiten und kreative Lösungen entwickeln, ohne den kommerziellen Druck, der in der Wirtschaft vorherrscht.

Welche Rolle spielt KI in der Organisation und Verwaltung des Museums?

Nun, wir setzen KI auch organisatorisch ein. Mit rund 100 Mitarbeitern gibt es viele Prozesse, die durch KI unterstützt werden können. Ein Beispiel ist unser Besucherbüro: Eine KI-basierte Lösung hilft bei Anfragen zu Führungen, verfügbaren Plätzen, Gastronomieoptionen oder Haustierregelungen. Eine KI-gestützte Telefonhotline kann bereits viele Fragen effizient beantworten.

Ein weiteres, für Museen besonders relevantes Einsatzgebiet ist die Inventarisierung unserer grafischen Sammlung. Wir verwalten etwa 90.000 Werke, und die Katalogisierung dieser Blätter ist eine enorme Herausforderung. Unsere Inventarbücher stammen teilweise aus dem 19. und frühen 20. Jahrhundert. Sie enthalten verschiedene Handschriften, Durchstreichungen, Pfeile und Vermerke, die eine maschinelle Texterkennung (OCR) an ihre Grenzen bringen. Vor einigen Jahren wurde uns von Experten noch gesagt, dass eine automatisierte Erfassung dieser Bücher nicht möglich sei. Doch mittlerweile arbeiten wir mit einem Kölner Unternehmen zusammen, das KI-gestützte Lösungen für genau diese Problematik entwickelt.

Die KI hilft dabei, Informationen aus den Inventarbüchern nicht nur zu digitalisieren, sondern auch sinnvoll zu verknüpfen und durchsuchbar zu machen. Zum Beispiel kann die KI verschiedene Künstler mit dem Namen „Schneider" anhand weiterer Informationen wie Lebensdaten korrekt zuordnen. Ohne KI wäre diese Arbeit eine jahrelange Aufgabe mit enormen Kosten.

Auch in anderen Bereichen wird KI in Zukunft eine Rolle spielen, etwa bei der Ressourcenplanung für unser Personal. Die Einteilung der Aufsichten im Museum ist eine komplexe Aufgabe, da verschiedene Mitarbeiter unterschiedliche Verfügbarkeiten und Qualifikationen haben. Hier kann eine KI helfen, Schichtpläne zu optimieren und auf Änderungen flexibel zu reagieren.

Wie sehr kann KI im kuratorischen Bereich menschliche Arbeit bereits ersetzen?

KI ist für uns eine große Hilfe, besonders wenn es darum geht, den Überblick über unsere Sammlung zu behalten. Dennoch halte ich wenig von der Vorstellung, dass KI „alles für uns erledigt". Das ist eine häufige Darstellung in den Medien, aber die Realität sieht anders aus.

Die Arbeit an Ausstellungen zum Beispiel ist ein komplexer Prozess. Es geht nicht nur um Recherche und Themenfindung, sondern auch um das Zusammentragen passender Werke – oft in enger Abstimmung mit anderen Institutionen. Dabei spielen Erfahrung, persönliche Kontakte und ein tiefes Verständnis für das jeweilige Thema eine entscheidende Rolle. Ebenso ist Vertrauen essenziell: Leihgaben erhält man nur, wenn man als Institution und Kurator als kompetent und zuverlässig wahrgenommen wird.

Hier zeigt sich, dass der menschliche Faktor unverzichtbar bleibt. Auch wenn digitale Kommunikationstools wie Zoom viel ermöglichen, ersetzt das nicht den persönlichen Kontakt. Ich war kürzlich in Addis Abeba, um einen Künstler zu treffen. Natürlich könnte man sich fragen, ob eine Videokonferenz nicht genügt hätte – gerade im Hinblick auf Nachhaltigkeit und CO_2-Emissionen. Doch solche Begegnungen lassen sich nicht vollständig digital abbilden. Ein Gespräch von Angesicht zu Angesicht hat eine ganz andere Qualität – da wird eben ein Vertrauensfundament gelegt.

Welche Chancen und welche Risiken der KI nehmen Sie wahr?

In der öffentlichen Debatte über KI gibt es oft eine gewisse Alarmstimmung. Ich sehe das differenzierter: Natürlich birgt jede neue Technologie Risiken, aber sie bietet auch immense Chancen.

Die eigentliche Frage ist nicht, *ob* KI eine größere Rolle spielen wird – das ist unausweichlich –, sondern *wie* wir mit ihr umgehen. Kritisch wird es dort, wo Prozesse vollständig automatisiert werden, ohne dass der Mensch noch eingreifen kann. Denn KI besitzt noch kein kritisches Bewusstsein, keine Ethik und – wenn man es philosophisch ausdrücken will – keine „Seele".

Unsere ethischen Maßstäbe sind zudem nicht statisch, sondern verändern sich ständig. Ein Beispiel ist die politische Landschaft in den USA: Früher wäre es ein Skandal gewesen, wenn ein Präsidentschaftskandidat nachweislich Tausende Male gelogen hätte. Heute scheint das keine Konsequenzen zu haben. Werte und Normen befinden sich in einem kontinuierlichen Aushandlungsprozess – und das gilt auch für den Umgang mit KI.

Bleiben wir bei konkreten Anwendungsbeispielen – nutzen Sie bereits KI-Tools wie ChatGPT in Ihrer Arbeit?

Ja, wir arbeiten durchaus mit solchen Programmen, insbesondere wenn es um die Erstellung von Texten geht. Allerdings haben wir festgestellt, dass die Ergebnisse für unsere Zwecke oft nicht ausreichen.

ChatGPT kann bestehendes Wissen hervorragend zusammenfassen – wenn ich einen kurzen Text über die *Mona Lisa* brauche, funktioniert das wunderbar. Aber in unserem Bereich geht es oft um Kunstwerke, zu denen es kaum bestehende Texte gibt. Hier gerät die KI an ihre Grenzen.

Gute kunsthistorische Texte sind präzise, objektorientiert und liefern neue Erkenntnisse. Sie erfordern eine tiefe Auseinandersetzung mit historischen Quellen und den Originalwerken – das kann eine KI derzeit nicht leisten. Sie verarbeitet bestehendes Wissen, generiert aber nichts grundlegend Neues.

Daher nutzen wir KI eher zur Inspiration oder für erste Entwürfe, nicht jedoch als Ersatz für fundierte kunsthistorische Analysen.

Könnten hier für die Websuche spezialisierte KI-Tools wie z. B. Perplexity helfen?
Vielleicht, besonders die Möglichkeit, Quellenangaben direkt nachzuvollziehen, klingt spannend. Allerdings bleibt das Problem, dass viele relevante kunsthistorische Publikationen nicht digital erfasst sind. Spezialisierte Fachliteratur oder historische Bibliotheken sind oft nicht über solche Systeme zugänglich. Das könnte sich in Zukunft ändern, aber momentan ist das noch eine Herausforderung.

Ein weiteres Tool allerdings, das wir regelmäßig nutzen, ist DeepL für Übersetzungen. Gerade für Deutsch-Englisch funktioniert das mittlerweile sehr gut, kann ich aus der Sicht eines Englisch-Muttersprachlers sagen. Trotzdem muss man immer noch manuell nacharbeiten, denn eine KI kann zwar grammatikalisch korrekte Texte erstellen, aber sie trifft nicht immer den richtigen Ton. Manchmal fehlt einfach das „Menschliche".

Wie stehen Ihre Mitarbeitende zu dem Thema KI? Eher skeptisch oder offen? Was bekommen Sie mit?
Tatsächlich bekomme ich an dieser Stelle wenig mit. Ich würde sogar sagen, es gibt wenig Diskussion darüber. Das liegt aber auch an der besonderen Struktur eines Museums. Menschen, die in Museen arbeiten, sind oft eher konservativer eingestellt. Museen sind per Definition

bewahrende Institutionen, die sich mit der Vergangenheit beschäftigen. Das bringt eine gewisse Skepsis gegenüber technologischen Neuerungen mit sich.

Dazu kommt, dass sich Zeitdimensionen im Museumsbereich völlig anders anfühlen als in anderen Branchen. In der Medienwelt ist ein Jahr eine Ewigkeit – wir planen Ausstellungen oft vier bis fünf Jahre im Voraus. Da erscheinen kurzfristige technologische Entwicklungen manchmal weniger dringlich.

Natürlich nutzen wir KI in einigen Bereichen, etwa für Augmented-Reality-Anwendungen oder Social Media. Aber in handwerklichen oder technischen Berufen – wie bei unseren Tischlern oder Restauratoren – spielt KI derzeit noch kaum eine Rolle.

Welche Auswirkungen wird KI langfristig auf die Beschäftigung von Menschen im Museum haben?
Ich glaube nicht, dass es hier um das Ersetzen von Stellen geht. Die Arbeit in einem Museum ist in vielen Bereichen praktisch geprägt: KI hängt keine Bilder auf, überprüft nicht den Zustand der Werke in der Sammlung und führt auch keine Besucher durch eine Gerhard-Richter-Ausstellung. Noch nicht.

Vielmehr kann KI dazu beitragen, bestehende Bedarfe besser zu decken, denn viele Museen haben begrenzte personelle Ressourcen, gerade in der Verwaltung und Organisation. KI kann helfen, Prozesse effizienter zu gestalten und Mitarbeitern wieder mehr Raum für kreative und inhaltliche Arbeit zu geben. Langfristig wird KI bestimmte Aufgaben verändern, aber sie wird den Menschen nicht ersetzen. Gerade in kreativen und kulturellen Berufen bleibt der menschliche Faktor essenziell, davon bin ich überzeugt.

Es gibt viele Prozesse, die KI erleichtern kann, etwa bei der Ausstellungsvorbereitung oder der Steuerung von Besucherströmen. Simulationen, die helfen, die Wege der

Besucher zu optimieren, können von KI gestützt werden. Hier sehe ich großes Potenzial.

Auch im Bereich der Audioguides hatte ich gehofft, dass KI individualisierte Führungen ermöglichen könnte – schließlich haben Besucher sehr verschiedenartige Interessen und grundverschiedenes Vorwissen. Doch bislang sind wir von einer breiten Umsetzung weit entfernt. Der Produktionsaufwand für personalisierte Inhalte ist enorm, und die Nutzerzahlen bleiben vergleichsweise gering. Selbst in großen Ausstellungen nutzen nur 10 bis 20 % der Besucher einen Audioguide. Zudem zeigt sich, dass viele Menschen gar keine konkreten Fragen stellen, wenn sie Museen besuchen. Ein KI-gestützter Bot, der auf Fragen reagiert, wäre also nur begrenzt hilfreich.

Wie gehen Sie mit dem Thema KI-Kompetenz in Ihrem Team um? Gibt es Schulungen oder Fortbildungen?
Wir verfolgen einen sehr praxisorientierten Ansatz. Es gibt Gespräche mit den betroffenen Kolleginnen und Kollegen sowie externe Partner, die uns unterstützen. Doch eine allgemeine KI-Schulung für das gesamte Museum wäre zum jetzigen Zeitpunkt nicht sinnvoll, denn die Arbeitsbereiche sind zu unterschiedlich.

Unsere Herangehensweise ist pragmatisch: Wenn wir eine konkrete Herausforderung haben, prüfen wir, ob KI uns dabei helfen kann. Ein Beispiel ist die Inventarisierung unserer Sammlung, wo sich KI bereits als nützlich erwiesen hat. Oder wenn wir eine neue Kampagne planen, wie bei unserer Ausstellung *Palast-Blühen*, für die es im Vorfeld keine Bilder gab. In diesem Fall haben wir KI-gestützte Plakate entwickelt. Das funktioniert aber nicht immer. Für eine Ausstellung zu Gerhard Richter wäre das unsinnig, da es bereits genügend existierende Werke gibt.

Hier stößt man auch schnell auf Fragen des Urheberrechts, das ist ein essenzielles Thema in der Kunstwelt. Die rechtlichen Rahmenbedingungen für KI-generierte Inhalte sind noch nicht abschließend geklärt, weshalb wir hier besonders vorsichtig sind.

Angesichts Ihres öffentlichen Auftrags: Gibt es bei Ihnen Diskussionen über KI-Ethik und Werte?
Grundsätzlich wäre eine Ausstellung zu diesem Thema denkbar, aber derzeit nicht in Planung. Um ein solches Projekt sinnvoll umzusetzen, bräuchte es eine Person mit tiefgehender Expertise in diesem Bereich.

Was den internen Umgang mit KI betrifft, haben wir bislang keine festgelegten Transparenzrichtlinien für Besucher. In einem mittelständischen Museum mit 100 Mitarbeitern gibt es nur eine begrenzte Anzahl von Personen, die direkt mit KI zu tun haben. Wir sind, wie gesagt, kein Tech-Unternehmen oder eine Forschungseinrichtung. Unser Fokus liegt auf der Kunst und ihrer Vermittlung.

Gibt es noch etwas, das Ihnen zum Thema KI besonders wichtig ist?
Mir ist vor allem wichtig zu betonen, dass ich die Chancen von KI überwiegen sehe. Wenn das Fazit unseres Gesprächs wäre, dass ich große Skepsis gegenüber KI habe, würde ich mich darin nicht wiederfinden.

Natürlich gibt es Herausforderungen, aber jede technologische Entwicklung wurde von ähnlichen Diskussionen begleitet. Denken wir nur an die sozialen Medien: Vor 20 Jahren konnten wir nicht absehen, wie tiefgreifend sie unsere Gesellschaft verändern würden. Ich glaube, dass wir uns mit KI in einem vergleichbaren Wandel befinden.

Auf welche technologischen Entwicklungen freuen Sie sich am meisten?
Ich hoffe, dass KI dazu beitragen kann, die Welt lebenswerter zu machen. Gleichzeitig weiß ich, dass das eine

idealistische Vorstellung ist. Wir leben in einer Welt mit extremen sozialen Ungleichheiten: Wenn man etwa in Äthiopien unterwegs ist, wird einem bewusst, wie groß die Diskrepanz zwischen unseren „First-World-Problemen" und existenziellen Herausforderungen anderswo ist. Wenn KI verantwortungsvoll eingesetzt wird, kann sie tatsächlich einen positiven Beitrag leisten.

Insgesamt sehe ich KI als ein wertvolles Werkzeug, das sowohl in der Verwaltung als auch in der wissenschaftlichen Arbeit eines Museums große Potenziale bietet. Gleichzeitig bleibt die physische Erfahrung im Museum einmalig und unersetzlich.

Wir stehen erst am Anfang dieser Entwicklung und müssen weiter experimentieren, um herauszufinden, wie KI unsere Arbeit sinnvoll ergänzen kann. Ich bin gespannt, welche neuen Möglichkeiten sich in den kommenden Jahren ergeben werden.

Meine Take-Aways

- **KI als Unterstützung, nicht als Ersatz**
  Im Museumsbereich kann KI organisatorische Prozesse erheblich erleichtern, etwa bei der Inventarisierung oder Ressourcenplanung. Menschliche Expertise und persönliche Vertrauensverhältnisse, insbesondere im kuratorischen Bereich, bleiben jedoch unersetzlich.
- **Ethische Herausforderungen**
  KI besitzt kein Bewusstsein und keine Ethik. Der verantwortungsvolle Umgang mit KI ist entscheidend, um Manipulation und ethische Grauzonen zu vermeiden.
- **Authentizität des Ortes**
  Trotz beeindruckender digitaler Möglichkeiten wird das physische Museumserlebnis wichtiger denn je sein. Die

einzigartige Atmosphäre eines Museums kann durch VR oder digitale Reproduktionen nicht vollständig ersetzt werden.

- **Pragmatischer KI-Einsatz**
  Im Museum erfolgt der Einsatz von KI immer aus einer konkreten Notwendigkeit heraus, etwa zur Digitalisierung historischer Inventarbücher oder für spezifische Marketingkampagnen.
- **Begrenztes Interesse bei Mitarbeitenden**
  Im Museumsumfeld ist die Diskussion über KI noch wenig präsent. Viele Mitarbeitende begegnen technologischen Neuerungen eher zurückhaltend – eine natürliche Folge der bewahrenden Rolle von Museen.
- **Große Chancen durch individuelle Datenbanken**
  Ein enormes Potenzial eröffnet sich durch die Nutzung von KI auf eigene Datenbanken. Diese ermöglichen tiefere Einblicke und eine effizientere Datenverarbeitung, besonders bei historischen Dokumenten.
- **Fokus auf Chancen statt auf Ängste**
  Statt KI als Bedrohung zu sehen, betrachtet Dr. Krämer sie als wertvolles Werkzeug, das – verantwortungsvoll eingesetzt – einen positiven Beitrag für die Gesellschaft leisten kann.
- **Zeit ist relativ: KI mit Bedacht nutzen, anstatt ihr hinterherzurennen**
  KI denkt in Millisekunden und ein Museum in Jahrzehnten. Das Museum bleibt eine Insel der Beständigkeit in dieser rasanten Welt – und genau das gibt uns Zeit. Zeit, Kunst und die Authentizität des Raumes und der Menschen zu erleben. Eine tolle Erkenntnis, um glücklich nach Hause zu fahren.

6.12 David trifft Goliath – KI im Spannungsfeld von Konzernen und Mittelstand

Im Gespräch mit Ulrike Pugh, schriftlich, 10.01.2025

Position: HR Director
Firma: RWE AG
Mitarbeitende: 20.000
Studium: Betriebswirtschaft

Ulrike Pugh, HR Director der RWE AG, zeigt auf, wie ernsthaft sich ein Großkonzern mit dem tiefgreifenden Wandel durch Künstliche Intelligenz auseinandersetzt. Für die rund 20.000 Mitarbeitenden bei RWE bedeutet die digitale Transformation nicht nur neue Tools, sondern eine Neuausrichtung von Arbeitsprozessen, Werten und Kompetenzen. Ulrike Pugh betont dabei eine zentrale Leitidee: Der Mensch bleibt im Mittelpunkt – trotz wachsender Automatisierung und datengetriebener Entscheidungen. Besonders eindrucksvoll der holistische Trainings- und Transformationsansatz, mit dem RWE seine Belegschaft auf dem Weg in eine KI-gestützte Zukunft begleitet.

Was war der Auslöser für die Einschätzung, dass KI für RWE eine Relevanz haben wird?
Wir haben schnell das Potenzial von KI bei der Verbesserung von Prozessen erkannt – sowohl in administrativen als auch in operativen Bereichen. Hauptauslöser war der Wunsch, KI als eine innovative und komplementäre Ressource zu nutzen. KI kann enorm dabei helfen, effizienter zu arbeiten, nachhaltiger zu werden und Wettbewerbsvorteile zu generieren.

Wer hat diesen Prozess, über KI nachzudenken, initiiert? Wie hat sich der Prozess gestaltet, bis der Einsatz von KI geplant und beschlossen wurde?

Da wir kontinuierlich den Einsatz von neuen Technologien prüfen, stand die Nutzung von KI bereits lange auf unserer Agenda. Die sehr dynamische Entwicklung von KI, zum Beispiel durch Tools wie ChatGPT, hat den Fokus sicherlich noch einmal geschärft. Unsere Experten aus IT, Corporate Transformation und HR haben das Thema gemeinsam in einem Steering Committee ausführlich analysiert, eingeordnet und bewertet. Anschließend erfolgte die Erarbeitung einer konzernweit einheitlichen KI-Strategie für RWE. In Abstimmung mit allen relevanten Stakeholdern haben wir hierzu entsprechende Beschlüsse zum Einsatz von KI bei RWE gefasst und die Implementierung gestartet.

Wie wird sich Arbeiten in Eurem Unternehmen verändern, und welchen Wert wird Arbeit zukünftig haben?

Wichtig ist uns: Bei allem, was wir tun, bleibt der Mensch im Mittelpunkt! Aber, die Art und Weise des Arbeitens wird sich verändern – das ist uns allen bewusst. Die Wertigkeit der Arbeit wird steigen. So wird es eine spürbare Entlastung der Arbeitnehmenden und dadurch Produktivitätssteigerung geben. Auch erwarten wir mehr Innovationen durch die intensivere Nutzung und die Vernetzung unserer Daten. Und wir glauben, das KI besonders als Entscheidungshelfer für eine Qualitätssteigerung sorgen wird.

Welche Bedeutung hat menschliche Arbeit in Euren Strukturen?

Menschliche Arbeit wird immer im Zentrum unserer Strukturen und Prozesse stehen. Mitarbeitende sollen wieder mehr Zeit für kreative Tätigkeiten haben, weil repetitive und monotone Aufgaben automatisiert sein werden. Das, was den Menschen ausmacht, ist und bleibt das entscheidende Momentum: Kreativität, Empathie, Innovation.

In welcher Reihenfolge und in welchen Bereichen wurde der Einsatz von KI angestoßen?
Eine konkrete Reihenfolge für den Einsatz von KI haben wir nicht festgelegt. Wir setzen KI aber ausschließlich dort ein, wo sie sinnvoll ist und Mehrwert schafft. Wir identifizieren eindeutige Use Cases und haben Pilotprojekte gestartet. Wir achten sehr auf die Skalierbarkeit der Einsatzmöglichkeiten – wenn möglich, sollen sie immer einen konzernweiten Einsatz, Impact und Nutzen haben.

Wie wird dieser Change gestaltet und begleitet?
Wir begleiten die Einführung von KI von den Grundlagen über die konkreten Anwendungsfälle bis hin zur Spezialisierung von Mitarbeitenden mit bedarfsorientierten Formaten. Dabei decken wir sowohl die Informationsbedarfe für die breite Masse der Mitarbeitenden ab als auch zusätzliche Anforderungen, die maßgeschneiderte Lösungen und individuelle Trainings erfordern. Für eine erfolgreiche Implementierung von KI bei RWE haben wir einen ganzheitlichen konzernweiten Trainings- und Transformationsansatz entwickelt. Dieser basiert auf <u>drei Prinzipien:</u>
<u>Lernen, was gebraucht wird und zur gegebenen Zeit</u>: Wir bieten verschiedene Trainingslevel für unterschiedliche Anforderungen, dazu zählen Grundlagentrainings, anwendungsorientierte Trainings und Expertentrainings.
<u>Kontinuierliches Lernen und Anpassungsfähigkeit gewährleisten</u>: Die Mitarbeitenden können sich effizient auf die für ihre Anforderungen, Aufgaben und Anwendungsfälle relevantesten Inhalte konzentrieren. Trainingsmodule werden kontinuierlich angepasst, damit wir auf neue Trends und interne Bedürfnisse reagieren können. Wir stellen sicher,

dass wir unsere Mitarbeitenden rechtzeitig befähigen. Darüber hinaus müssen alle offen für Veränderungen sein und ein Verständnis für die sinnvolle Nutzung von KI entwickeln.

Zusammenarbeit und Engagement fördern: Mit dem Schulungs- und Transformationsansatz, der über webbasierte Schulungen hinausgeht, sichern wir den erforderlichen Wandel. Die Transformation konzentriert sich auf die Einbindung von Führungskräften in Live-Schulungen und auf praktische Anwendungsprojekte innerhalb des Konzerns. Es werden auch Möglichkeiten bereitgestellt, damit Mitarbeitende sich über bewährte Praktiken austauschen und von den Erfahrungen der anderen lernen können.

Wie wurde die Kommunikation mit Kunden, Mitarbeitenden und Stakeholdern gestaltet?

Wir kommunizieren transparent, kontinuierlich und über alle Kanäle hinweg – besonders zu unseren Mitarbeitenden. Damit schaffen wir Vertrauen in die neue Technologie KI und unseren ganzheitlichen Transformationsansatz. Dazu gehören regelmäßige Updates, Informationsveranstaltungen und Lernformate, wie der Human Friendly Automation Day, KI@RWE Day, KI Summer School und eine offene Feedback-Kultur. Wir beziehen auch alle relevanten Stakeholder frühzeitig mit ein. Dadurch erzeugen wir auch hier Klarheit und Transparenz und bekommen das notwendige Commitment und Buy-in.

In welchem Gremium werden KI-Themen und KI-Richtlinien diskutiert und erarbeitet?

KI-Themen werden gemeinsam von IT, Corporate Transformation, HR und unserer Mitbestimmung diskutiert. Natürlich kommen auch weitere Bereiche oder Abteilungen hinzu, wenn eine entsprechende Expertise bzw. Einschätzung benötig wird. Generell gilt, dass alle notwendigen

Gremien und Experten immer involviert sind: vom Vorstand, dem Aufsichtsrat und der Mitbestimmung bis hin zu Fachbereichen und Mitarbeitenden mit Expertenwissen.

Welche Richtlinien gibt es bei Euch zum Thema KI, Technik, Ethik und Werte?

Es bedarf klarer rechtlicher und ethischer Leitplanken, die die Grundlage für den Einsatz von Künstlicher Intelligenz bilden. Wir haben eine konzernweit einheitliche Ethik-Guideline, die den Umgang mit KI regelt und diese notwendigen Leitplanken vorgibt. Die Abb. 6.1 zeigt wie diese aufgebaut ist. Unsere KI-Prinzipien bauen auf unseren RWE-Werten auf und werden durch unsere Essential Behaviours gelebt. Über allen Entscheidungen liegt immer der Grundsatz: Der Mensch steht im Mittelpunkt. KI wirkt daher ergänzend und ist komplementär zu unseren vorhandenen Werten und Verhaltensweisen.

Wie wird das Thema KI-Kompetenz in Eurem Unternehmen betrachtet?

Enablement von Mitarbeitenden ist für uns der Schlüsselfaktor zur erfolgreichen Implementierung von KI – daher

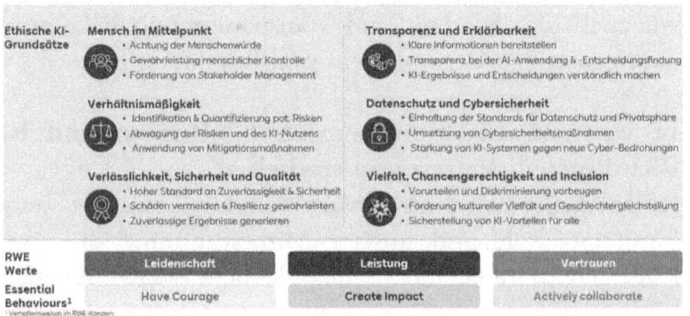

Abb 6.1 RWE KI-Prinzipien. (Copyright RWE)

ist das Thema KI-Kompetenz sehr wichtig. Ganz im Sinne unseres holistischen Transformationsansatzes.

Welche Stellen werden zukünftig überflüssig? Welche neuen Stellen werden neu entstehen?
Die Stellenprofile werden sich verändern, der Mensch mit seinen individuellen Fähigkeiten wird bleiben und wird keinesfalls überflüssig werden. Wie sich Veränderungen, die sich durch den Einsatz von KI ergeben, auf die Stellen- und Ressourcenplanung auswirken, kann derzeit niemand genau vorhersagen.

Welche KI-Tools nutzt Du bereits gerne?
DeepL zur Übersetzung in andere Sprachen, ChatGPT und unsern internen „Document Dialogue".

Welche Ängste und Befürchtungen nimmst Du wahr und welche teilst Du?
Viele denken sofort an Roboter, maschinelles Lernen oder an die Automatisierung von Arbeitsprozessen und auch den Wegfall von Arbeitsplätzen. Diese Assoziationen beleuchten jedoch nur eine Seite der Medaille. Ich teile eine gewisse Skepsis, sehe aber auch die Vorteile, wenn KI richtig und sinnvoll eingesetzt wird.

Wie glaubst Du, wird KI unser Leben und unsere Gesellschaft verändern?
Ich glaube, sie wird uns Dinge im Alltag und in der Berufswelt erleichtern – oder kann sie sogar verbessern. Den Menschen kann, wird – und sollte – sie aber nicht ersetzen.

Meine Take-Aways

- **Der Mensch bleibt der Maßstab – auch in der KI-Welt**
Trotz Automatisierung und datengetriebener Prozesse
steht der Mensch im Zentrum der Transformation. Kreativität, Empathie und Innovationskraft gelten jedoch
weiterhin als unersetzbare Schlüsselqualitäten.
- **Ganzheitliche KI-Strategie statt Insellösungen**
RWE verfolgt einen systematisch abgestimmten, konzernweiten Ansatz zur Implementierung von KI – mit
Fokus auf skalierbare Use Cases. KI ausschließlich dort
einsetzen, wo sie sinnvoll ist und Mehrwert schafft, ist
ein überzeugender Grundsatz.
- **Ethik ist kein Add-on, sondern das Fundament**
Der Einsatz von KI bei RWE ist klar an ethischen Leit-
planken und unternehmenseigenen Werten ausgerich-
tet. Technologischer Fortschritt sollte eben konsequent
mit Verantwortung verknüpft sein.
- **Transparente Kommunikation schafft Vertrauen**
Durch eine kontinuierliche Kommunikation und parti-
zipative Formate wie dem KI@RWE oder dem Human
Friendly Automation Day wird Vertrauen in die neue
Technologie aufgebaut – intern wie extern.
- **KI als kollektive Intelligenz – nicht als Alleskönner**
Statt die KI als Ersatz zu denken, nutzt RWE deren Po-
tenzial zur Ergänzung menschlicher und organisationaler
Intelligenz. Technologie wird dabei als Netzwerkpartner
verstanden, nicht als Solist.
- **HR als Herzstück der Energiewende 2.0**
Gerade als Energieversorger trägt RWE doppelte Verant-
wortung: für die technologische Zukunft und die soziale
Balance. Dass HR die KI-Transformation menschlich
gestaltet, macht deutlich, wie zentral Fürsorge und Ori-
entierung in Zeiten tiefgreifenden Wandels sind: eine
Transformation mit Haltung statt allein mit Tools!

6.13 David trifft Goliath – KI im Spannungsfeld von Konzernen und Mittelstand

Im Gespräch mit Dr. Khaled Bagban, 31.01.2025

Position: Chief Information Officer
Firma: METRO AG
Mitarbeitende: 85.000
Studium: Wirtschaftswissenschaften, Informatik

Im Gespräch mit Dr. Khaled Bagban eröffnet sich ein erhellender Blick hinter die Kulissen eines global agierenden Unternehmens, das den KI-Wandel mehrschichtig vorantreibt. Aus der CIO-Rolle gibt er sachkundige Einblicke, wie Metro generative KI nutzt, um Prozesse ganz neu zu denken, von der Sortimentsplanung bis hin zu innovativen Hackathon-Projekten.

Offen spricht er über Ängste und Hoffnungen, über die Balance zwischen menschlicher Empathie und der Effizienz künstlicher Systeme. Wer wissen möchte, warum Führungskräfte künftig sowohl Menschen als auch Maschinen führen müssen und wie KI helfen kann, uns menschlicher zu machen – sollte dieses Interview nicht verpassen.

Wie sind Sie persönlich zur generativen KI gekommen?
Mein erster Kontakt mit Künstlicher Intelligenz war während meines Studiums, vor allem mit neuronalen Netzen, die seit den 1970er-Jahren erforscht werden. Später, in meiner beruflichen Laufbahn, insbesondere im Stahlhandel, konnte ich Machine Learning umfangreich praktisch anwenden. Wir haben dort Prozesse beim Kunden automatisiert, was uns große Wettbewerbsvorteile verschafft hat.

Wann wurde Ihnen bewusst, dass Generative KI ein echter Gamechanger ist?
Mit der Veröffentlichung von ChatGPT durch OpenAI. Plötzlich waren Modelle, die früher nur Forschungsteams vorbehalten waren, für alle zugänglich. Das hat besonders im Handel viel verändert, da wir viele repetitive Aufgaben automatisieren konnten. Dank unserer Cloud-Infrastruktur konnten wir KI-Lösungen direkt mit unseren Daten verbinden und in digitale Prozesse integrieren.

Sie hatten also bereits einen großen Vorteil, da Sie schon sehr früh mit vielen qualifizierten Daten gearbeitet haben. Wie war das bei generativer KI, wie hat sich das Thema konkret seinen Weg durch die Metro-Organisation gebahnt? Wurde es eher Top-Down oder Bottom-Up eingeführt?
Ganz klar Bottom-Up. Unsere digitalen Einheiten wie Metro Digital und Metro Markets waren Vorreiter. Die mediale Aufmerksamkeit um ChatGPT hat das Thema noch zusätzlich befeuert. Mitarbeitende aus verschiedenen Abteilungen begannen, KI-Tools wie GitHub Copilot oder Microsoft-Produkte auszuprobieren – sowohl spielerisch als auch für konkrete Anwendungen.

Ich hatte Metro Markets bisher immer als besonders innovative Einheit der Metro wahrgenommen.
Stimmt, Metro Markets ist unser Marktplatz und ein rein digitales Geschäftsmodell. Metro Digital hingegen unterstützt alle Geschäftsmodelle mit digitalen Lösungen – dazu gehören neben Metro Markets auch unser klassisches Cash-&-Carry-Geschäft, Food Service Delivery, Onlinehandel und Digital Marketing. Metro Digital hat also den umfassenden Schirm über alle unsere Geschäftsprozesse.

In Gesprächen höre ich oft, dass gerade IT-Experten und -Expertinnen sich stark in ihrer Offenheit gegenüber Generativer KI unterscheiden – einige sind begeistert, andere haben sich noch gar nicht damit beschäftigt. Wie ist das bei Ihnen im Unternehmen?

Sehr unterschiedlich! Das hat aber wenig mit Alter, Geschlecht oder Herkunft zu tun. Ähnlich wie bei agilen Methoden in den letzten Jahren ist es vielmehr eine Frage der grundsätzlichen Neugierde und Offenheit gegenüber neuen Technologien und Arbeitsweisen.

Welche Tools und Technologien nutzen Sie bei der Metro?

Im Bereich der Warenwirtschaft und Supply Chain Management setzen wir unsere Daten ein in Produkten von Microsoft aber auch in Technologien von Google, wie z. B. Vertex AI. Ein konkretes Beispiel aus unserer Sortimentsplanung: Stellen Sie sich ein Reinigungsmittel „4711" vor. Es hat nur einen geringen Absatz, also könnte man meinen, es auszulisten. Doch durch mehrdimensionale Analysen erkennen wir, dass Kunden gezielt wegen dieses Produkts kommen und dabei viele weitere Artikel kaufen.

Gibt es wirklich ein Reinigungsmittel von „4711"?

(Lacht) Nein, das war nur ein fiktives Beispiel. Aber genau solche Aha-Momente zeigen, wie KI uns hilft, Daten anders zu interpretieren und bessere Entscheidungen zu treffen.

Wie binden Sie Mitarbeitende außerhalb der IT-Abteilungen ein?

Hackathons sind z. B. interdisziplinäre Events, die es Mitarbeitenden aus unterschiedlichen Bereichen ermöglichen, kreativ an Use Cases zu arbeiten. Ein Beispiel ist unser

Hackathon in Bukarest mit rund 60 Teilnehmenden. Dort entstanden konkrete Prototypen, z. B. ein KI-gestützter Chatbot, der unser Wissensmanagement im Einkauf erheblich verbesserte.

Neben solchen Events gibt es natürlich weitere Maßnahmen. Uns ist es wichtig, dass sich alle unsere Mitarbeitenden proaktiv mit neuen Technologien auseinandersetzen – insbesondere mit generativer KI. Dafür haben wir verschiedene Programme, etwa unsere „Digital Academy", die von Metro Digital organisiert wird. Dort bieten wir Schulungen in unterschiedlichen Formaten an. Die Inhalte reichen von Anwendungsmöglichkeiten der KI bis hin zu den Risiken und möglichen Fallstricken.

Haben Sie ein weiteres Beispiel für konkrete Ergebnisse aus einem Hackathon?
Ein weiteres Beispiel ist unsere „Pick-and-Pack"-Forecast-Optimierung. Hier geht es um unser Belieferungsgeschäft aus den sogenannten Multi-Fulfillment-Centern heraus. Dafür analysieren wir Daten, um zu verstehen, welche Produktkombinationen unsere Kunden häufig kaufen. Mit diesen Erkenntnissen strukturieren wir unsere Warenhäuser optimiert für den Versand, sodass die Laufwege der Mitarbeitenden kürzer werden.

Das ist ein tolles Beispiel! Weniger Laufwege bedeuten mehr Effizienz.
Genau! Dafür braucht es allerdings auch eine solide Datenbasis. Im besten Fall arbeiten wir mit Digital Twins – also digitalen Abbildern unserer Läden, Waren und Prozesse – um Optimierungspotenziale zu erkennen. Das ist zwar noch Zukunftsmusik, aber wir arbeiten daran.

Wie sieht es aus mit KI-Leitlinien?
Es ist uns wichtig, einen sicheren Rahmen durch klare Leitlinien und technische Restriktionen zu schaffen. Wir überarbeiten unsere Datenschutz- und Sicherheitsrichtlinien alle paar Monate. Dabei sind viele Abteilungen involviert: Informationssicherheit, Datenschutz, IT, die Fachbereiche und auch die Mitbestimmungsgremien wie der Betriebsrat.

So stellen wir sicher, dass KI nur in bestimmten Bereichen frei genutzt werden kann. Wir achten darauf, dass Unternehmensdaten nicht in öffentliche KI-Modelle eingespeist werden. Dafür nutzen wir eigene, interne Systeme, um Sicherheit und Vertraulichkeit zu gewährleisten.

Wie binden Sie insbesondere den Betriebsrat ein?
Das ist ein wichtiger Ansprechpartner. Bei Metro und auch in meinen vorherigen Positionen habe ich sehr frühzeitig den Austausch mit den Betriebsräten gesucht. Es geht darum, Ängste abzubauen und klarzumachen, dass KI nichts Bedrohliches ist. Unser Ansatz ist es, den Menschen dabei zu helfen, menschlicher zu sein. KI kann uns unterstützen, monotone Aufgaben zu übernehmen, sodass wir uns auf die kreativen und innovativen Prozesse konzentrieren können.

Ein schöner Gedanke!
Genau. Maschinen können viele Dinge erledigen, aber sie werden nie die menschliche Kreativität und die Fähigkeit zur echten Innovation ersetzen. Besonders, wenn es darum geht, nichtlineare Verbindungen herzustellen und wirklich Neues zu schaffen. Eine generative KI kann nur das kombinieren, was wir ihr vorgeben. Sie generiert kein wirklich neuartiges Wissen. Selbst die allgemeine künstliche Intelligenz (AGI) ist aktuell noch ein theoretisches Konstrukt. Davon sind wir noch ein gutes Stück entfernt.

Das ist ein stimmiges Bild. Wie wird generative KI Ihrer Meinung nach die Arbeit bei Metro insgesamt verändern?

Ich denke, KI ist mehr als nur ein Werkzeug. Sie wird unsere Arbeits- und Lebensweise grundlegend verändern – ähnlich wie das Internet. Das Internet hat unser gesamtes Leben beeinflusst. Unsere Kinder kommunizieren heute ganz anders, verabreden sich über Apps, buchen Reisen online und treffen Entscheidungen anhand von Bewertungen. Ich sehe bei der KI eine ähnliche transformative Kraft. Sie wird unsere Lebens- und Arbeitsweise massiv verändern. Besonders im Bereich der Wissensarbeit – überall dort, wo es um Reproduktion oder Expertenwissen geht – wird KI vieles vereinfachen.

Welche Jobs wird die KI verändern und gegebenenfalls ersetzen?

Ich gehe davon aus, dass viele Tätigkeiten, insbesondere im Bereich Softwareentwicklung, Steuern, Recht und Personal, in Zukunft zu 80 % automatisiert und KI-basiert erfolgen. Nur noch 20 % der Aufgaben werden dann direkt vom Menschen erledigt. Diese verbleibenden 20 % werden jedoch intensiver, kreativer und besser durch den Menschen gestaltet.

Wie stellen Sie sich die Zukunft konkret vor?

Die Zukunft bleibt unvorhersehbar. Selbst eine KI könnte uns heute keine präzise Antwort darauf geben, wie sich die Dinge entwickeln werden. KI kann nur aus der Vergangenheit lernen, aber nichts wirklich Neues generieren. Ich denke jedoch, dass KI nicht nur positive Effekte haben wird. Es könnte auch Herausforderungen geben, ähnlich wie bei Cyberangriffen. Die Qualität und Häufigkeit solcher Angriffe könnten durch KI steigen. Wir werden uns darauf einstellen müssen.

Jedoch regulieren wir in Europa aktuell sehr stark. Einerseits ist das wichtig für Datenschutz und Sicherheit. Andererseits regulieren wir oft auch deshalb, weil wir technologisch hinterherhinken. Im Vergleich zu den USA oder China sind wir nicht führend in der Technologieentwicklung. Wir sollten mutiger und risikofreudiger werden, um international nicht noch mehr Boden zu verlieren.

Welche Kompetenzen werden in der Zukunft wichtig, wenn KI immer mehr ins Berufsleben einzieht?
Ich denke, alle Berufszweige werden von KI profitieren. Jeder, der heute in Ausbildung oder Studium ist, sollte sich intensiv mit KI beschäftigen. Eine Grundausbildung, was KI ist, wie sie genutzt werden kann und welche Potenziale und Risiken sie birgt, ist unerlässlich.

Welche konkreten Fähigkeiten sollten Mitarbeitende entwickeln?
Neben dem fachlichen Wissen sind vor allem Soft Skills wichtig. Es geht darum, KI richtig zu bedienen und zu verstehen, welchen Mehrwert sie bieten kann. Eine der wichtigsten neuen Fähigkeiten ist das Prompting – also die Kunst, einer KI möglichst präzise zu vermitteln, was man von ihr möchte. Wir sprechen hier auch von KI-Engineering. Das bedeutet, KI nicht nur zu bedienen, sondern sie aktiv in Geschäftsprozesse zu integrieren, Aufgaben zu automatisieren und verschiedene KI-Modelle miteinander zu kombinieren.

Automatisierung mit KI erfordert ja eine ganz neue Herangehensweise. Bisher ging es oft darum, bestehende Prozesse zu optimieren, aber mit KI müssen Prozesse teilweise völlig neu gedacht werden.
Absolut. Es reicht nicht mehr, nur das Bestehende effizienter zu machen. Man muss hinterfragen, welche Aufgaben

überhaupt noch sinnvoll sind und welche durch KI ersetzt oder unterstützt werden können.

Das Stichwort Soft Skills möchte ich gerne aufgreifen. Welche sind denn besonders wichtig, um in den nächsten drei bis fünf Jahren den KI-Wandel erfolgreich zu meistern?

Da sehe ich vor allem Offenheit und Neugierde, um neue Technologien auszuprobieren und sich auf Veränderungen einzulassen. Wichtig werden auch neue Führungsfähigkeiten, denn Führungskräfte müssen künftig sowohl menschliche als auch künstliche Teammitglieder führen können.

Ein total wichtiger Gedanke! Führungskräfte müssen also nicht nur Menschen, sondern auch Maschinen führen.

Ja, genau. Teams werden zunehmend aus menschlichen und künstlichen Mitarbeitenden bestehen. Die Kunst wird darin liegen, Aufgaben entsprechend den jeweiligen Stärken zu verteilen. Um das an einem Beispiel zu verdeutlichen: Ein Navigationssystem leitet uns ja heute schon oft. Viele Menschen folgen den Anweisungen der KI ohne groß nachzudenken – selbst in Städten, in denen sie sich gut auskennen.

Das stimmt, oft ist es einfach bequemer.

Genau. Dieses blinde Vertrauen in Algorithmen und KI sehen wir nicht nur im Straßenverkehr, sondern auch bei sozialen Medien wie TikTok oder LinkedIn, wo Algorithmen bestimmen, welche Inhalte wir sehen. Die Fähigkeit zur Abstraktion und das kritische Hinterfragen werden immer wichtiger. Das kennen wir schon vom Internet: Nicht alles, was online steht, ist wahr. Bei KI kommt dieser Aspekt noch stärker zum Tragen – hier noch als Stichwort „Halluzinationen" aufgrund von Datenqualität und -quantität.

Wenn wir uns immer auf KI verlassen, besteht die Gefahr, dass wir unser eigenes kritisches Denken verlieren.
Das ist ein wichtiger Punkt. KI kann sehr selbstbewusst auftreten, selbst wenn sie im Unrecht ist. Daher braucht es bei den Menschen ein hohes Maß an Selbstbewusstsein, um KI-Ergebnisse kritisch zu hinterfragen und eigene Entscheidungen zu treffen.

Sie haben bereits erwähnt, dass Kreativität und Innovation Kompetenzen sind, die wir bei den Menschen besonders fördern sollten. Was bedeutet das konkret für die Mitarbeitenden bei Metro?
Für Metro ist es wichtig, die menschliche Komponente im Fokus zu behalten. Nehmen wir als Beispiel unsere Märkte: Ein Spitzenkoch möchte mit einem Fischverkäufer sprechen, um Expertenempfehlungen zu erhalten. Denkbar wäre, dass der Verkäufer zukünftig einen KI-Assistenten nutzt, der im Hintergrund mitläuft und bei speziellen Fachfragen sofort unterstützend eingreifen kann. Das erfordert Integrationsfähigkeit, um KI sinnvoll in den Arbeitsablauf zu integrieren. Besonders im Kontext des Fachkräftemangels könnte KI hier komplementär oder sogar substitutiv eingesetzt werden.

Welche Bereiche eignen sich Ihrer Meinung nach besonders gut für eine substitutive Nutzung von KI?
Da gibt es viele Bereiche, wir stehen hier noch am Anfang. Es ist gerade mal zweieinhalb Jahre her, seit ChatGPT auf den Markt kam, und es hat sich bereits viel verändert. Zum Beispiel werden im Personalwesen Jobprofile und Ausschreibungen bereits vielfach automatisch durch KI erstellt. Oder im Marketing sind nun schnelle Entwürfe von Logos, Produktbildern oder Produktbeschreibungen möglich. Weiteres Beispiel – Übersetzungsdienste: Bedienungsanleitungen und andere Dokumente können automatisiert übersetzt werden.

Gibt es bei Metro spezielle ethische Grundsätze für den Einsatz von KI?

Ja, unsere ethischen Leitlinien basieren auf unseren Unternehmenswerten:

- Integrität: Transparenz und Sicherheit im Umgang mit Daten sind sehr wichtig.
- Kundenorientierung: KI soll den Menschen dienen, nicht umgekehrt.
- Empathie: Der menschliche Faktor steht immer im Vordergrund.

Wir sind in vielen Bereichen auch kritische Infrastruktur, etwa durch die Bereitstellung von Lebensmitteln. Dabei geht es nicht nur um Nachhaltigkeit im Sinne von CO_2-Reduktion, sondern auch um Themen wie Waste-Management. KI kann uns helfen, Ressourcen effizienter zu nutzen, Abfälle zu minimieren und insgesamt nachhaltiger zu wirtschaften. Allein in Deutschland haben wir fast 11 Mio. Tonnen Lebensmittelverschwendung zu beklagen.

Welche Ängste und Befürchtungen nehmen Sie wahr – sowohl bei Metro als auch im privaten Umfeld?

Es gibt definitiv viele Berührungsängste. Viele Menschen haben persönliche Ängste und fragen sich, ob sie nun durch den Einzug von KI noch gebraucht werden oder auch einfach abgehängt werden. Es herrscht oft das Gefühl, mit der rasanten Innovationsgeschwindigkeit nicht mithalten zu können.

Metro hat weltweit 85.000 Mitarbeitende. Wie wollen Sie all diese Menschen in das Zeitalter der KI mitnehmen?

Die entscheidenden Elemente sind aus meiner Perspektive:

- Kommunikation: Offener Austausch über die Chancen und Herausforderungen der KI.
- Transparenz: Ehrlich darüber sprechen, was KI kann – und was nicht.
- Mut zu Experimentieren: Mitarbeitende ermutigen, neue Technologien auszuprobieren.
- Ausbildung: Über unsere Digital Academy und viele andere Programme.
- Awareness-Schaffung: Schulungen und Trainings, um Ängste abzubauen und Kompetenzen aufzubauen.

Das kann ich gut nachvollziehen. Es scheint, als würde sich alles immer schneller drehen.
Das ist tatsächlich so. Besonders mit zunehmendem Lebensalter fühlt sich der technologische Fortschritt noch schneller an.

Allein in den letzten zehn Tagen gab es so viele neue Entwicklungen: GPT-Tasks, dann der Operator und kurz darauf Deepseek. Das war wirklich rasant.
Ja, es ist kaum möglich, immer auf dem neuesten Stand zu bleiben. Die Geschwindigkeit ist enorm, und das führt bei vielen zu einem Gefühl des Überrollt-Werdens.

Gibt es noch etwas, das Sie uns mitgeben möchten? Haben Sie vielleicht Empfehlungen für ein Buch, einen Podcast oder Tools, die Sie persönlich gerne nutzen?
Ein guter Einstieg ist sicherlich der „Elements-of-AI"-Kurs. Bei den Podcasts finde ich beispielsweise „KI verstehen" vom Deutschlandfunk und das „KI-Briefing" vom Handelsblatt sehr gut. Es gibt wirklich viele tolle Formate, die sich mit dem Thema KI beschäftigen.

Wie sehen Sie die Zukunft der KI bei Metro?

KI ist mehr als nur ein Werkzeug. Sie wird unsere Arbeits- und Lebensweise grundlegend verändern, ähnlich wie das Internet. Bei Metro setzen wir auf:

- Optimierung der Geschäftsprozesse.
- Verbesserung des Kundenservices.
- Förderung von Innovationen, um Wettbewerbsvorteile zu sichern.

Unser Ziel ist es, den menschlichen Faktor stets zu wahren. KI kann uns unterstützen, sollte uns aber nie ersetzbar machen.

Es ist wirklich beeindruckend, wie tief das Thema KI bereits in den Metro-Alltag integriert ist. Man könnte sich stundenlang darüber unterhalten!
Absolut. Die Möglichkeiten sind nahezu unbegrenzt, und es bleibt spannend zu sehen, wie sich unsere Arbeits- und Lebenswelt durch KI weiterentwickeln wird.

Meine Take-Aways

- **Künstliche Intelligenz verändert nicht nur Prozesse, sondern Denkweisen**
  Unternehmen müssen KI nicht nur zur Effizienzsteigerung nutzen, sondern ganze Geschäftsmodelle und Arbeitsweisen neu überdenken. Es geht nicht mehr nur um Automatisierung, sondern um die kreative Neuausrichtung von Strukturen, um neue Chancen zu erschließen.
- **Führung bedeutet künftig, Menschen und KI-Systeme zu steuern**
  Mit der zunehmenden Integration von KI entstehen hybride Teams aus menschlichen und digitalen Akteuren.

Führungskräfte müssen lernen, beide gezielt einzusetzen – menschliche Stärken wie Kreativität und Empathie mit den analytischen Fähigkeiten der KI zu kombinieren.

- **Neugier und Experimentierfreude sind wichtiger als technisches Fachwissen**
  Die Offenheit, neue Technologien auszuprobieren, ist entscheidender als tiefgehendes technisches Know-how. Gerade interdisziplinäre Formate wie Hackathons helfen Unternehmen, innovative KI-Anwendungen aus verschiedenen Perspektiven zu entwickeln.

- **Die Arbeitswelt verändert sich radikal – KI übernimmt Routine, Menschen fokussieren sich auf Strategie und Kreativität**
  In Bereichen wie Softwareentwicklung, Steuern, Recht und Personal könnte KI bis zu 80 % der Aufgaben automatisieren. Die verbleibenden 20 % erfordern jedoch mehr kritisches Denken, Kreativität und strategische Kompetenz – Fähigkeiten, die KI nicht ersetzen kann.

- **KI wertet menschliche Arbeit auf, anstatt sie nur zu ersetzen**
  Während viele Ängste um Jobverluste kreisen, liegt die eigentliche Chance in der Entlastung von repetitiven Aufgaben. Dadurch bleibt mehr Zeit für wertschöpfende Tätigkeiten, Kundeninteraktion und kreative Problemlösungen – Bereiche, in denen der Mensch entscheidenden Mehrwert bietet.

- **Ethische Leitlinien sind entscheidend für den vertrauensvollen Einsatz von KI**
  Metro setzt auf klare Regeln für den KI-Einsatz, basierend auf den Unternehmenswerten Integrität, Kundenorientierung und Empathie. Unternehmensdaten werden nicht in öffentliche KI-Modelle eingespeist, um Datenschutz und Sicherheit zu gewährleisten.

- **KI-Innovationen entstehen oft Bottom-Up, nicht nur durch zentrale Steuerung**
  Bei Metro kamen die ersten KI-Initiativen aus den digitalen Einheiten wie Metro Digital und Metro Markets. Erst durch das proaktive Engagement der Mitarbeitenden wurden diese Innovationen auf Unternehmensebene skaliert und weiterentwickelt.

- **Europa muss mutiger im Umgang mit KI werden**
  Während die USA und China mit hohem Tempo in KI investieren, wird in Europa oft stark reguliert. Um nicht ins Hintertreffen zu geraten, braucht es mehr Innovationsräume und eine ausgewogene Balance zwischen Sicherheitsvorkehrungen und technologischem Fortschritt.

- **KI kann uns helfen, menschlicher zu sein**
  Ein fast schon philosophischer Gedanke: Wenn KI mannigfaltige monotone Aufgaben übernimmt, gewinnen wir Menschen mehr Raum für unsere Menschlichkeit.

6.14 David trifft Goliath – KI im Spannungsfeld von Konzernen und Mittelstand

Im Gespräch mit Daniela Danz, 10.01.2025

Position: General Manager
Firma: Hyatt Regency Düsseldorf
Mitarbeitende: 174
Ausbildung: Hotelfachfrau

Die Luxus-Hotellerie ist eine traditionsreiche Branche – und genau deshalb oft zurückhaltend gegenüber technologischen Innovationen. Doch Daniela Danz, General

Managerin des 5-Sterne-Luxushotels Hyatt, sieht in der Künstlichen Intelligenz eine Chance, mehr Zeit für den persönlichen und individuellen Service zu gewinnen. Überraschend offen spricht sie über anfängliche Skepsis, die Bedeutung von Schulungen und den Balanceakt zwischen Digitalisierung und menschlicher Nähe. Dazu teilt sie ihre Erfahrungen, wie sie mit ihrem Team erste Schritte unternimmt und welche Herausforderungen dabei zu meistern sind. Ein inspirierendes Interview für alle, die sich noch den letzten Ruck geben müssen, um ihre eigene KI-Lernreise zu starten.

Schön, dass Du Dir die Zeit für dieses Gespräch nimmst, Daniela. Als General Managerin eines 5-Sterne-Luxushotels hast Du zweifelsohne einen vollen Terminkalender. Erzähl doch ein wenig darüber, welche Aufgaben Deinen Arbeitsalltag prägen.
Ja, sehr gerne. Vorneweg verrate ich, dass es einen typischen Arbeitsalltag für mich nicht gibt. Ich verantworte sowohl die operative als auch die strategische Leitung des Hotels. Unser Haus verfügt über 303 Zimmer, sieben Veranstaltungsräume und beschäftigt 174 Mitarbeitende sowie zahlreiche externe Dienstleister. Tagtäglich betreue ich die Mitarbeitenden, kümmere mich um die Gäste, bin für die strategische Ausrichtung, das Pricing und den wirtschaftlichen Erfolg des Hotels verantwortlich. Gemeinsam mit meinem Team arbeite ich intensiv daran, unser Haus kontinuierlich weiterzuentwickeln.

Wann bist Du erste Mal mit KI in Berührung gekommen, und was hat Dich dazu bewogen, Dich mit generativer KI zu befassen?
Ehrlich gesagt, war das für mich lange Zeit ein rotes Tuch. Ich wusste, dass ich mich damit beschäftigen sollte, aber der Einstieg schien mir nicht gerade einfach. KI ist eine

riesige Welt mit einer enormen Bandbreite, und es war schwierig zu entscheiden, womit ich überhaupt anfangen sollte. Interessanterweise war es unser gemeinsames Gespräch in der Bar vor zwei Monaten, das mich zum Nachdenken und letztlich zum Handeln angeregt hat. Die KI Business School hat mich unterstützt dabei, mich intensiver mit den Möglichkeiten von KI auseinanderzusetzen – sowohl in beruflicher als auch in privater Hinsicht. Es war entscheidend für mich zu verstehen, wo und wie KI sinnvoll eingesetzt werden kann.

Was hat Dich überzeugt, dass KI für euer Team und die Hotellerie relevant ist?
Vor allem die unterschiedlichen Anwendungsbeispiele haben mir gezeigt, dass es keine „Rocket Science" ist. Man benötigt keinen IT-Hintergrund, um KI zu nutzen – jeder kann damit arbeiten, wenn er weiß, wie es geht. Natürlich ist es nicht so simpel wie eine Google-Suchanfrage; das sogenannte Prompting muss erlernt werden. Man muss verstehen, welche Eingaben die besten Ergebnisse liefern und worauf die KI besonders gut reagiert. Aber wenn man erst einmal die grundlegenden Prinzipien verstanden hat, stellt sich schnell ein Erfolgserlebnis ein. Und genau das motiviert mich und mein Team, uns weiter mit dem Thema auseinanderzusetzen. Je intensiver man sich mit KI beschäftigt, desto mehr Anwendungsmöglichkeiten entdeckt man – sei es in der internen Organisation, in der Kommunikation oder im Kundenservice.

Welche ersten Schritte sind für ein Hotel wie Eures sinnvoll, um KI erfolgreich einzuführen?
Ich halte es für entscheidend, zuerst die Mitarbeitenden mitzunehmen. Die Hotellerie ist primär ein Dienstleistungsunternehmen und in technologischer Hinsicht oft

etwas hinterher. Andere Branchen sind da deutlich weiter. Deshalb ist es umso wichtiger, dass wir KI zunächst intern kommunizieren und allen Mitarbeitenden erste Berührungspunkte ermöglichen. Viele nutzen bereits ChatGPT – sei es, um E-Mails zu optimieren oder sich Texte in Business-Englisch formulieren zu lassen.

Sobald das Team ein grundlegendes Verständnis für KI entwickelt hat, ergeben sich automatisch weitere Möglichkeiten. Jeder Bereich hat unterschiedliche Herausforderungen, und oft sind es die kleinen Dinge, die durch KI effizienter werden. Ein Beispiel aus unserem Hotel ist das Gästefeedback-Management. Wir erhalten Bewertungen auf verschiedenen Plattformen. KI kann dabei helfen, diese zusammenzuführen und zeitnah darauf zu reagieren. Das verbessert nicht nur unseren Service, sondern spart auch enorm viel Zeit.

Das ist ein bemerkenswerter Punkt. Auch in anderen Branchen zeigt sich, dass KI vor allem in der Analyse von Freitexten enorme Vorteile bietet – gerade, weil dort oft die wertvollsten Informationen stecken. Du hast erwähnt, dass die Hotellerie technologisch hinterherhinkt. Gleichzeitig habt ihr jetzt die Chance, eine Vorreiterrolle einzunehmen. Aktuell haben nur etwa 12 % der deutschen Unternehmen aktiv mit KI gearbeitet. Das bedeutet, dass Ihr mit wenig Aufwand sehr weit vorne mit dabei sein könntet.

Das ist wirklich eine interessante Perspektive. Ich habe mich während meiner Recherchen auch gefragt, wie weit die Branche insgesamt schon ist – und die Antwort lautet: nicht sehr weit. Das bietet natürlich Chancen für uns, die wir nutzen möchten.

Wie sind Eure aktuellen Überlegungen zum Thema Training und Qualifizierung Eurer Mitarbeitenden im Bereich KI?

Wir haben noch keinen fertigen Plan, aber unser Ansatz ist, die Mitarbeitenden schrittweise mit auf diese Reise zu nehmen. Unsere Trainingsmanagerin wird sich intensiv mit dem Thema befassen und erste Schulungen anbieten. Sie bildet sich selbst weiter und vermittelt dann das Wissen an das Team. Es geht darum, die Grundlagen zu schaffen und den sicheren Umgang mit KI zu gewährleisten.

Das bringt uns zum Thema Ethik. Welche Nutzungshinweise und Leitlinien wollt Ihr Euren Mitarbeitern mitgeben?

Das ist ein extrem wichtiger Punkt. Wir müssen als Unternehmen klare Spielregeln definieren. Eine der größten Herausforderungen sehe ich darin, dass wir aktuell keine firmeninternen Daten in externe KI-Systeme eingeben können. Ich arbeite viel mit Zahlen und würde gerne bestimmte Auswertungen über KI laufen lassen – aber Datenschutz und Unternehmensrichtlinien erlauben das nicht. Das wäre ein erster Schritt, diese technischen Möglichkeiten zu regeln.

Wie wird KI Deiner Meinung nach die Arbeit in der Hotellerie verändern?

Unsere Branche ist stark auf Menschen ausgerichtet – sei es in Bezug auf unsere Gäste oder unsere Mitarbeiter. Unser Ziel ist es, so viel Zeit wie möglich für die persönliche Betreuung unserer Gäste zu haben. Leider nehmen uns bürokratische und administrative Aufgaben viel von dieser Zeit. Ich bin überzeugt, dass KI uns helfen wird, genau diese Prozesse zu optimieren. Rechnungswesen, Berichtswesen oder andere Routineaufgaben könnten automatisiert werden, sodass wir uns wieder stärker auf die direkte Interaktion mit unseren Gästen konzentrieren können.

Inwiefern müssen sich Eure Gäste an Veränderungen durch KI anpassen? Gibt es Bereiche, in denen Du bereits beobachtest, dass manche Gäste Schwierigkeiten mit digitalen Prozessen haben?
Ja, definitiv. Das betrifft zwar nicht direkt KI, aber es gibt viele technische Anforderungen, die für einige Gäste eine Herausforderung darstellen. Ein Beispiel: Wenn eine Rechnung im Voraus bezahlt werden muss, verschicken wir einen „Saferpay-Link", über den die Zahlung ganz einfach erfolgen kann. Das ist im Grunde nur ein Klick – aber für manche Gäste ist selbst das schon zu kompliziert.

Es hängt stark vom Alter der Gäste ab. Die meisten sind zwischen 40 und 60 Jahre alt. Aber besonders ältere Gäste tun sich oft schwer mit digitalen Prozessen. Wer mit 75 plötzlich eine E-Mail mit einem Zahlungslink erhält, für den kann das eine echte Hürde sein. Nicht jeder hat eine E-Mail-Adresse oder ist mit digitalen Zahlungsmethoden vertraut. Wir erleben auch immer wieder Gäste, die lieber mit Bargeld zahlen – was inzwischen ja fast schon selten geworden ist.

Was wäre Deiner Meinung nach ein guter Rahmen, um in der Hotellerie – sei es in Eurem Haus oder für die gesamte Branche – über den Umgang mit KI zu sprechen?
Ich würde empfehlen, das in kleineren Teams zu besprechen. Ein wichtiger erster Schritt ist, relevante Anwendungsfälle zu identifizieren. Erst wenn man versteht, was KI leisten kann und welche Tools es gibt, bekommt man ein klares Bild der Möglichkeiten. Deshalb halte ich es für essenziell, zuerst das Team abzuholen und zu schulen. Sobald alle ein Grundverständnis haben, entstehen aus dem

Team heraus von selbst Ideen. Oft sind es alltägliche Herausforderungen, die im Management gar nicht sichtbar sind, aber für die Mitarbeiter einen hohen Zeitaufwand bedeuten. Wenn sie dann wissen, dass KI Lösungen bieten kann, entstehen oft die besten Ansätze direkt aus der Praxis.

Eine allgemeine Frage: Welche Bedeutung wird menschliche Arbeit in Zukunft behalten?
Ich hoffe, dass sie weiterhin essenziell bleibt. Natürlich kann KI viele Dinge automatisieren, aber ich finde die Vorstellung, dass nur noch Roboter interagieren, ziemlich schrecklich. Gerade in der Luxushotellerie lebt unser Beruf von persönlichem Austausch und zwischenmenschlicher Kommunikation. Ich denke, dass KI uns dabei helfen kann, mehr Zeit für diesen Austausch zu haben – indem sie uns von administrativen Aufgaben entlastet.

In Japan gibt es mittlerweile Streichelroboter und sogar künstliche Haustiere, die Menschen emotional begleiten. Glaubst Du, dass so etwas jemals in der Luxushotellerie ankommen wird?
Nein, zumindest nicht in einem Haus wie unserem. Es gibt natürlich Hotelkonzepte, die vollständig automatisiert sind. Dort checkt man an einem Automaten ein, bekommt eine digitale Zimmerkarte aufs Smartphone und kann über eine App sogar Zimmerservice bestellen. Einige Hotels nutzen Minibar-Roboter, die automatisch Getränke und Snacks liefern. Solche Konzepte funktionieren für Gäste, die keinen Wert auf persönliche Interaktion legen oder einfach nur eine schnelle Übernachtungsmöglichkeit suchen.

Aber in der Luxushotellerie ist es ganz anders. Hier geht es um Erlebnisse, besondere Momente und persönlichen

Service. Unsere Gäste buchen nicht nur ein Zimmer – sie erwarten eine Atmosphäre, in der sie sich umsorgt und wertgeschätzt fühlen. Und genau das kann nur der persönliche Service bieten.

Vielleicht könnte KI Euch unterstützen, indem sie noch individueller auf Gäste eingeht?
Absolut! KI kann uns helfen, den Service noch personalisierter zu gestalten – aber der Mensch bleibt der zentrale Faktor.

Was denkst Du, welche Ängste oder Bedenken haben Menschen in Bezug auf KI? Was ist zukünftig beim Einsatz von KI in Hinblick auf ethische Fragen und Umsetzung von Unternehmenswerten wichtig?
Ich glaube, viele begegnen dem Thema mit Respekt. Es gibt die Sorge, dass man die Kontrolle über bestimmte Dinge verliert, dass KI Entscheidungen trifft, ohne dass wir sie nachvollziehen können. Auch das Gefühl, immer gläserner zu werden oder nur noch personalisierte Inhalte zu sehen, spielt eine Rolle. Andere wiederum lehnen personalisierte Werbung oder KI-gestützte Empfehlungen komplett ab, klicken alles weg oder löschen ständig ihre Cookies.

Da ist es für uns als 5-Sterne-Haus sehr wichtig, ein verlässlicher Partner zu bleiben und unsere Kundenversprechen auch in Zeiten von KI beizubehalten. Unsere hochgeschätzten Gäste erwarten exzellenten Service, persönliche Ansprache, aber auch Diskretion und Sicherheit. In einem Luxushotel geht es nicht nur um das Produkt, also das Zimmer, das Essen oder das Spa, sondern um die Art und Weise, wie es präsentiert und vermittelt wird – und das kann nur durch Menschen geschehen.

Welche KI-Tools nutzt Du am liebsten?

Am meisten arbeite ich mit ChatGPT und Perplexity. Außerdem finde ich Notion spannend – einfach, weil es faszinierend ist, wie gut es Informationen strukturiert.

Worauf freust Du Dich in Bezug auf KI am meisten?

Auf mehr Zeit für das Wesentliche – den persönlichen Service und besondere Erlebnisse für unsere Gäste.

Perfektes Schlusswort – vielen Dank für das Gespräch!

Meine Take-Aways

- **KI ist kein Hexenwerk – jeder kann KI nutzen, wenn man weiß, wie es geht!**
  Man braucht keinen IT-Hintergrund, um mit KI zu arbeiten. Wer sich mit der Kunst des Promptings beschäftigt, wird sehr schnell erste Erfolge sehen und Freude daran entwickeln.
- **Mitarbeiter einbinden ist der Schlüssel zur erfolgreichen KI-Einführung**
  In der Hotellerie, einer stark serviceorientierten Branche, ist es entscheidend, die Mitarbeiter frühzeitig mitzunehmen. KI kann dadurch sehr schnell als Unterstützung erkannt werden – wichtig dabei ist das Wissen um Datenschutz und Prompt-Techniken.
- **KI optimiert Prozesse – ersetzt keine Menschen in der Luxushotellerie**
  Administrative Aufgaben wie Gästefeedback-Management oder Preisgestaltung können durch KI effizienter werden. Doch die persönliche Betreuung bleibt zentrales Kundenversprechen.
- **Geschwindigkeit zahlt sich aus und sichert eine Vorreiterrolle und Wettbewerbsvorteile**

Aktuell nutzen nur wenige Unternehmen KI aktiv. Wer sich früh mit dem Thema beschäftigt, kann sich Wettbewerbsvorteile sichern.

- **Datenschutz bleibt eine große Herausforderung**
  Die Nutzung externer KI-Tools ist durch Datenschutzbestimmungen eingeschränkt. Unternehmen müssen klare Leitlinien für den Umgang mit sensiblen Daten definieren und Mitarbeiter sensibilisieren.

- **KI bedeutet nicht weniger Arbeit – sondern andere Arbeit**
  KI wird keine Jobs ersetzen, sondern sie verändern. Sie übernimmt Routineaufgaben, sodass sich Mitarbeiter stärker auf Gastfreundschaft, Service und Erlebnisse konzentrieren können. Zumindest im Hyatt Düsseldorf wird uns in nächster Zeit kein Roboter in Empfang nehmen.

6.15 David trifft Goliath – KI im Spannungsfeld von Konzernen und Mittelstand

Im Gespräch mit Christian Schmid, 09.01.2025

Position: Geschäftsführer der B-Group AG
Firma: B-Group AG Financial Planning
Mitarbeitende: 75
Studium: Betriebswirtschaft

Künstliche Intelligenz beschäftigt auch den Mittelstand. Christian Schmid geht das Thema mit Offenheit und Neugierde an, er setzt sich aktiv mit generativer KI auseinander und prüft deren Potenzial für sein Unternehmen. Er zeigt Chancen auf wie z. B. Backoffice-Automatisierung und die Qualifizierung und Förderung von Mitarbeitern für zukünftig komplexe und empathischere Beratungsaufgaben. Besonders interessant sind seine kritischen Gedanken zur Regulierung durch den KI Act und zur Eigenverantwortung der Mitarbeitenden, was ihre eigene allgemeine KI-Weiterbildung betrifft. Er plädiert für eine pragmatische und bedarfsgerechte Herangehensweise, um den Mittelstand zu beflügeln, statt zu lähmen durch rechtliche Anforderungen und Sanktionen. Und er setzt auf den Menschen!

Schön, dass Du dabei bist! Ich finde es äußerst wichtig, verschiedene Perspektiven auf die Entwicklungen und Herausforderungen im KI-Bereich kennenzulernen. Besonders die Sicht eines mittelständischen Unternehmers interessiert mich, da sie oft praxisnah und ungeschönt ist. Lass uns bitte direkt einsteigen: Wie kam es dazu, dass Du Dich mit generativer KI befasst hast?
Vielen Dank, ich freue mich auf das Gespräch! Der Impuls kam von mir selbst, natürlich beeinflusst durch das Umfeld – KI ist mittlerweile überall ein Thema. Ich beschäftige mich schon länger damit, unter anderem durch den Podcast „KI verstehen" im Deutschlandfunk. Außerdem habe ich den Digitalbereich der FAZ abonniert, um aktuelle Entwicklungen und mögliche Relevanzen für unser Unternehmen besser einschätzen zu können.

Da ich in unserem Unternehmen für Digitalisierung, IT und Prozesse verantwortlich bin, war es mir wichtig, mich frühzeitig mit dem Thema auseinanderzusetzen. Ich wollte vorbereitet sein, bevor Mitarbeitende Fragen stellen oder Anforderungen entstehen. Der Hauptreiber war für mich eine makroökonomische Perspektive: KI wird kommen – die Frage ist nur, wie schnell und in welchen Bereichen sie relevant wird.

Gib uns bitte einen kurzen Einblick in die Struktur Eures Unternehmens.

Wir sind ein klassischer Mittelständler mit einem Gründer, der die Firma vor über 20 Jahren aufgebaut hat. Ich bin vor zehn Jahren dazugekommen, zunächst als rechte Hand des Vorstands, dann als Prokurist und seit fünf Jahren als gleichberechtigter Vorstand. Mein Vorstandskollege kümmert sich um Vertrieb, Personal und Finanzen. Ich bin für betriebliche Themen verantwortlich – also IT, Prozesse, Regulatorik, Marketing, Digitalisierung und Innovation.

Hast Du einen technischen Hintergrund oder IT-Expertise?

Nicht direkt. Ich habe Betriebswirtschaft studiert und bin dann bei Accenture eingestiegen, das unter anderem eine Technologieberatung ist. Dort war ich im strategischen Bereich tätig und habe mich viel mit Unternehmensberatung und Prozessoptimierung beschäftigt. Allerdings bin ich privat sehr technikaffin – ich hatte zum Beispiel das erste iPhone direkt zum Marktstart. Ich probiere gerne neue Technologien aus, weil ich sie spannend finde. Ich glaube, diese Offenheit ist wichtiger als ein formaler IT-Hintergrund. Man muss keine Programmiersprache beherrschen, um die Potenziale und Herausforderungen neuer Technologien zu verstehen.

Welche Überlegungen haben Dich dazu gebracht, KI als relevant für Euer Unternehmen einzuschätzen? Wo kann KI den größten Nutzen bringen?

Der makroökonomische Einfluss von KI ist enorm. In unserem Unternehmen sehe ich vor allem im Backoffice und in der Verwaltung großes Potenzial. Ein weiterer wichtiger Faktor ist der Arbeitskräftemangel. Selbst wenn man neue Mitarbeitende findet, möchten diese nicht unbedingt monotone Aufgaben übernehmen. Unsere Backoffice-Belegschaft ist zudem älter und geht auf die Rente zu, sodass wir uns überlegen müssen, wie wir langfristig Arbeitsprozesse effizienter gestalten – sei es durch Automatisierung oder den gezielten Einsatz von KI. Ich sehe KI hier als wertvolle Unterstützung, um repetitive Prozesse effizienter zu gestalten und gleichzeitig die Qualität zu verbessern.

Das klingt nach einem sehr pragmatischen Ansatz. Glaubst Du, dass KI die Diskussion um Automatisierung verändert hat?
Definitiv. Die Automatisierung war immer ein Thema, besonders aus der Sicht eines Unternehmensberaters. Jeder ineffiziente Prozess mit Medienbrüchen ist eine potenzielle Optimierungsmöglichkeit. KI ist hier ein weiteres Puzzleteil – aber eben nur das. Ohne einen klar definierten und gut strukturierten Prozess bringt die beste KI nichts. Ich sehe KI als einen Turbolader für bestehende Prozesse: Wenn diese sauber aufgesetzt sind, kann KI sie weiter verbessern. Aber KI allein löst keine strukturellen Probleme.

Du hast das Backoffice als ersten Bereich für Automatisierung und KI-Einsatz genannt. Gibt es weitere mögliche Anwendungsfelder?
Grundsätzlich ja, aber wir haben gewisse Einschränkungen. Wir sind als Finanzdienstleister Broker und arbeiten mit einer zentralen Kerndatenbank, die historisch gewachsen ist und nicht einfach ersetzt werden kann. Unsere gesamte IT-Infrastruktur ist darauf ausgerichtet, über Schnittstellen mit externen Dienstleistern zu arbeiten.

Der Vorteil: Wir sind unabhängig von technologischen Entwicklungen bei einzelnen Anbietern. Der Nachteil: Wir sind auf deren Innovationsbereitschaft angewiesen. Beispielsweise könnte KI den Sales-Prozess unterstützen – aber das Vertriebstool gehört nicht uns. Ohne eigene Programmierer sind wir hier auf unsere Partner angewiesen.

Ihr seid also in Eurer Systemlandschaft ein Stück weit auf Eure Partner angewiesen. Wie entscheidest Du als Unternehmer, wo und wie Du KI in Eure Prozesse integrierst?
Genau das ist die Herausforderung. Ich kann KI sinnvoll in unserem Kerndatensystem einsetzen, weil das in unserer Hand liegt. Also vor allem im Backoffice, denn das ist unser eigenes System, dort kann ich Anpassungen vornehmen. Daneben gibt es noch kleinere Anwendungsbereiche für KI im Arbeitsalltag, etwa wenn eine Mitarbeiterin ChatGPT nutzt, um eine Vorlage für ein Mailing zu erstellen, oder wenn jemand für eine Präsentation Gamma AI verwendet. Das sind kleine, punktuelle Einsätze, die jeder individuell steuern kann. Aber große Prozesse, gerade im Kundenservice, kann ich nicht so einfach KI-gestützt umstellen.

Angenommen, Du hättest die volle Kontrolle – wie würdest Du KI in Eurem Unternehmen einsetzen? Welche Stellen würden wegfallen, welche neu entstehen?
Im Servicebereich könnte KI sicherlich vieles übernehmen, besonders bei der Annahme von Anrufen. Wenn man sich die typischen Support-Level anschaut – First-Level, Second-Level, Third-Level – könnte KI den First-Level-Support weitgehend abdecken. Erst wenn wirklich ein menschlicher Mitarbeiter gebraucht wird, kommt er zum Einsatz.

Würde KI jeden Mitarbeiter ersetzen? Nein, das glaube ich nicht. Ich persönlich bin innovationsfreudig und lasse mich gern auf Technik ein, aber es gibt Themen, bei denen ich bewusst mit einem Menschen sprechen möchte – insbesondere, wenn es um komplexe oder sensible Entscheidungen geht.

Ein Beispiel ist die Finanzberatung: Eine einfache Hausratversicherung kann man online abschließen, aber bei einer Baufinanzierung oder privaten Krankenversicherung wollen die meisten Menschen persönliche Beratung. Das liegt nicht nur an der Komplexität, sondern auch daran, dass wir als soziale Wesen oft eine Bestätigung brauchen, dass wir die richtige Entscheidung getroffen haben.

Das heißt, je komplexer die Aufgaben werden, desto eher braucht es qualifizierte Mitarbeitende, weil Maschinen die Erwartungen nicht erfüllen?

Genau, denn auch meine persönliche Erfahrung zeigt mir, dass KI aktuell noch nicht in der Lage ist, bestimmte Themen zufriedenstellend zu bearbeiten. Nimm Chatbots als Beispiel: Die gibt es überall, aber wenn ich sie nutze, bin ich oft frustriert, weil sie zu wenig leisten. Vielleicht sind sie einfach noch nicht gut genug, oder meine Erwartungen sind höher, weil ich weiß, was mit KI theoretisch möglich wäre.

Und zurück zum Mitarbeiter. KI kann vieles abfangen, aber wenn es anspruchsvoll wird, muss ein gut qualifizierter Mitarbeiter übernehmen. Ich sehe den Vorteil darin, durch KI-Rationalisierungseffekte im administrativen Bereich mehr in hochqualifiziert Mitarbeiter investieren zu können. Denen möchte ich weiterhin anspruchsvolle Aufgaben zukommen lassen, die zudem eine empathische Komponente erfordern. Weil es für uns Menschen immer noch den entscheidenden Unterschied ausmacht.

Denkst Du, dass das der Grund ist, warum Plattformen wie Check24 zwar alle Informationen bereitstellen, aber trotzdem viele Menschen lieber einen Berater aufsuchen?

Absolut. Theoretisch könnten sich Kunden heute selbstständig alle Informationen holen und online abschließen.

Aber viele wollen das nicht. Zum einen, weil sie nicht die Zeit oder Lust haben, sich intensiv mit Finanzprodukten auseinanderzusetzen. Zum anderen, weil sie eine zweite Meinung haben möchten – sei es aus Unsicherheit oder einfach, um eine Bestätigung zu bekommen, dass sie die richtige Entscheidung treffen. Das besprechen sie lieber mit einem Menschen.

Wie wird das Thema KI in Eurem Unternehmen diskutiert – sowohl im Management-Team als auch in der Belegschaft?
Ehrlich gesagt, bisher kaum. Manchmal kommt ein Kollege mit einem neuen Tool, aber es ist nicht so, dass wir täglich über KI sprechen. Vielleicht liegt das auch daran, dass unsere Mitarbeitenden eine stabile Arbeitsumgebung haben und sich auf ihre Kernaufgaben konzentrieren.

Wie schätzt Du die KI-Kompetenz Eurer Mitarbeitenden ein? Also die Fähigkeit, KI zu verstehen, zu erkennen und sinnvoll zu nutzen?
Da sind viele – wenn nicht die meisten – noch ganz am Anfang. Ich würde schätzen, dass viele es privat noch nicht einmal ausprobiert haben und auch im Beruf bisher gar nicht aktiv einsetzen.

Sollte ein Unternehmen aktiv KI-Schulungen anbieten?
Ich sehe das skeptisch. Der EU AI Act verpflichtet Unternehmen dazu, Mitarbeitende zu schulen. Das halte ich für kontraproduktiv. Wenn jemand im Controlling eine KI-Erweiterung nutzen muss, dann schule ich ihn natürlich. Jeder Unternehmer wäre irrational, wenn er nicht die Mitarbeitenden schulen würde, die für eine Aufgabe eine KI-Anwendung benötigen.

Aber ich sehe es nicht als meine Aufgabe als Arbeitgeber, eine allgemeine Schulungspflicht für ein Thema zu übernehmen, das viele meiner Mitarbeitenden möglicherweise gar nicht betrifft. Und die Konsequenz einer solchen gesetzlichen Verpflichtung ist klar: Wenn ich ihr nicht oder nur unzureichend nachkomme, drohen Strafen. Das führt für mich zu einem absurden Szenario: Bevor ich das Risiko eingehe, am Ende für mangelnde Schulungen belangt zu werden, wäre es für mich als Unternehmer verlockender, KI im Unternehmen einfach gar nicht erst zuzulassen – zumindest nicht im betrieblichen Kontext.

Wer sollte nun für KI-Weiterbildung verantwortlich sein?
Ich bin der Meinung, dass Weiterbildung in erster Linie Eigenverantwortung ist. Wer sich für KI interessiert, kann sich heute mit minimalem Aufwand selbst informieren – es gibt kostenlose Tutorials, Podcasts und Tools, die jeder ausprobieren kann.

Ich sehe mich nicht in der Verantwortung, dass meine Mitarbeitenden sich akademisch weiterbilden. Wer Chinesisch lernen will, macht das eigenverantwortlich. Wer einen MBA erlangen möchte, ebenfalls. Warum sollte das bei KI anders sein?

Es gibt ja inzwischen auch Förderprogramme wie das Chancenqualifizierungsgesetz, das Schulungskosten übernimmt. Wäre das nicht ein guter Anreiz für Unternehmen?
Ja, sicherlich. Aber für mich bleibt das Grundproblem: Ich sehe die Verantwortung für Weiterbildung nicht beim Unternehmen, sondern bei jedem selbst.

Warum glaubst Du, dass so viele Mitarbeitende das trotzdem nicht tun?
Weil Menschen bequem sind.

Und was würde sie aus ihrer Komfortzone holen?
Das ist schwierig. Ich glaube, echte Lernbereitschaft muss intrinsisch kommen. Vielleicht könnte man es über zusätzliche Freizeit anregen. Also eine Art gesetzlicher Schulungstag, an dem sich Mitarbeitende mit neuen Technologien beschäftigen können. Aber grundsätzlich glaube ich: Wer von sich aus keine Neugier mitbringt, wird sich auch durch äußere Anreize nicht wirklich mit dem Thema befassen.

Also das mit der intrinsischen Lernmotivation kenne ich persönlich sehr gut – aber beim Thema KI hätte ich nie aus eigenem Antrieb an einem ChatGPT Hackathon teilgenommen. Dazu brauchte ich eine ausdrückliche Einladung durch Lorenz Gräf (CEO des START-PLATZ). Das war der Impuls für mich hinzugehen – und ich war auch sofort begeistert.
Das ist spannend. Aber glaubst Du nicht, dass Du früher oder später sowieso über das Thema gestolpert wärst? Irgendwann hättest Du irgendwo einen Artikel gelesen, ein Podcast-Thema gehört oder eine Empfehlung bekommen. Und genau das ist es, was ich meine: Wer offen für Neues ist, wird irgendwann den richtigen Impuls bekommen.

Ja, sicherlich. Aber ich hätte viel Zeit verloren, ein oder zwei Jahre sogar. Und wir würden uns nicht in unserer KI Business School wöchentlich begegnen. Mein Unternehmen hätte Wettbewerbsvorteile verpasst. Daher denke ich darüber nach, wie man aktiv Menschen für das KI-Thema begeistern kann. Was denkst Du, wie könnte man das in einem Unternehmen am besten machen?
Also, man könnte beispielsweise KI-Tage veranstalten. Aber da sind wir wieder an dem Punkt: Ich würde das super gerne machen, aber ich habe Bedenken, was das

nach sich zieht. Wenn ich eine Veranstaltung mache und meine Leute begeistere, dann wollen sie KI vielleicht in ihren Arbeitsalltag integrieren. Und dann kommt das nächste Problem: Schulungspflicht, rechtliche Vorgaben, administrative Aufwände.

Ich würde lieber eine neutrale Testumgebung anbieten. Eine Spielwiese, auf der Mitarbeitende Tools ausprobieren können – aber mit klaren Regeln. Zum Beispiel: Bevor jemand ein Tool nutzt, muss er es mir vorstellen, dann kann ich prüfen, ob es DSGVO-konform ist, und für alle zur Nutzung freigeben. So könnte man Mitarbeitenden die Möglichkeit geben, KI zu testen, ohne direkt eine große Compliance-Welle loszutreten.

Aber dafür bräuchte es in einem Unternehmen eine Person, die das Ganze koordiniert.

Genau. Und das ist eine weitere Herausforderung für Mittelständler. Große Unternehmen haben eigene KI-Teams oder Digitalisierungsabteilungen mit 100 Mitarbeitenden. Wir haben das nicht. Bei uns läuft vieles direkt über mich oder ein kleines Team. Wenn wir KI flächendeckend einführen und verwalten wollen, dann braucht es dafür Kapazitäten – und genau die sind in mittelständischen Unternehmen oft begrenzt. Sobald man die Bürokratiehürden einmal abgebaut hat, muss man ja auch sicherstellen, dass KI im Unternehmen sauber und effizient genutzt wird.

Absolut. Und was Du gerade beschreibst, höre ich auch von anderen Unternehmen. Es geht nicht nur dem Mittelstand so – selbst große Unternehmen mit mehreren tausend Mitarbeitenden haben ähnliche Bedenken. Die Sorge ist oft: Wenn ich meine Leute schule und ihnen KI-Wissen vermittle, was kommt dann als

Nächstes? Welche Ansprüche stellen sie dann? Welche neuen Erwartungen entstehen?

Das führt in vielen Unternehmen dazu, dass man mit der Einführung und sogar mit der Weiterbildung lieber vorsichtig ist. Das bedeutet, dass Mitarbeiter nicht wissen, dass Prompten nicht wie Googeln funktioniert, wieso eine KI „halluziniert" und dass keine personenbezogenen Daten oder Geschäftsgeheimnisse in öffentliche KI eingegeben werden dürfen. Und da kommen wir zum Thema Ethik. Wie siehst Du das Thema KI und Ethik?

Wenn ich das global betrachte, ist Ethik bei KI ein riesiges Thema – und ein riesiges Problem. Wenn man sich die Welt anschaut, sieht man, dass Menschlichkeit in vielen Bereichen mit Füßen getreten wird. Es gibt Nationen, denen ist Ethik völlig egal, und genau das macht mir Sorgen. Ich bin eigentlich ein positiver Mensch, aber ich glaube nicht daran, dass sich alle an ethische Leitlinien halten werden.

KI kann zu einer Waffe werden – und zwar nicht im übertragenen Sinne, sondern ganz real. Ich glaube nicht, dass alle Staaten sich an internationale Absprachen halten werden.

Und wenn Du es aus der Unternehmensperspektive siehst – was wären Deine drei wichtigsten Hinweise für Deine Mitarbeitenden, wenn Ihr KI im Unternehmen breiter einsetzen würdet?

Erstens: **Sensibilität für den Output.** KI kann halluzinieren, und das ist ein echtes Problem. Man darf sich nicht blind auf Ergebnisse verlassen. Es ist wichtiger denn je, Informationen kritisch zu hinterfragen und zu überprüfen.

Zweitens: **Bewusstsein für Diskriminierung und Bias.** Die meisten wissen gar nicht, wie ein KI-Output entsteht. Wer sich mit dem Thema beschäftigt, merkt schnell, dass gewisse Daten in den Trainingssets überrepräsentiert sind. Das beeinflusst die Ergebnisse. Das muss nicht zwangsläufig schlecht sein, aber man muss es verstehen.

Drittens: **Transparenz.** Mitarbeitende sollten verstehen, was eine KI tut. Es darf keine Blackbox sein. Wer mit KI arbeitet, sollte nachvollziehen können, wie Algorithmen zu bestimmten Ergebnissen kommen.

Welche KI-Tools nutzt Du selbst am liebsten?

Mein Favorit ist ChatGPT – ich nutze es für Texte, Bilder und Analysen. Gamma für Präsentationen, Perplexity AI für Recherchen und NotebookLM für die Aufarbeitung von Themen. Und die Impulse kommen ja reichlich in der KI Business School.

Auf welche Zukunftsoption durch KI freust Du Dich am meisten?

Ganz klar: Autonomes Fahren. Ich fahre gerne Auto – aber nur, wenn ich fahren kann, wie ich möchte. Ich freue mich auf den Tag, an dem ich einfach den Autopiloten einschalten und mich entspannen kann.

Christian, vielen Dank für das Gespräch! Es war super interessant, Deine Perspektiven aus dem deutschen Mittelstand zu hören.

Danke Dir, hat Spaß gemacht!

Meine Take-Aways

- **KI als strategische Notwendigkeit im Mittelstand**
  Künstliche Intelligenz darf nicht als kurzfristiger Hype, sondern muss als langfristige Veränderung verstanden werden, auf die sich auch Unternehmen im Mittelstand frühzeitig vorbereiten müssen.

- **KI ersetzt nicht den Menschen – sondern verändert Rollen**
  Während KI repetitive Aufgaben effizient übernehmen kann, bleibt menschliche Expertise in komplexen und sensiblen Bereichen essenziell und macht sie dadurch hochwertiger.
- **Regulatorik kann Innovation hemmen**
  Der EU AI Act sieht Schulungspflichten für Unternehmen vor – ein Aspekt, der möglicherweise eher zur Ablehnung von KI-Nutzung führen könnte, anstatt Innovation zu fördern.
- **KI braucht klare Prozesse, um effektiv zu sein**
  Automatisierung allein löst keine strukturellen Probleme. KI funktioniert nur dann als „Turbolader", wenn bestehende Prozesse sehr gut definiert und belastbar sind.
- **Intrinsische Lernbereitschaft ist entscheidend**
  Mitarbeitende müssen sich selbst mit KI auseinandersetzen – Unternehmen können nicht die komplette Verantwortung für Weiterbildung übernehmen.
- **Abhängigkeit von externen Systemen als Hürde**
  Viele Mittelständler können KI nicht flächendeckend einsetzen, weil zentrale IT-Systeme extern verwaltet werden.
- **Technische Neugier sticht IT-Expertise**
  Man muss keine Programmiersprache beherrschen, um die Potenziale und Herausforderungen neuer Technologien zu verstehen. „Curiosity kills the cat – but saves your business."🐻

6.16 Mensch, Maschine und das große Ganze – Impulse jenseits des Alltäglichen und Irdischen

Im Gespräch mit André Radloff (schriftlich), 23.01.2025

Position: Gründer und CFO
Unternehmen: Soltrac Space Solar Solutions GmbH
Mitarbeitende: 7
Studium: Wirtschaftswissenschaften

André Radloff begeistert sich seit jeher für den Weltraum und im Gespräch wird deutlich, wie tief verankert technologische Vision und ethisches Bewusstsein in der DNA eines Startups sein können. Er spricht über den frühen Einfluss der Hacker- und „SciFi"-Kultur, über KI als Werkzeug der Produktivitätssteigerung und über die Notwendigkeit, wirtschaftliche und gesellschaftliche Verantwortung zusammenzudenken. Erbauend ist sein Vertrauen in das Potenzial von Menschen und Maschinen, gemeinsam Lösungen für globale Probleme wie Armut und Klimawandel zu entwickeln.

Was war der Auslöser für Deine Einschätzung, dass KI für Euer Unternehmen eine Relevanz haben wird?
Dass es eine Relevanz haben wird, ist mir schon von der Gründung an sowohl der PTS GmbH als auch unserer aktuellen Firma Soltrac GmbH klar gewesen. Meine beiden Exkollegen Robert und Arne haben mich mit dem „Chaos Computer Club" vertraut gemacht, und in dieser Welt ist es schon seit sehr langem klar, dass KI ein mächtiges Werkzeug sein wird. Auch lese ich schon seit meiner Jugend SciFi und kann mich begeistern für technischen Fortschritt.

Wer hat diesen Prozess, über KI nachzudenken, initiiert? Wie hat sich der Prozess gestaltet, bis der Einsatz von KI geplant und beschlossen wurde?

Für uns ist KI ein zentrales Werkzeug in der täglichen Arbeit. Wir nutzen es in erster Linie bei der Erstellung von Softwarecode und allen damit verbundenen Prozessen. In der PTS GmbH haben wir mithilfe von KI neue Produkte entwickelt und an den Markt gebracht – wie z. B. automatisierte Bearbeitung von E-Mail-Bestellungen und das Befüllen des ERP-Systems zur Entlastung von Servicecenter-Mitarbeitenden, automatisierte Erstellung von Leseempfehlungen basierend auf tagesaktuellen Daten für Buchhandlungen oder auch ein internes KI-Chatsystem mit vorformulierten Prompting-Funktionen.

KI steht für uns als Produkt und Arbeitswerkzeug seit dem Jahr 2022 und dem „ChatGPT-Moment" im Mittelpunkt. Da wir in der PTS in kleinen Teams von bis zu zehn Entwicklern arbeiteten, waren die Prozesse und Entscheidungen kurz. Wichtig war vor allem sicherzustellen, dass wir in der Lage sind, LLMs bei uns lokal im eigenen Rechenzentrum zu hosten, um selbst Datensicherheit garantieren zu können. Hier ging es vor allem darum, dass Kundeninformationen bei uns sicher sind und wir keine der bestehenden Datenschutzklauseln verletzen.

Was denkst Du, wie sich Arbeiten verändern wird, und welchen Wert wird Arbeit zukünftig haben?

Arbeit wird sich stark verändern in der Zukunft. Wir fokussieren uns darauf, KI, wo es möglich ist, von Beginn an zu implementieren. In unserer neu gegründeten Firma Soltrac geht es in erster Linie um die automatisierte Produktion von elektronischen Systemen. Der Schwerpunkt liegt auf der Entwicklung und Herstellung von Bauteilen für die Luft- und Raumfahrt, wie z. B. kosteneffizienten Solargeneratoren für Satelliten.

Wir versuchen im Aufbau von Herstellungsprozessen Robotik und KI bestmöglich zu implementieren. Nichts geht heute ohne Mitarbeitende, die sich für die Themen begeistern können und die lernen, die neu zur Verfügung stehenden Werkzeuge zu benutzen.

Welche Bedeutung hat menschliche Arbeit in Euren Strukturen?
Der Wettbewerb um gute Mitarbeitende verschärft sich immer weiter. Insofern ist es für uns als Startup sehr wichtig, eine gute Arbeitsatmosphäre und gute Arbeitsbedingungen zu ermöglichen. Die Beteiligung aller Mitarbeitenden am Unternehmen erscheint uns dabei sehr wichtig. Die wichtigste Ressource in unserem Unternehmen sind und bleiben die Menschen!

In welcher Reihenfolge und in welchen Bereichen wurde der Einsatz von KI angestoßen? Wie wird dieser Change gestaltet und begleitet?
Für uns ist es kein Change, da wir in die „neue Zeit" reingeboren wurden. Wie oben beschrieben, ist das Softwarecoding der erste Einsatzbereich für KI. Mittlerweile achten wir aber auch bei Buchführung, Controlling und Administration sowie bei der Softwareauswahl auf KI-Fähigkeiten. Jeder Mitarbeitende probiert intrinsisch motiviert unterschiedliche Tools aus, und wir tauschen unsere täglichen Erfahrungen ganz informell aus.

Welche Richtlinien gibt es bei Euch zum Thema KI, Technik, Ethik und Werte?
Wir diskutieren unsere technischen Optionen unter allen Gründern. Bisher haben wir keine formellen Richtlinien erarbeitet, sondern tauschen uns täglich „on the job" aus. Wir sind auch einfach ein kleines Team von Idealisten, die sich für die Möglichkeiten im All interessieren und

beschäftigen uns seit jeher mit den Möglichkeiten, aber auch Risiken von IT, KI und Robotik. Wir sind daher schon sehr sensibilisiert für die Ethik-Themen.

Wie betrachtet Ihr das Thema KI-Kompetenz in Eurem Startup?
Ich kann mir vorstellen, dass es zunehmend wichtig wird, sich schnell weiterzubilden, um die wachsenden Möglichkeiten von KI und Robotik nutzen zu können. Insofern scheinen mir das Lernen und stetiges Weiterbilden im Mittelpunkt zu stehen. Da wir unsere Produkte selbst entwickeln und produzieren, werden wir in den nächsten Jahren bei unternehmerischem Erfolg mehr Ingenieure im Bereich Robotik und Fertigung einstellen. Wenn es möglich ist, bessere und variabler einsetzbare Roboter in der Fertigung zu nutzen, könnte der technische Designprozess dabei an Bedeutung gewinnen. Es geht zukünftig darum, möglichst hoch automatisierte Systeme so zu designen, dass die Fertigungskosten bei gleichbleibender Qualität sinken. Das Stichwort hier lautet: „Building the machine which builds the machine".

Welche KI-Tools nutzt Du bereits gerne?
ChatGPT, Perplexity, Undermind.ai, Llama.

Welche Ängste und Befürchtungen nimmst Du wahr und welche teilst Du? Wie glaubst Du, wird KI unser Leben und unsere Gesellschaft verändern?
Gesamtgesellschaftlich ist KI ein Beschleuniger von Veränderung. Die Geschwindigkeit der Veränderung erscheint mir als Herausforderung für uns alle, da wir an solch exponentiellen Fortschritt nicht gewöhnt sind. Ich verstehe, dass dieser hohe Veränderungsdruck auf Ablehnung stößt, da lange etablierte Arbeitsprozesse damit obsolet werden. Unter dem Strich sehe ich großes Potenzial

für Wohlstands- und Produktivitätsgewinne in vielen Bereichen – vor allem in Industrie, Gesundheit und Verkehr.

Für uns in Deutschland heißt es, unsere Stärken im Bereich industrieller Fertigung jetzt mit KI und Robotik konsequent weiterzuentwickeln. Tun wir das, ist das eine gute Chance, die Probleme der alternden Bevölkerung und des Klimawandels effektiv zu bekämpfen. Global sehe ich die Möglichkeit vor allem in den Entwicklungsländern, neue Wege zur Linderung der Armut zu finden. Ich persönlich möchte daran glauben, dass wir KI genau dazu einsetzen, ein selbstbestimmteres und glückliches Leben führen zu können.

Ich sehe allerdings auch die Risiken. Hier teile ich die Angst vor vollautonomen Waffensystemen, die frei von menschlicher Moral entscheiden könnten. Kriege mit omnipotenten Waffensystemen außerhalb der direkten menschlichen und eben auch demokratischen Kontrolle scheinen mir das größte Risiko zu bergen.

Auch ist die durch KI zunehmende Konzentration von Kapital und Reichtum ein Kernproblem. Als Gesellschaft müssen wir neue Wege finden, die beschriebenen Wohlstandsgewinne für alle Menschen erreichbar zu machen. Dafür brauchen wir wahrscheinlich völlig neue Instrumente im Bereich der Steuer-, Wirtschafts- und Wettbewerbspolitik. Auch die Bedeutung von Geld und erwerbsmäßigem Einkommen wird gravierenden Veränderungen unterliegen.

Welche Buch-Tipps hast Du für uns?

Ray Kurzweil „Die nächste Stufe der Evolution" und Salman Khan „Brave New Words – How AI Will Revolutionize Education (and Why That's a Good Thing)".

Auf welche Zukunftsoption bist Du am meisten gespannt?
An erster Stelle steht das Lösen des Problems des Klimawandels. An zweiter Stelle das Reisen und Entdecken unbekannter Welten – vielleicht auch der Aliens. Und schließlich als wichtigste Option: die Abschaffung der Armut.

Meine Take-Aways

- **KI ist kein Wandel – sie ist die neue Normalität des Unternehmertums.**
  KI nicht als disruptiven Wandel, sondern als selbstverständliche Grundlage unternehmerischen Handelns im 21. Jahrhundert betrachten!
- **Mensch und Maschine – eine Allianz für globale Herausforderungen**
  Das Potenzial von KI zur Lösung großer gesellschaftlicher Krisen wie Klimawandel, Alterung und Armut ist groß – sofern diese Technologien verantwortungsvoll genutzt werden. Damit kann KI auch ein Schlüssel für ein selbstbestimmteres und glückliches Leben sein.
- **Ethik ist keine Fußnote: Verantwortung wird mitgedacht**
  Als technikaffiner Idealist warnt Radloff ausdrücklich vor der ethischen Entgrenzung von Technologie, insbesondere im Bereich vollautonomer Waffensysteme, denn diese umgehen die direkte menschliche und eben auch demokratische Kontrolle.
- **Zukunft braucht Menschen, die lernen wollen!**
  Lernwille und Begeisterung für Technik entscheiden über die Fähigkeit, mit KI umzugehen.
- **Ideen entstehen im All – und landen in der Realität**
  Andrés Faszination für den Weltraum ist mehr als romantisch – sie inspiriert konkrete Technologien für die

Erde. Mit seiner Positionierung für eine KI, die dem Menschen dient, nicht ihn ersetzt, möchte ich ihn nominieren für die Kategorie des „KI- & Techno-Humanismus!"

6.17 Mensch, Maschine und das große Ganze – Impulse jenseits des Alltäglichen und Irdischen

Im Gespräch mit Pater Elias H. Füllenbach, 16.03.2025

Dominikanerorden, St.-Andreas-Kirche und -Konvent in der Düsseldorfer Altstadt
Studium: Theologie, Geschichte, Judaistik und Kunstgeschichte

Das Dominikanerkloster St. Andreas in der Düsseldorfer Altstadt steht für eine moderne und lebensnahe Kirche: Mit Formaten wie Single-Gottesdiensten, Nacht der Liebenden, Obdachlosenfürsorge, Fahrrad-Wallfahrten oder Konzerten ist es weit über Düsseldorf hinaus bekannt. Auch in gesellschaftlich drängenden Fragen wie der Rolle Künstlicher Intelligenz bringt sich das Kloster ein – nicht zuletzt durch die Stimme von Pater Elias.

Besonders eindrücklich ist seine Warnung vor einer „digitalen Kluft", Fake News und der schleichenden Entmenschlichung durch KI – etwa in Pflege, Bildung oder Kriegsführung. Dabei nimmt er Bezug auf das Vatikan-Dokument *Antiqua et Nova*, das Papst Franziskus im Januar 2025 autorisiert hat. Es geht um Verantwortung, Menschenwürde und die Frage, wie KI der Menschheit dienen – oder ihr schaden kann. Ein Interview, das den Fokus auf die Frage Ethik enorm erweitert und wertvolle Impulse gibt.

Haben Sie sich für die Messe mit KI vorbereitet? (Beide lachen).

Nein, das habe ich nicht. Wobei es natürlich klar ist, dass KI mittlerweile in vielen Bereichen präsent ist. In meinen wissenschaftlichen Arbeiten nutze ich zum Beispiel gelegentlich Übersetzungstools. Ein Mitbruder von mir arbeitet sogar intensiv mit KI, insbesondere mit Chatbots – er nutzt sie vor allem für Recherchezwecke. Da er auch chinesische KI-Tools nutzt, ist uns aufgefallen, dass z. B. Fragen zu dem Tian'anmen-Platz nicht beantwortet werden.

Das führt uns zu einer größeren Frage: Wir alle sind von Informationen abhängig. Das Internet bietet uns eine immense Informationsflut und es bleibt essenziell, zu hinterfragen, welche Informationen uns präsentiert werden und aus welchen Quellen sie stammen. Wir dürfen den eigenen kritischen Verstand nicht ausschalten.

Gerade aus einer christlichen Perspektive beschäftigt mich die Verbreitung von Fake News und Verschwörungstheorien. Das betrifft nicht nur KI, sondern das gesamte digitale Zeitalter. Ich sehe es als eine große Verantwortung, auf die Verlässlichkeit von Informationen zu achten – insbesondere gegenüber Menschen, die nicht geübt darin sind, Quellen zu hinterfragen.

Hier zeigt sich, wie wichtig AI Literacy ist, also über ein Grundverständnis der KI-Technologie zu verfügen. Viele nutzen ChatGPT, wie beispielsweise Google, und wissen nichts über die Bedeutung von Trainingsdaten oder Halluzinationen. Dabei gibt es auch Tools, z. B. Perplexity, welche auch die Quellenverweise liefern. Aber allgemein fehlt vielen noch das Verständnis, wie KI richtig eingesetzt werden kann.

Genau, das ist ein entscheidender Punkt. Viele Menschen nutzen KI, ohne sich über ihre Funktionsweise klar zu sein. Das ist eine große Herausforderung: Wenn wir diese

Technologie nicht verstehen, entsteht eine digitale Kluft. Manche Menschen konsumieren KI-generierte Inhalte, ohne zu hinterfragen, was dahintersteckt, während andere sie bewusst und reflektiert nutzen.

Oft wird KI vermenschlicht – sei es in der Sprache oder durch die Gestaltung von Robotern. Wie sehen Sie diese Tendenz?

Das sehe ich kritisch. KI trifft keine echten ethischen oder emotionalen Entscheidungen – sie simuliert lediglich menschliches Verhalten. Aber wir neigen dazu, diese Systeme zu vermenschlichen, sei es in der Sprache oder in der äußeren Gestaltung von Robotern. Für mich als Christ ist jeder Mensch ein Abbild Gottes. Das bedeutet, dass in jeder Begegnung mit einem anderen Menschen ein ethischer Anspruch steckt.

Nehmen wir als Beispiel den Einsatz von Robotern in der Pflege. Natürlich können sie bestimmte Aufgaben übernehmen, aber sie können keine echte menschliche Fürsorge bieten. In einem idealen Szenario würden sie den Pflegenden Zeit verschaffen, sodass sich diese intensiver um Patienten kümmern können. Doch die Tendenz, diese Maschinen mit menschenähnlichen Zügen zu versehen, lässt mich skeptisch werden.

Schauen wir auch in andere Bereiche des Gesundheitswesens: KI kann helfen, große Datenmengen zu analysieren und Diagnosen zu verbessern. Doch sie kann auch missbraucht werden, zum Beispiel für kommerzielle Zwecke oder zur Diskriminierung bestimmter Gruppen.

Ein weiteres großes Thema ist der enorme Energieverbrauch von KI-Systemen. Wie lässt sich das mit dem Gedanken der Nachhaltigkeit vereinbaren?

Das ist eine zentrale Frage. Wir stehen vor einer technologischen Revolution mit immensem Energiebedarf. Gleichzeitig hat die Kirche – zum Glück – erkannt, dass der Schutz der Schöpfung ein ur-christliches Thema ist. Hier müssen wir Wege finden, um technologische Innovationen mit Nachhaltigkeit und Klimaschutz zu vereinbaren. Es wäre fatal, wenn der Fortschritt auf Kosten der Umwelt geht.

Welche Rolle sollte die Kirche in der Debatte um KI spielen?
Die Kirche sollte sich intensiv mit den ethischen Fragen auseinandersetzen, die mit KI verbunden sind. Es geht nicht darum, Technik zu verteufeln – jede Technologie kann sowohl zum Guten als auch zum Schlechten genutzt werden. Aber es ist unsere Verantwortung, die Risiken zu benennen und ethische Leitlinien zu entwickeln.

Das Vatikan-Dokument zur KI ist ein wichtiger Schritt in diese Richtung. Es zeigt, dass die Kirche erkannt hat, welche Herausforderungen diese Technologie mit sich bringt – sei es im Krieg, in der Medizin oder in der Informationstechnologie. Die Debatte darüber ist noch lange nicht abgeschlossen, und ich denke, wir müssen uns als Gesellschaft intensiv mit diesen Fragen beschäftigen.

Von diesem Dokument habe ich tatsächlich gehört, was sind dort wichtige Aspekte?
Die Veröffentlichung ist nicht nur eine theologische Reflexion, sondern ein umfassender ethischer Kompass für Politik, Wirtschaft, Bildung und Technologieentwicklung. Im Zentrum steht die Frage, was den Menschen ausmacht – und was KI niemals sein kann: ein moralisches Subjekt mit Seele, Körper und Verantwortung.

Eine wichtige Frage, die Papst Franziskus aufwirft, betrifft die globale Gerechtigkeit: Was ist mit den Menschen außerhalb der westlichen Welt? Jene, die nicht über die finanziellen Mittel oder die notwendige Ausbildung verfügen, um KI sinnvoll zu nutzen? Werden sie durch diese technologische Entwicklung noch weiter abgehängt?

Es gibt jedoch auch Argumente, dass KI gerade in Entwicklungsländern große Chancen bieten könnte – insbesondere im Bildungsbereich. Moderne KI-Tools ermöglichen es mittlerweile, Wissen allein durch Spracheingaben abzurufen – ohne dass man lesen oder schreiben können muss. Das könnte tatsächlich völlig neue Bildungsperspektiven eröffnen, insbesondere für Menschen mit eingeschränktem Zugang zu klassischen Bildungssystemen.

Das ist ein interessanter Punkt. Allerdings braucht man auch hier erst einmal ein geeignetes Gerät, eine stabile Internetverbindung und Strom. Die zentrale Frage bleibt also: Wird KI tatsächlich genutzt, um möglichst vielen Menschen zu helfen und sie in die digitale Welt einzubinden? Oder verstärkt sie bestehende Ungleichheiten, indem nur jene profitieren, die ohnehin schon privilegiert sind?

Die Art und Weise, wie Menschen KI nutzen, spielt sicherlich eine entscheidende Rolle. Es gibt ja den bekannten Satz: „Das Problem liegt nicht im Computer, sondern vor dem Computer."

Genau! Technologie ist nicht per se gut oder schlecht – es kommt darauf an, wie wir sie einsetzen. Ich sehe jedoch die Gefahr, dass manche Menschen KI einfach als Abkürzung nutzen, um sich Arbeit zu ersparen, anstatt sie als Werkzeug zur Erweiterung ihrer Fähigkeiten einzusetzen. Das ist besonders an Universitäten oder in der Schule problematisch. Studierende könnten beispielsweise Texte einfach von KI schreiben lassen, ohne selbst nachzudenken oder eigene Ideen zu entwickeln. Das bringt langfristig niemandem etwas. Die Frage ist also: Führt KI zu einer stärkeren Trennung zwischen denen, die sie sinnvoll nutzen, und denen, die sich auf sie verlassen, ohne den eigenen Verstand einzusetzen?

Ich befürchte, dass dies so eintreffen wird, wenn nicht aktiv gegengesteuert wird. Der Mensch ist halt nicht nur rational, sondern auch ein emotionales Wesen, hat ein Gewissen und kann ethische Entscheidungen treffen. Genau das sind fundamentale menschliche Eigenschaften, die Maschinen niemals ersetzen können. KI kann eine wertvolle Unterstützung sein, aber sie sollte nicht dazu führen, dass wir unsere eigene Verantwortung abgeben. Das bringt mich zu einem weiteren brisanten Thema des Vatikan-Dokuments, und zwar den Einsatz von KI in der Kriegsführung.

Die Frage ist: Was bedeutet es, wenn nicht mehr Menschen über Leben und Tod entscheiden, sondern Algorithmen? Bereits jetzt ist es ethisch bedenklich, wenn Menschen über das Töten anderer Menschen entscheiden müssen. Doch wenn eine KI diese Entscheidung trifft, verändert sich die Dimension noch einmal und der ethische Maßstab wird entmenschlicht. Letztlich bleibt es eine ethische Entscheidung, und die kann uns KI nicht abnehmen.

Das zählt zweifelsohne zu den zentralen Themen von Ethik und KI. Kommen wir noch einmal zur praktischen Nutzung von KI: Können Sie sich vorstellen, KI in der Kirche einzusetzen?
Aktuell nutzen wir KI im Gottesdienst nicht. Aber wer weiß, was die Zukunft bringt. Mir fällt ein verwandtes Beispiel ein, denn wir „automatisieren" die Orgelmusik. Unsere Orgel wird gerade saniert und mit moderner Technik ausgestattet. Künftig wird es möglich sein, dass ein Organist ein Stück einspielt, es dann automatisch abspielen lässt und sich so selbst beim Spielen hören kann.

Das wirft jedoch eine grundlegende Frage auf: Ersetzt KI menschliche Arbeit oder ergänzt sie sie? In vielen Bereichen besteht die Gefahr, dass Arbeitsplätze verloren gehen.

Andererseits kann KI auch kreative Prozesse fördern und Menschen neue Möglichkeiten eröffnen.

Hat der Vatikan dazu bereits eine offizielle Stellungnahme veröffentlicht?
Ja, das Vatikan-Dokument zur KI behandelt auch die Frage der Arbeitswelt. Insbesondere wird betont, dass technologische Fortschritte nicht dazu führen dürfen, dass große Teile der Bevölkerung ihre Existenzgrundlage verlieren – insbesondere Menschen mit geringerer Ausbildung.

Haben Sie bereits darüber nachgedacht, wie KI in Ihrer Gemeinde, Kirche oder im Kloster in den kommenden Jahren eingesetzt werden könnte?
Ein Mitbruder verwendet KI-gestützte Tools zur Recherche und Vorbereitung von Predigten. So kann er schnell Informationen zu theologischen Themen finden oder sich inspirieren lassen. Es zeigt sich also: KI kann durchaus nützlich sein – entscheidend ist, wie wir sie einsetzen und mit welcher Haltung wir ihr begegnen. Aber sie kann den Menschen nicht ersetzen.

Aber ehrlich gesagt haben wir uns mit dieser Fragestellung noch nicht auseinandergesetzt.

Das ist o. k. – an dem Stadium sind ja auch noch 40 % der deutschen Unternehmen. Eine letzte Frage: Welche Emotionen nehmen Sie bei den Menschen wahr, wenn es um KI geht?
Das ist sehr unterschiedlich und hängt oft mit der Generation zusammen. Meine Mutter beispielsweise besitzt nicht einmal ein Smartphone – für sie ist KI eine völlige Blackbox.

Grundsätzlich gibt es sowohl große Hoffnungen als auch erhebliche Sorgen. Viele Menschen hoffen, dass KI den Alltag erleichtert, insbesondere in Bereichen mit Fachkräftemangel – zum Beispiel in der Pflege. Aber es gibt eben auch die berechtigte Angst vor Missbrauch und Fehlentwicklungen.

Ich verstehe. Danke für das erkenntnisreiche Gespräch und den Hinweis auf das Vatikan-Dokument, dass ich mir als nächstes anschauen werde.

Papst Franziskus hat bei der Audienz, die er den unterzeichnenden Präfekten und Sekretären des Dikasteriums für die Glaubenslehre und des Dikasteriums für die Kultur und die Bildung am 14. Januar 2025 gewährt hat, diese „Note" approbiert und ihre Veröffentlichung angeordnet.

https://www.vaticannews.va/de/vatikan/news/2025-01/wortlaut-vatikan-ki-technologie-antiqua-nova-dokument-internet.html

Meine Take-Aways – aus dem Gespräch und aus der päpstlichen Nota „Antiqua et Nova" zu KI

- **KI ist keine moralische Instanz**
  Künstliche Intelligenz kann menschliches Verhalten simulieren, aber keine ethischen Entscheidungen treffen. Sie bleibt ein funktionales System – ohne Seele, Körper oder moralisches Gewissen.
- **Die ethische Verantwortung liegt beim Menschen**
  Nur Menschen sind zu moralischem Handeln fähig. Sie müssen Kontrolle und Transparenz sicherstellen – und die Verantwortung für jede technologische Entscheidung tragen.
- **Menschliche Intelligenz ist mehr als Rechenleistung**
  So leistungsfähig KI auch ist – ihr fehlen Leibhaftigkeit, Beziehungsfähigkeit, moralische Urteilsbildung und spirituelle Tiefe. Sie ersetzt nicht das Menschsein und nicht den ethischen Maßstab.
- **Die Vermenschlichung von KI verweist auf tiefe Sehnsüchte**

Wenn wir Maschinen Gefühle und Persönlichkeiten zuschreiben, zeigt das unsere innere Sehnsucht nach Beziehung, Sinn und Resonanz. Technik wird auf gefährliche Weise zur Projektionsfläche existenzieller menschlicher Bedürfnisse.

- **Technologie darf nie zur Entmenschlichung führen**
Gerade in sensiblen Bereichen wie Pflege, Bildung oder Kriegsführung muss der Einsatz von KI stets die unantastbare Würde des Menschen wahren. Mitgefühl lässt sich nicht programmieren. Echte Empathie entsteht in Begegnung, körperlicher Präsenz und innerer Resonanz – sie bleibt den Menschen vorbehalten. Papst Franziskus erwähnt das „technokratische Paradigma", wonach die Menschenwürde oft beiseitegeschoben wird im Namen der Effizienz und des Glaubens an eine Lösung aller Probleme der Welt mit technologischen Mitteln.

- **Fortschritt verlangt digitale Demut**
Wissen allein genügt nicht. Der Umgang mit KI braucht Bescheidenheit – und die Einsicht, dass nicht alles berechenbar oder kontrollierbar ist. Man sollte daher auch darauf achten, dass man sich bei Entscheidungen nicht zu sehr darauf verlässt oder gar der Technologie unterordnet.

- **Der technokratische Blick ist KEINE neutrale Perspektive**
KI-Systeme spiegeln immer auch die Interessen, Werte und Weltanschauungen ihrer Entwickler. Sie sind weder objektiv noch ideologiefrei. Wichtiges Wissen ist z. B. mit welchen Content-Anbietern die KI-Tools arbeiten, z. B. Axel-Springer-Verlag für ChatGPT.

- **Täuschung durch KI gefährdet das Fundament der Demokratie**
Deepfakes, Halluzinationen und algorithmisch generierte Desinformation untergraben Wahrheit und Vertrauen – mit realen, dramatischen gesellschaftlichen

Folgen. Zurecht sieht der EU AI Act auch eine Schulungspflicht für Mitarbeitende vor.

- **Digitale Kluft ist eine soziale Realität**
  Viele Menschen nutzen oder konsumieren KI, ohne ihre Grundlagen zu verstehen – das erhöht die Gefahr von Abhängigkeit, Manipulation und Ausgrenzung. Technologie darf keine exklusive Ressource der privilegierten Welt sein. Entscheidend ist, ob KI den Zugang benachteiligter Gruppen verbessert – oder Ungleichheiten vertieft. Daher muss auch die globale Gerechtigkeit integraler Teil der KI-Entwicklung sein.

- **Menschlichkeit zeigt sich im Umgang mit den Schwächsten**
  Der wahre Maßstab für den ethischen Einsatz von KI ist nicht wirtschaftlicher Gewinn, sondern die Frage: Dient sie jenen, die am wenigsten gehört werden und zu den Schwächsten zählen?

- **Eine neue Herzensbildung ist nötig**
  Technischer Fortschritt verlangt geistige Reife. Ohne Sinnorientierung bleibt Innovation oberflächlich – und gefährlich. Nur wenn der Mensch seine geistige und spirituelle Tiefe pflegt, kann er den Herausforderungen des digitalen Wandels angemessen begegnen.

- **Digitalisierung bedroht das poetische Potenzial des Menschen**
  Der Mensch braucht für ein erfülltes Leben Intuition, Kreativität und liebevolle Begegnung – nicht nur Berechnung. Eine Welt, in der Poesie und Liebe marginalisiert werden, verliert ihre Seele.

In einer KI-dominierten Welt warnt der Papst vor einem Verlust der Poesie, Intuition und schöpferischen Begegnung: *„Im Zeitalter der künstlichen Intelligenz dürfen wir nicht vergessen, dass zur Rettung des Menschen Poesie und Liebe notwendig sind."*

Nachwort: Warum dieses Buch entstanden ist

Dieses Buch ist aus dem tiefen Bedürfnis entstanden, Unternehmen in der gegenwärtig so dynamischen Phase der KI-Transformation Orientierung zu geben, anhand eines praxisnahen Leitfadens, der Organisationen dabei unterstützt, eigene Werte-Leitlinien für den Einsatz generativer KI zu formulieren, und zwar respektvoll und zukunftsgerichtet.

Dabei geht es nicht in erster Linie um die technische Seite der KI. Es geht um Haltung, um Führungsverantwortung und um das Zusammenspiel zwischen Menschen und Maschine. Die hier vorgestellten Leitlinien richten sich daher bewusst an beide Ebenen: an Führungskräfte ebenso wie an Mitarbeitende. Denn in meiner Arbeit habe ich erlebt, wie groß die Spannweite im Umgang mit KI ist – von blinder Automatisierung und gedankenloser Nutzung bis hin zur kompletten

© Der/die Herausgeber bzw. der/die Autor(en), exklusiv lizenziert an Springer Fachmedien Wiesbaden GmbH, ein Teil von Springer Nature 2025
M. Giannakoudi, *Ethische KI in der Praxis. Die 7 Säulen und 33 Sprichwörter für KI-Werte-Leitlinien in Unternehmen*, https://doi.org/10.1007/978-3-658-48562-7

Verweigerung aus Unsicherheit oder Desinteresse. Solch unreflektiertes Verhalten führt in die Sackgasse. Was wir brauchen, ist ein verantwortungsvoller und mündiger Umgang mit dieser Technologie.

Die Idee, mit Sprichwörtern zu arbeiten, entstand aus dem Wunsch, eine zugängliche, motivierende Sprache zu finden. Eine Sprache, die zum Mitdenken einlädt und den Einstieg in das komplexe Thema erleichtert. Sprache schafft Verbindung und sie kann ein Türöffner für neues Lernen sein.

Die KI-Werte-Leitlinien ergänzen bestehende strategische, technische und regulatorische Vorgaben. Sie dienen als praxisnahe Orientierung bei der konkreten Nutzung von KI-Systemen im Arbeitsalltag insbesondere in der Zusammenarbeit und in der internen Kommunikation. Um den Praxisbezug zu stärken, enthält dieses Buch ein eigenes Kapitel mit 17 Interviews aus Unternehmen unterschiedlicher Branchen und Größen. Die Vielfalt dieser Perspektiven soll Impulse geben und Mut machen, den Wandel aktiv mitzugestalten.

Entwickelt wurde dieses Buchprojekt von der Synnous Consulting GmbH. Als Gründerin, Autorin und KI-Trainerin habe ich, Martha Giannakoudi, M.A. & MBA, meine Expertise aus den Bereichen Führungskräfteentwicklung, Organisationsberatung und digitale Transformation eingebracht. Unterstützt wurde ich dabei auch durch den Einsatz generativer KI-Systeme wie ChatGPT, Claude und Perplexity – sowie durch Tools wie napkin.ai für die visuelle Umsetzung.

Die Auswahl der Themen, die Struktur der Leitlinien, mit ihren sieben ethischen Säulen und den begleitenden Sprichwörtern, basieren auf meiner langjährigen praktischen Arbeit mit Unternehmen und Teams. Aber auch auf meiner Leidenschaft für Sprache – denn

Germanistik, Anglistik und Politik waren einst meine Magister-Studienfächer.

Dieses Buch ist damit nicht nur ein fachliches Projekt, sondern auch ein sehr persönliches: ein Werkzeugkasten, eine Einladung zum Dialog – und ein Plädoyer für eine mutige, wertebasierte Gestaltung im Zeitalter der Künstlichen Intelligenz.

Dank

Am Ende dieses Buches steht ein herzlicher Dank an die vielen Menschen, die mich durch ihr Interesse, ihre Fragen, ihre Offenheit immer wieder ermutigt haben, dranzubleiben.

An erster Stelle gilt besonderer Dank allen Interviewpartnerinnen und -partnern für das Vertrauen, die Offenheit und die spontane Bereitschaft, ihre Erfahrungen und Sichtweisen im Umgang mit KI zu teilen. Ohne diese Gespräche wäre dieses Buch nicht zustande gekommen.

Von Herzen danke ich Professor Matthias Müller-Wiegand für seine Impulse bei der Konzeption der Interviews und für seine Bereitschaft, das Vorwort zu schreiben. Sein Hinweis, dass wir nicht einfach „die KI befragen", sondern gemeinsam denken und gestalten, war eine wertvoller Fingerzeig darauf, wie stark kollektive Intelligenz wirken kann.

Ein sehr großer Dank geht an mein Team: an Niklas Grezcak, der mich mit seinem Know-how in Sachen KI, mit seiner großen Hilfsbereitschaft über die letzten Jahre hinweg begleitet hat. In unseren gemeinsamen Workshops und Lehrgängen und Seminaren zum Thema sind viele Ideen zu diesem Buch entstanden. Ebenso sehr auch an Maria Achternbosch, die mit gestalterischem Feingefühl bei dem Design der Schaubilder, mit hoher Aufmerksamkeit Korrektur gelesen und von Anfang an dieses Projekt unterstützt hat. Beide haben mir den Rücken für dieses Buchprojekt freigehalten.

Ich danke der Verlagslektorin Petra Steinmüller, für ihre Ermutigung, ihre Anregungen und ihre Unterstützung in vielen Detailfragen, sowie Jonas Spies für seine Praxistipps rund um Prompting, synthetische Stimmen und Hörbuchproduktion – und beiden für unsere gedankenreichen Diskussionen über KI und Gesellschaft. Hinzu kommt der Dank an André Radloff für Korrekturen, Feedback und spannende Gespräche.

Natürlich großen Dank auch an Lorenz Gräf und Jakow Smirin, den unverzichtbaren Reisegefährten auf meiner AI Journey. Danke für unzählige Anregungen aus dem STARTPLATZ AI Hub und viele Learnings und ein stimulierendes Netzwerk.

Dank auch an alle Teilnehmenden unserer Workshops, der KI Business School und dem KI Transformation Manager Lehrgang für viele Impulse und das gemeinsame Lernen auf Augenhöhe!

Dank geht nicht zuletzt auch an Stefania Lettini und Daniela Danz, die als perfekte Gastgeberinnen mit dem KI-Afterwork und dem KI-Breakfast, KI mit allen Sinnen erlebbar gemacht haben.

Dieses Buch ist keine Einzelleistung – es ist das Ergebnis vieler Stimmen, Perspektiven und Begegnungen, – **kollektive Intelligenz** eben.